天津大学宣怀广场　摄影：唐朝

天津大学盛宣怀坐像　摄影：唐朝

中国近代实业家盛宣怀

——办实业走遍天下

盛承懋 著

天津大学出版社
TIANJIN UNIVERSITY PRESS

图书在版编目（CIP）数据

中国近代实业家盛宣怀：办实业走遍天下 / 盛承懋著. —天津：天津大学出版社，2018.6

ISBN 978-7-5618-6160-8

Ⅰ.①中…　Ⅱ.①盛…　Ⅲ.①盛宣怀（1844-1916）—传记　Ⅳ.①K825.3

中国版本图书馆CIP数据核字（2018）第139455号

中国近代实业家盛宣怀——办实业走遍天下

Zhongguo Jindai Shiyejia Shengxuanhuai——Banshiye Zoubian Tianxia

出版发行　天津大学出版社
地　　址　天津市卫津路92号天津大学内（邮编：300072）
电　　话　发行部：022-27403647
网　　址　publish.tju.edu.cn
印　　刷　廊坊市瑞德印刷有限公司
经　　销　全国各地新华书店
开　　本　169mm×239mm
印　　张　17
字　　数　219千
版　　次　2018年6月第1版
印　　次　2018年6月第1次
定　　价　46.00元

序

《中国近代实业家盛宣怀——办实业走遍天下》即将付梓，这是一件可喜可贺之事。承懋同志此前将清样送我阅览，并请为之作序。拿起这本书稿思量良久，我想谨以孟子"知人论世"的方法态度，谈谈盛宣怀之精神对于今人的重大意义。

盛宣怀是中国近代史上杰出的实业家和教育家，被誉为"中国实业之父""中国高等教育之父"。盛宣怀创办了很多开一时之先河的事业，涉及工商、金融、教育、慈善等诸多领域，影响卓著，垂及后世。同时，盛宣怀也是我们天津大学的前身、中国近代第一所大学—— 北洋大学的创始人。他身上所具有的智慧和品质，历经百年，仍然值得我们学习和借鉴。2015 年 10 月，北洋大学—天津大学 120 年校庆之际，我在天大北洋园新校区盛宣怀坐像落成仪式上致辞时,曾经概指过盛宣怀留给我们的宝贵精神财富,如实事求是的品格、创新创业的勇气、敢于担当的情怀。

我们要学习盛宣怀实事求是的品格。清朝末年,中华民族面临积弱积贫、内忧外患的严峻形势。盛宣怀先生在此民族危难之际,认识到人才对于国家的重要性,率先提出“自强首在储才,储才必先兴学”的主张,排除万难,于1895年创办了中国近代第一所高等教育学府——北洋大学堂,开创了中国近代高等教育的先河。在北洋大学,盛宣怀对传统教育按照“实事求是”之精神,结合中国具体国情进行改造。盛宣怀本人办事也是一贯地事必躬亲、实事求是、力求实效,这些都对北洋大学的风气产生了重要的影响。“实事求是”更是作为今天天津大学的校训,影响和指引着每一位天大学子的人生之路。

我们要秉持盛宣怀创新创业的勇气。盛宣怀不但是北洋大学的创始人,还是洋务运动的先驱,他创办了11个“中国第一”,创办了天津电报局、中国电报总局、中国通商银行、上海红十字会,协助李鸿章创办了轮船招商局,创办了集采煤、冶炼、锻造为一体的汉冶萍煤铁总公司,修建了卢汉铁路、黄河铁桥等,是近代中国致力于改革创新、实业救国的突出代表。盛宣怀先生身上的改革创新精神,伴随着天津大学123年的发展,已经融入我们的血液。2012年,天津大学以“宣怀班”命名了创业学生骨干培训班,三年培育了125名有创业梦想的学员。2015年2月3日,天津大学正式成立“宣怀学院”,立足于培育具有企业家精神的创新人才,推动科技成果转化，贯彻国家创新驱动发展战略，服务区域经济发展。我们力图将天津大学的创新能力更好、更快地转化为兴学强国、服务天津、服务全国的力量。

我们要传承盛宣怀敢于担当的情怀。孙中山先生曾这样评价过盛宣怀："热心公益而经济界又极有信用"。在那个内忧外患、社会动荡的年代，盛宣怀先生能取得这些功绩，无不体现了他心系国家、勇担责任的品德和气魄。岁月沧桑，薪火相传，123年以来，天津大学历代学人秉承盛宣怀先生"学以致用，治学为民"的奉献精神，为国家培养了数以万计的贤才俊彦、社会栋梁。他们中，有中国工程界的顶梁柱、有现代教育的奠基人、有敢开先河的拓荒者。他们有一个共同点，那就是将个人利益和祖国命运、人类福祉紧密相连，以天下为己任，勇于担当，立大志，做大事。

本书的作者是盛宣怀先生的曾孙盛承懋教授。全书文笔流畅，生动传神，以"实业救国"的心路主线，客观全面地勾勒出盛宣怀一生之行迹。本书的出版，还得到了我校宣怀学院院长施亮星同志和校友童元明先生、吴苏先生、张杨先生、施红梅女士、赵鲁蓉女士、赵渝晖先生的资助。盛承懋教授还表示要将本书全部版税捐赠天津大学。作者和校友的举动均令人钦佩。我想，这本书的问世既是对盛宣怀先生的郑重纪念，也是送给我们天大师生乃至当代读者的一份珍贵礼物。

"故人已去，斯风永存"。今天，我们有机会从字里行间去品读盛宣怀先生这部人生大书，更应该“望前驱之英华卓荦”，见贤思齐，努力追踪。

李家俊

二〇一八年元月于北洋园

前言

改革开放以来，中国大地上涌现出了成千上万的企业家，他们为改变中国贫困落后的经济面貌，为创造社会财富，提高人民的物质与精神生活水平，作出了巨大的贡献。近年来在党中央“实现中国梦”的巨大感召之下，中国城乡又掀起了“大众创业、万众创新”的热潮，社会上下为打造企业家健康成长的环境，弘扬优秀企业家精神，更好地发挥企业家作用，营造了十分优越的氛围，中国企业家正以前所未有的热情，迈出了新时代征程的步伐。

中国当代企业家的创业与成长的良好环境，是近代中国历史上任何一个时期都望尘莫及的。清朝末期，像我曾祖父盛宣怀那样的中国最早的一批企业家，就是在当年国家政经贫弱，西方列强入侵，国内官僚腐败，百姓生活艰难，国家基础设施、交通条件十分落后的情况下开始创业的。

像盛宣怀这样的实业家之所以还在被后人所怀念与传颂，是因为其不畏艰难困苦，不惧来自各方的压力与责难，一心一意探索适合当时中国的创业之路。盛宣怀办实业足迹遍及江苏、浙江、安徽、江西、湖北、湖南、山西、陕西、甘肃、河北、河南、福建、台湾、四川、山东、广东、黑龙江、吉林、辽宁等 20 多个省份近 200 多个市县。可以说，他为创办与发展实业，走遍天下。

盛宣怀办实业的可贵之处，首先是“敢为天下先”。在晚清时期，轮船、电报、矿务、铁厂、铁路、银行等，中国都是全新的事情，国内没有任何可以借鉴的先例，国外尽管已经发展到一定的水平，但是限于当时的政治、外交、交通、信息、资金、科技、人才等多方面因素的制约，无法真正从外部得到帮助。但是由于他肯于学习、善于发现与信任于实业、于工程技术有用的人才，使得他的事业能够不断得以推进。第二是他不怕困难，正如盛宣怀 1912 年在《送儿孙游学箴言》中所说的“我生平好为其难”，表达了他生平最喜欢迎难而上的精神。当时办实业遇到的情况是，一无资金，二无人才，三无环境，更不用说朝廷上下的一批保守派人士，随时都会冒出来进行攻击或弹劾，至于由于交通、通信、科技水平的低下给创业带来的困难更是不计其数。因此，整个创业过程是十分艰难的，可以说没有这种精神是难以持之以恒的。第三是他具有开阔的视野与胸怀，盛宣怀所创办的实业之所以能涉及这么多领域、这么多地域，之所以敢于“铁厂、铁路、银行三者一手抓”，在他年岁已高的时候，又把创办北洋大学堂、南洋公学，发展文化事业，当作头等大事来办理，这与他开阔的视野和胸怀是密切相关的，这是因为他的心中有国家、人民，有社会的进步。

当年盛宣怀所从事的“创业”与“创新”活动，与我们当今举国上下掀起的“大众创业、万众创新”的伟大事业，是无法相比拟的。但是，他那种敢为天下先的精神，那种不畏艰险、走遍天下、艰苦奋斗的意志，他那种开阔的视野与胸怀，仍然是我们应该提倡的。他的“创新观”“教育观”和“人才观”，仍然可以为我们所学习与借鉴。他的“创新之道”，仍然值得我们推崇。

本书通过追踪盛宣怀当年创办实业的足迹，关注他在当时的社会环境下，如何选择创业项目，如何克服资金、人才、管理等各方面的困难，如何变各种不利因素为有利因素，为实业的发展创造条件，如何正确面对创业的成功与失败。书中通过研究他起草或参与制定的各种章程、合同、条约，分析当年他抵御西方列强的各种主张与行动，挖掘当时社会各界对他的评价，以进一步还原当年他创办实业的思想、路径与特点，力求客观、真实地向当今的创业、创新者，介绍中国历史上的创业先驱盛宣怀曾经走过的创业历程以及他的业绩、他所经受的酸甜苦辣，他的局限与遗憾。这无疑对当今我国的“大众创业、万众创新”事业，能够起到借鉴与启迪作用。

今天，我们国家为广大的创业、创新者提供了前所未有的环境与条件，可以深信我们的创业、创新事业，必将取得辉煌的成绩，必将为实现中国梦而作出巨大的贡献！

在此谨以我的新著《中国近代实业家盛宣怀——办实业走遍天下》，献给中国的企业家，中国的创业、创新者！

本书能够在盛宣怀当年创办的中国近代第一所大学——北洋大学（天津大学前身）的出版社出版，是有特殊意义的。

1892年6月，48岁的盛宣怀出任直隶津海关道兼直隶津海关监督，1895年10月2日，盛宣怀出任北洋大学堂的首任督办，学校素以“实事求是”的校训、“严谨治学”的校风和“爱国奉献”的传统享誉海内外。1951年经国家院系调整定名为“天津大学”，是1959年中共中央首批确定的16所国家重点大学之一，是“211工程”“985工程”首批重点建设的大学。如今，天津大学又被教育部确定为中国“双一流”建设高校，并且迈入了中国创业、创新的第一方阵。

期望本书的出版发行，能为天津大学建设“双一流”高校、为当今“天大人”的创新、创业起到点滴的助推作用，也能使盛宣怀的创业精神得以发扬光大。

本书在编写与出版过程中得到许多朋友、学者与亲属的关心与鼓励，得到天津大学党委副书记雷鸣、天津大学宣怀学院院长施亮星的帮助与支持，招商局历史博物馆、湖北师范大学汉冶萍研究中心为本书做了大量工作，苏州科技大学历史系研究生刚苗苗帮助绘制了书中的图片，我的长兄盛承志对本书的撰写给予了悉心的指导，在此一并表示衷心的感谢！

本书的顺利出版还得到施亮星院长和天津大学校友童元明先生、吴苏先生、张杨先生、施红梅女士、赵鲁蓉女士、赵渝晖先生的慷慨资助。天津大学党委书记李家俊教授在百忙之中为本书作序，为拙著增辉！这进一步拉近了天津大学与其创始人盛宣怀及其后人的距离，笔者为之欣喜，并表示深深的谢意！

盛承懋

2018 年 2 月 1 日

目录

1 盛宣怀实业生涯的“前奏”_1
1.1 青少年时跨越五省的“逃难”生活 _2
1.2 湖北的经历让盛宣怀开阔了视野 _4
1.3 三次乡试榜上无名,从此意绝科举 _6
1.4 广济武穴,萌发了开矿的意愿 _8
1.5 典当、钱庄,使盛宣怀增长了才干 _10
1.6 为自己前程作出的重要决策 _12
1.7 在两千多公里的后勤保障中经受历练 _14
1.8 参与赈灾,决心为国为民多出力 _16
2 盛宣怀办实业的起步阶段 _19
2.1 轮船、矿务成为盛宣怀办实业的首选 _20
2.2 盛宣怀起草的第一个重要章程 _22
2.3 招商局由官本官办到官督商办 _25
2.4 以大局为重,招商局走出了困境 _28
2.5 广济采煤,在张斯桂的协助下取得进展 _31
2.6 沈葆桢协助招商局实现了“蛇吞象”_33
2.7 盛宣怀在郭师敦的陪同下马不停蹄地勘矿 _35

2.8 因资金不足,荆门煤矿被迫裁撤 _38
2.9 旗昌弹劾与湖北矿务赔偿接踵而来 _40
3 电报是盛宣怀办实业迈出的一大步 _45
3.1 先抑后扬,赢得“电报开设”第一战 _46
3.2 中国电报事业中的几个“第一” _48
3.3 盛宣怀拟就电线大略章程二十条 _50
3.4 历经 250 天,津沪线路全线竣工 _53
3.5 在电报权利上,坚持与国外势力争斗 _55
3.6 二十年内电报线的架设遍布大半个中国 _56
3.7 重视电报专业人才的培养 _58
3.8 中国早期的通信工具——电话 _60
3.9 被后人关注与称颂的一份“奏折” _62
3.10 甲午时期,为电报再次受到参劾 _64
4 盛宣怀办实业快速发展阶段 _67
4.1 盛宣怀重返轮船招商局 _68
4.2 盛宣怀采取“五策”,招商局重整旗鼓 _69
4.3 发展内河航运,拓展招商局生存空间 _74
4.4 深入调查研究,山东内河航运顺利开办 _76
4.5 疏浚小清河,造福山东人民 _78
4.6 内河小轮航运迅速推向粤、桂、闽等省 _82
4.7 台湾船局与招商局实施“外合内分” _84
4.8 在登莱青道任上抓的几件事 _86
5 天津海关道任上的实业作为 _91
5.1 盛宣怀 48 岁出任天津海关道 _92
5.2 与怡和、太古签订的第四次齐价合同 _94
5.3 一场大火,打乱了盛宣怀的计划 _97

5.4 盛宣怀重建华盛纺织总厂 _99
5.5 甲午岁月,轮船、电报为战事出力 _101
5.6 《马关条约》签订,盛“病榻拊膺长叹” _103
6 铁厂、铁路、银行三者一手抓 _107
6.1 向朝廷陈“练兵、理财、育才”三大政 _108
6.2 充分准备,迎接实业发展的新机遇 _110
6.3 取得“专折奏事特权”,督办卢汉铁路 _111
6.4 盛宣怀督办汉阳铁厂,铁厂改归商办 _114
6.5 因铁厂不能不办铁路,因铁路不能不办银行 _117
6.6 中国通商银行成立 _119
6.7 铁路建设资金宁可借洋债而不参洋股 _123
6.8 通过发行股票为铁厂、煤矿筹集资金 _126
7 建成亚洲最大的钢铁联合企业 _131
7.1 依靠郑观应对铁厂进行整顿 _132
7.2 聘请德国矿师,解决铁厂缺煤问题 _136
7.3 历经十年摸索,钢轨质量得以解决 _141
7.4 由汉阳铁厂扩展为“汉冶萍” _145
7.5 汉冶萍在技术引进、管理上的进步 _149
7.6 汉冶萍培养了一批出色的技术人才 _152
7.7 维护国家矿权,防止列强掠夺 _155
7.8 与列强争利的中国勘矿总公司 _157
7.9 通过举债,推进汉冶萍的发展 _160
8 建成中国第一条主干线——卢汉铁路 _163
8.1 张之洞奏请盛宣怀督办卢汉铁路 _164
8.2 先造卢汉,次第苏沪、粤汉 _166
8.3 卢汉铁路向“小国”比利时借款 _167

8.4 盛宣怀督办卢汉铁路修筑的经过 _170
8.5 盛宣怀争得粤汉铁路督办权 _173
8.6 1908 年沪宁铁路全线通车 _175
8.7 由卢汉铁路向南北东西伸展的铁路大格局 _178
8.8 卢汉铁路带动了武汉、郑州的发展 _180
8.9 因铁路而建功,因铁路而成罪 _183
9 盛宣怀热衷于文化等各项事业 _187
9.1 盛宣怀出巨资,编刻《常州先哲遗书》_188
9.2 设立“译书院”,提倡统一翻译的译名 _190
9.3 盛宣怀与世界博览会的特殊情结 _192
9.4 盛宣怀与园林、寺庙的不解之缘 _195
9.5 “愚斋”图书馆与苏州藏书 _198
9.6 盛宣怀被任命为第一任红十字会会长 _201
10 盛宣怀与近代大学的创建 _205
10.1 变法图强,以培养人才为先 _206
10.2 中国近代第一所大学——北洋大学堂 _209
10.3 创办南洋公学,与北洋大学堂互补 _211
附录 1 盛宣怀办实业所拟主要的奏折、章程、合同、条约 _216
附录 2 盛宣怀办实业,反对西方列强的立场 _229
附录 3 盛宣怀办实业与赈灾 _238
附录 4 盛宣怀《送儿孙游学箴言》_244
参考文献 _248
后记 _251

1

盛宣怀实业生涯的『前奏』

1.1 青少年时跨越五省的“逃难”生活

盛宣怀，1844 年 11 月 4 日生于常州青果巷盛氏祖居，一个晚清官宦家庭。

祖父盛隆生于乾隆丙午年（1786 年）正月初四，嘉庆庚午年（1810 年）科举乡试中举，先后任浙江安吉知县、浙江海宁知州。1849 年盛隆从浙江辞官回家。

父亲盛康是盛隆的二儿子，他以盛隆为榜样，于道光庚子年（1840 年）也中了举，不仅如此，盛康更一鼓作气于道光甲辰年（1844 年）中了进士，获得封建社会的最高学历，先后当上了湖北粮道、武昌盐法道（相当于分管粮食、食盐等物资产供销的副省长），又候补浙江道，成为朝廷外派地方官员中的实力派。

由于盛康长年在外做官，年少的盛宣怀更多是随母亲、祖父母生活。道光三十年（1850 年）冬，盛康在安徽和州做官，6 岁的盛宣怀跟着母亲和祖父母前往和州。两年后，太平军逼近安徽，和州告急，他们只好返回老家。1856 年盛宣怀的伯父盛应出任浙江归安县令，接他们前去暂住，但不到一年，浙西又告急，太平军已攻入浙江，他们又只好再返回故里。少年时代的盛宣怀，尽管生活在动荡的环境下，但是在祖父盛隆的督促下，他很小便入塾读书，前后十余年攻读孔孟经书。他从小聪慧好学，言谈举止十分得体，深受长辈及亲朋好友的喜爱，曾被长辈誉为“颖悟洞彻，好深湛之思”，众人都认为他将来必成大器。

父亲盛康虽然是进士出身，但却十分注重经世致用之学，在急剧变化的时代里，盛康反对恪守教条、专注制艺，他仿照著名思想家魏源的《皇朝经世文编》，也从吏政、户政、兵政、工政等八方面收录文选 120 卷，编辑了《皇朝经世文续编》，希望用经世致用的实学来治理国家和社会。这也深深影响了年少的盛宣怀。

盛宣怀在年少的时候，尊敬长辈、孝敬父母，对穷苦人很有同情心。有一年，临近年三十，附近的穷人家里揭不开锅，没钱过年，在家中哭哭啼啼，盛宣怀得知后，就拿了家里的钱和米送过去，并安慰他们以解他们的燃眉之急。

盛宣怀的青少年时代生活在社会不安定的环境下。咸丰十年（1860年），太平军攻破杭州城，伯父盛应战死沙场，全家人充满了恐惧。不久，从镇江南下的太平军逼近常州，盛宣怀随祖父母逃往江阴长泾镇，之后又逃至苏北盐城。是年，盛康任湖北粮道，他不放心在苏北盐城的父母与儿子，就派人辗转东去接自己的家人到湖北来生活。当时盛宣怀16岁，他便随祖父母从盐城到达南通，再由南通航海至宁波，经浙江、安徽、江西，辗转半年抵达湖北。由于旅途十分艰辛，有时可搭上车马、便船，有时不得不靠双腿徒步，祖父母都已是七十五六岁的老人，16岁的盛宣怀挑起了大梁，一路上肩扛手提，小心侍奉着祖父母，每到一处首先想方设法为祖父母安排好吃住。经过艰辛的旅途，终于到达他父亲盛康的任处。

读万卷书不如行万里路。从江苏至湖北，横跨五省，一千多公里路途的“逃难”生活，颠覆了盛宣怀平静的诵读孔孟经书的生活。这种颠沛流离的生活，使青少年时期的盛宣怀对当时社会的动荡、官吏的腐败、底层百姓生活的艰难，有了真切的了解；也萌发了他身体力行，要为国家、百姓多做有益之事的想法，并且开始意识到要改变国家落后的面貌，靠诵读孔孟经书是行不通的。沿途的山川平原、大江大河，各地百姓的生活习俗，使他扩大了视野，增长了知识与才干；同时也锤炼了他的意志，每当遇到困难时能冷静处置，勇于担当，养成了他在日后的人生与事业发展中百折不挠的品格。

青少年时代这一段“逃难”经历，可以看成盛宣怀整个实业生涯的一个

“前奏”，使盛宣怀终生受益。他看问题、谈理想，已经不局限于一地一方，而是有了更远大的抱负，促使盛宣怀为了办实业，不惜一生走遍天下。

1.2　湖北的经历让盛宣怀开阔了视野

盛康注重经世致用之学，希望用经世致用的实学来治理社会，同时也以此来教育与启迪自己的后代，他对于盛宣怀青少年时代能在社会恶劣的环境中，经风浪、见世面，感到很有必要，十分赞赏。

青年盛宣怀随祖父盛隆到达湖北后，在“军务吏治，严明整饬，冠于各行省”的湖北，他接触到了许多人和事，接触到了社会上的许多实际问题，这些使他开阔了视野，奠定了日后从事实业的基础。

盛宣怀在湖北的时候，虽然不需要像随祖父母“逃难”那样，每天不仅要奔波几十里路，还要应付随时可能遇到的困难与各种意外，生活变得相对安稳，但是年轻人的心却总是平静不下来。他每天除了读读书、写写字之外，仍经常出去“闯闯”。当时他去得最多的地方，一是父亲任盐道衙门的文案房。他喜欢翻阅一些文案，并且主动帮助父亲办理文案。当时川、淮盐商争夺湖北“引地”（即盐商固定销售盐的地区），盛宣怀草拟了一份“川、淮并行之议”的材料，帮助父亲平息了一场盐商之间的风波。文案房实际上也是信息来得最多、最快的地方。前方战事的消息、筹集运输军饷的信息、官府人员往来与变动的情况、朝廷上有什么重大新闻、汉口租界上的洋人又玩出了什么新花样、社会上发生了什么人命关天的事，等等，总是文案房知道得最快、最早。二是湖北武昌江边的滨江花园。花园在长江边上，几个年轻人经常结伴到江边去玩，看到外国轮船日益增多地停靠在江轮码头上。这些外轮除了揽载客货之外，部分漕粮（即官粮）亦归其运输。少数华商航运公司，为了避免缴纳捐税，索性与外国人互相勾结，采取“诡寄经营”的方式，华商轮船也悬挂起洋旗，在长江内河航行。中国传统的木帆船航运业，已处在萎靡不振的状态。三是汉口的闹市区与洋人在汉口的租界。乾隆四年（1739 年），汉口修了一条石路面，命名为“汉正街”。同治三年（1844 年），郡守钟谦钧在此主持修建了万安巷等新码头。从此，汉正街商贾云集，交易兴盛，市场繁荣，被誉“江湖连接，无地不通，一舟出门，万里唯意”，吸引了四方商旅、八方游客，热闹繁华，盛极一时。于是，本省荆州、孝感各县及外省人口纷纷迁入。汉口租界的洋人也经常到汉正街等闹市区逛街。这些洋人除了给当地百姓带来一些新鲜感之外，他们的生活方式以及他们的科技与文化也潜移默化地影响着年轻人，自然也影响着青年盛宣怀。

盛宣怀经常思考，为什么这些洋人不远万里跑到中国来发展，他们凭借着自己的洋枪洋炮、轮船铁甲，在中国的土地上耀武扬威，把中国的资源、财富源源不断地运回本国。中国要富强起来，所有的有识之士就应该放眼天下，不贪图安逸，要舍得背井离乡，放弃安逸的小家庭生活，为国家的强盛贡献自己的一份力量。

淮军在前方追剿起义军，急需粮食与各种物资供应，衙门经常组织一些年轻人参与粮食与各种军需物资的筹集与调运工作，盛宣怀每次都尽心尽力，为此，湖广总督因他襄办陕甘后路粮台出力，官文保奏，奉旨以知府尽先补用。

在湖北这一特殊环境中经过一段时间的观察与锻炼，盛宣怀逐步形成了以下一些观念。第一，军务吏治，必须严明整饬。朝廷大臣及各级官员应该将国家强盛、百姓安居乐业作为自己的首要职责。第二，建立一支训练有素、装备精良的军队，无论对于抵抗外国势力侵入还是维持社会稳定都是十分必要的。第三，军队必须有取之不尽的饷源，为此必须采用开源节流等理财方法加以解决。第四，政府应创造条件让百姓休养生息，给人民以生活出路。为此，他初步意识到，欲使国家富强、社会有所进步、人民生活有所提高，应尽早兴办以西方先进科学技术为主要内容的实业。

盛宣怀按照祖父及父亲的意愿，在湖北娶妻、成家、生子，并按他们的要求准备科举应考。但是由于对国家强盛及尽早结束战事的期盼，他对科举应试不太感兴趣，而对父亲盛康所提倡的经世致用之学却手不释卷。与此同时，他仍然十分关注着各种新鲜的事物。

1.3 三次乡试榜上无名，从此意绝科举

同治三年（1864 年），李鸿章率领淮军攻陷苏州、常州等地，太平军败退之后，江南逐渐平静，老百姓开始恢复生产。盛隆、盛康父子自然又开始为盛宣怀的科举应试之事着急。1865 年初，祖父、父亲让盛宣怀返回家乡，安下心来，认真读书，准备迎考。

不久，盛康开始在苏州置办房产，于是他又让赋闲在家的盛宣怀到苏州，让他一边读书，一边负责房屋修葺之事，盛宣怀在苏州待了将近一年。那一年，盛宣怀 21 岁。虽然已经娶妻生子，对小家庭有些恋恋不舍，但他毕竟年轻力壮，对苏州的社会文化、名胜古迹充满着好奇心，同时因为他负责房屋修建，对苏州的社会习俗、市场行情、交通地理一清二楚。这也是盛宣怀在青年时代在苏州待得最长的一段时间。

同治五年（1866 年）秋，盛宣怀从苏州返回常州，并与弟弟盛寯怀一起参加乡童子试，两人同时中了秀才，合门欢喜，盛宣怀立即写信去向祖父、父亲报喜。

次年 6 月，祖父盛隆在湖北走完了他的人生，盛康丁忧，护送盛隆的棺木回到常州，盛宣怀从苏州赶回常州，为祖父送葬。

祖父盛隆享年81岁，一生有四子二女。虽然他自己只是举人出身，但却十分重视子孙的功名，在他的督促下，长子盛应考中了举人；次子盛康于道光二十年（1840年）中举，道光二十四年（1844年）又考中了进士。

常州历来是人文荟萃之地，清朝以来，赫赫状元就出了四人，进士更是数不胜数。虽然如此，但在盛氏门中出了新科进士，却是一件前所未有的大事，盛隆内心十分高兴，他最大的愿望就是希望自己的孙子盛宣怀兄弟能考出功名来。

然而，盛宣怀科举成才的路，却走得并不顺畅。祖父盛隆去世之后，祖母又一病不起，盛宣怀十分为之痛心，他把对祖父母的热爱，全放在了祖母一人的身上，在家小心伺候着老人。而他对科举考试，尽管知道这攸关个人的前途，但对应试要求的那一套学问，内心又不怎么认可，因此无法安心钻研，那一年，他未去参加秋试。

1867年、1873年、1876年，盛宣怀前后三次乡试，均榜上无名。没有办法，一时间他十分迷茫，找不到未来前途的去向。特别是1873年与1876年那两次乡试失败，使盛宣怀的压力特别大，因为当时他已经进入李鸿章的幕府。尽管他办事十分干练，从事文案工作有一手好文笔，办轮船、矿务开始受到重用，在李鸿章身边崭露头角，但是他清楚在李鸿章身边有功名的人比比皆是，而自己的身份只是一名候补知府，李鸿章想要破格提拔自己，也得思前顾后。

盛康对于盛宣怀的教育培养却坚持实事求是、因材施教的理念，注重经世致用之学。他不强求子女必须走自己走过的路，也不强求子女走大多数人认为所谓“成功”的路。在当时的制度下，“科举”被认为是“唯一”的成才之路。对盛康来说，一开始显然认为盛宣怀也应该走这条路。但是盛宣怀三次乡试未过，在这种情况下，盛康既没有强求盛宣怀一定要在这条路上走下去，更没有责备盛宣怀，他发现盛宣怀的兴趣可能是在类似经济、管理这样一类的学问及运用上，所以他一方面鼓励盛宣怀自学经世致用之学，另一方面尽量让他接触社会实际，如让他在湖北参与处理实际事务以及在苏州参与置业、房屋装修、经办典当等，锻炼实际才干。

盛宣怀没有考取功名，他虽然厌恶科举制度，但是，他并不像有些青年那样，一旦考试失利，就认为读书无用，甚至厌恶学习。他在父亲的指引下，更加努力地学习，学习有用之学，学习自己感兴趣、能发挥所长的学问。最后，他又通过朋友帮助、举荐，进入了李鸿章幕府，找到了可以发挥、施展自己才干的场所。

1.4 广济武穴，萌发了开矿的意愿

1864 年前后，那还是在湖北盛康的任处，有一次，盛宣怀在父亲衙门的文案房里看到一份文件，文件内容讲的是：湖北广济县向朝廷禀报禁止开挖武穴煤山的缘由与具体做法。

盛宣怀由此第一次注意到湖北各地蕴藏着的丰富的煤矿与铁矿，并且他又想到了一系列问题。首先，以自己的家乡江苏武进与湖北相比，家乡武进到处是水田与河塘，虽然逢到好的年份庄稼收成不错，但是一碰到灾荒与战乱，地里庄稼的收获就变得很有限了；而湖北有不少煤山、铁山，那里可藏着现成的宝贵的财富，一旦把煤和铁开采出来，无论对国家还是百姓都是有用之物。其次，他不明白为什么广济县官府要禁止开挖武穴煤山，他在长江边上看到，外国的轮船上装了许多洋煤到武汉来，卖给中国的老百姓，而洋人的煤的价格贵得要命。他想如果将武穴的煤挖出来，运到武汉去卖给当地人，运输成本低，价格一定会比洋煤便宜得多。此外，他想到武汉街头没事干的人多得很，这些人每天在街上逛，找不到事做，生活穷

困潦倒。如果将这些人组织到武穴采煤，不也能为他们及家人解决生活困难吗？为此，盛宣怀将自己对广济县向朝廷禀报文件中的一些不同意见，向文案房的几位师爷表述了一下。当然，他知道自己的见解只能说说而已。

1867年，盛宣怀已经返回了江苏。也许是当年他在文案房向几位师爷说的一番话传到了湖广总督的耳里，加之先前湖广总督因他襄办陕甘后路粮台出力，奉旨以知府尽先补用，所以由湖广总督官文保奏，让盛宣怀立即从江苏赶回湖北广济考察那里的煤矿。此时盛宣怀正一边准备科举考试，一边照看房屋装修之事，生活相对安定。湖广总督让他到广济考察，当然表明很看重他，是一次难得的机会。赴广济并不是去游山玩水，那里更没有什么名胜古迹，而是去考察煤山，不仅旅途辛苦，而且要翻山越岭，是一件苦差事，对于很多年轻人来说，可能会放弃这种机会，但是盛宣怀深知煤矿开采对国家富强的重要性，希望亲自去那里考察一下。他天生喜欢身体力行、打破砂锅问到底，毅然从江苏返回了湖北广济。

通过认真的考察，盛宣怀对武穴煤山有了更深入的了解，进一步“乃知其地滨江”，交通比较方便。他又仔细查看了地方志，向当地的官员与百姓请教，“始知该山属官”。这次考察给他的印象很深，他清楚地意识到，煤矿就是财富，国家要富强是离不开煤矿与铁矿这些矿藏的，需要有人将它们开挖出来，他心想如果朝廷委派我来做此事，我一定会尽全力去做。尽管当时他无法去开采煤矿，但这为他日后在广济武穴等地发展矿业奠定了必要的基础。

由江苏常州折返回湖北广济，再由广济回到家乡常州，又是一千几百公里的路程。湖广总督当时并没有明确是否准备组织人马开采广济的煤矿，盛宣怀也无法想象，他对广济武穴的煤矿究竟是否能有所作为。尽管他当时只是憧憬着未来的生活与事业，但是，他还没有确定自己人生的第一步究竟应该怎么走，他更没有想到他的一生会走一条“实业强国”之路。然而不能不说，湖北当时的社会环境与条件，哺育了他早期的“实业思想”，湖北开阔了青年盛宣怀的视野。

1.5 典当、钱庄，使盛宣怀增长了才干

太平天国战争结束不久，苏锡常一带难民纷纷返回家乡重建家业，却缺乏资金。时任江苏巡抚的李鸿章是盛康的同年，建议盛康开几家典当、钱庄，定可赚钱。盛康因“丁忧”本来也就闲着，听了李鸿章的意见，就积极筹办起此事。

盛康开始在常州修缮房屋，在苏州置业。之后，盛康又与苏州怡园的主人顾文彬商议开办典当、钱庄的事宜。由于两人都曾出任湖北盐法道，所以有许多共同语言，他们决定邀请李鸿裔（1853 年生，举人，官至江苏按察使，著名书画家、收藏家、网师园主人）、吴云（1811 年生，举人，官至苏州知府，著名画家）等人合伙，在苏州、常熟开办典当。

1868 年 7 月，盛家与顾文彬等人合伙的第一家典当行“济大典”在吴县（今苏州）开张了，没想到生意好得出奇。

刚办典当的时候，顾文彬还在宁绍台道员任上，盛康也在杭州任上，典当行的日常管理由顾文彬的儿子顾承与盛宣怀负责。但是顾文彬对盛宣怀却不大放心，由于盛宣怀有主见、办事果敢，顾文彬总觉得盛宣怀大权独揽、独断专行，生怕顾家吃了亏。同治九年（1870 年）下半年，盛宣怀进入李鸿章幕府，他将主要精力放在李鸿章交办的事上，苏州、常熟典当的生意，通过自己委派的人来办理，实际上仍掌控着典当的局面。

同治十二年（1873 年）四月，轮船招商局招募商股，盛宣怀认领了 50 万

串商股，分两次从苏州、常熟的典当行中提款，至上海轮船招商局去参股。同治十三年（1874 年），直隶总督李鸿章为抗击日军，欲购买铁甲船，筹备了巨款。由于铁甲船尚未正式交付，这笔巨款被搁置无法增值，李鸿章就让盛宣怀将天津这笔总计 80 万串（合白银 54 万两）的巨额官款存于苏州的典当行。此外李鸿章准允轮船招商局从直隶练饷局借用官款 20 万串（合白银 13.5 万两），年息 7 厘，除预缴利息外，实领 18.8 万串，盛宣怀将这些巨款也存于典当行。

盛宣怀从天津领回的巨额官款，由江苏布政使司行文，令分存于苏州、常熟的四家典当行。顾文彬也是典当行的股东，做事谨慎但又怕事，唯恐另外几位股东吃了亏，又担心一旦战争爆发，盛宣怀所领的天津巨款立时要提，典当行有崩盘之虞，故意欲将股份抽出，“自己立开”。由于盛宣怀把各人股份名下的账目理得很清，并且承诺“有祸伊一处独当”，减少了各种阻力。此外，盛宣怀对购买铁甲船的巨款也妥善安排，因为他作为李鸿章的机要秘书，对这些巨款可以存放多长时间、什么时候要动用多少、如遇突发情况如何处置，已经有了准备，因此心里并不紧张。同样，也减轻了顾文彬等人的担忧。

光绪三年（1877 年），典当行终于拆账，顾文彬、李鸿裔、吴云的股份与盛氏分开，济大典成了盛宣怀独资开设的第一家典当。

顾文彬虽对盛宣怀独揽大权不满，但是还是由衷地称道盛宣怀卓越的才干，同治十三年（1874 年），顾文彬在致顾承的家书中赞叹：“济兴事仍归杏荪（指盛宣怀）办理，妥当之至。此君虽年轻，而办事居然老辣，子弟有此才干，真可爱也。此事既办妥，现在别无要事，汝正可安心静养。”

盛康、盛宣怀接下来在江苏苏州、常州、南京、江阴、无锡、宜兴、常熟等地又开起了一批典当。不到 10 年，盛氏旗下的典当多达 20 多家。典当业的经营与钱庄是分不开的，盛氏家族于是又集资开起了钱庄。本钱和利润从钱庄流到典当，又从典当流回钱庄。

盛宣怀在苏州等地与人合办典当、钱庄，增长了才干，这充分锻炼了他在金融理财方面的能力，也使他积累了苏州等地上层社会的关系和人脉，为他日后创办各项实业及中国通商银行奠定了基础。

1.6 为自己前程作出的重要决策

在盛康的思想上认为，儿子虽然人品不错，办事又很干练，但是在地方上长期经办典当总不是一回事。同治九年(1870年)春，他通过京里的一位同年，替盛宣怀谋到了一份差事，福州船政局船政大臣沈葆桢那里需要一名办理文案的下手，他让盛宣怀抓紧赴福州上任，免得夜长梦多。盛宣怀对这一份差事，当然是乐意的，随即就安排好苏州等地典当的事宜，并且与夫人商议起小家庭日后生活的安排，积极准备行装，打算尽早启程。

正在此时，盛康又收到了自己的老朋友淮军营务处总办杨宗濂的来信。要说到杨宗濂，就必然提及他的父亲杨延俊，早在1844年考举人的时候，杨延俊与李鸿章就是同年；1847年考进士的时候，他们又在同一个考场应试，进士第一场考试结束的时候，李鸿章突发疾病，全靠杨延俊为之料理汤药，直到三场考试结束，才“扶掖出闱，遂同捷南宫”——两人同时金榜题名，考中进士。所以在同年中，他们两人的交情最深。盛康是1844年考中进士的，李鸿章与杨延俊虽然比盛康晚了两科，但是，他们自老一辈起就是通家之好。杨延俊去世之后，李鸿章就把他的三个儿子杨宗濂、杨宗瀚、杨以回带进自己的幕府，并在实际战事中让他们经受历练，委以重任。杨宗濂先在刘铭传麾下总管粮台，后任淮军营务处总办。

当时杨宗濂正随李鸿章西征进入陕西，他感觉李鸿章身边缺少人手，于是就想到了盛康的儿子正闲在家中，由于之前他几次见过盛宣怀，在接触过程中对他十分赏识。杨宗濂又知道盛宣怀曾经为他父亲办理过文案,还办过粮运,襄办过西征粮饷,认为盛宣怀是个难得的人才,办事精明能干,正是淮军西征急需增加的人才。就这样,他从千里之外写信给盛康,请盛康把儿子盛宣怀送过来。

盛康接到杨宗濂的来信以后,却有些犹豫不决,究竟是让儿子到沈宫保(即沈葆桢)那里,还是让他投奔到李鸿章的门下?因为他清楚地知道,儿子盛宣怀仅仅通过了乡试,身上虽然有一个候补道的身份,可是朝廷上下的候补道多如牛毛,更何况盛宣怀还只是一个候补知府。一个候补官员要谋到一份长远的差事,可以说是难上加难。现在李鸿章那里战事吃紧,急需帮手,但是一旦战事结束后,李鸿章能不能把他留下,还是一个问题;而沈宫保那里,因一直受到皇上圣恩,跟着他,错不了,得到一份“实授”是不成问题的,所以,盛康主观的想法是让盛宣怀到福州去。他生怕沈宫保那里的差事又被别人推荐的人顶了去,所以催促盛宣怀下决心,照自己的意见办。

可是,盛宣怀已是26岁的男子汉了,而且面对自己的前程,他已是一个很有主见的人了。首先,他对李鸿章的淮军有好感,当年淮军在前方追剿起义军,急需粮食与各种物资供应,盛宣怀积极参与湖北官府组织的物资筹集与运输的活动。其次,他从父亲以及与父亲经常有往来的人那里知道了不少为官之道,对沈葆桢与李鸿章在官场上的地位以及未来的前途,有自己的见解。

他知道沈葆桢与李鸿章原先都是曾国藩的门生,沈葆桢从在湘军办营务,到出任广信知府,再破格担任江西巡抚,一路上都是受曾国藩保举而实现的。然而因厘卡(一种办理军饷的做法)一事,他和曾国藩发生了矛盾,不久便离任回福建原籍养病。闽浙总督左宗棠主政福建之后,沈葆桢又成了左宗棠的门下。这样,在同治五年(1866年),左宗棠调任陕甘总督之前,向朝廷举荐沈葆桢出任船政大臣，主政福州船政局。尽管朝廷明确船政大臣一职等同于各省巡抚，但是它们之间孰轻孰重，大家心中都是有数的。更不用说，只要曾国藩在一天，沈葆桢就很难再得到晋升。

杨宗濂当然与沈葆桢无法相比，但他是淮军统帅李鸿章相当倚重的属员之一。李鸿章此次是以湖广总督协办大学士的身份督军援陕的，朝廷特别又给李鸿章加上了一个钦差大臣的头衔，李鸿章又是目前年纪最轻的协办大学士，足见李统帅的发展后劲。杨宗濂与盛家是世交，其跟随李鸿章多年，他手下的能员也不见得少，凭盛康父子对他的了解，若不是有大的困难，若不是其真对盛宣怀很赏识，也不见得会千里迢迢来信，让盛宣怀投奔到李鸿章的门下去的。

盛宣怀对父亲说，曾国藩、左宗棠、李鸿章是当今大清国风头最劲的三位重臣，李鸿章又最年轻有为，况且父亲与李统帅过去又有些交往，如果自己在李鸿章的门下认真行事，日后的前途应该是无可估量的。盛宣怀终于说服了父亲，风尘仆仆地赶赴淮军营务处。

盛宣怀启程之后，盛康分别给京里的朋友及船政大臣沈葆桢去信，感谢他们对盛宣怀的关照，其实盛康心里很清楚，儿子年纪还轻，刚进入仕途，不能得罪朝廷方方面面的官员。

1.7 在两千多公里的后勤保障中经受历练

1870 年春，盛宣怀初到李鸿章麾下，正是李鸿章率军北上围剿捻军的紧张阶段。最初，盛宣怀承担淮军的后勤保障工作，协助杨宗濂调运前线急需的粮草、帐篷、枪械、弹药等军需物资。但是，由于陕西山路居多，山高路窄，道路崎岖，到处都是羊肠小道，致使物资运输经常受阻，十分困难，甚至使部队贻误了战机。面对这种情况，盛宣怀一方面积极投入调运工作，一方面开动脑筋，为杨宗濂出主意。他将前方所需的物资，分轻重缓急，合理安排各种物资的运输次序，优先保障最急需物资的供应，使前方将士增强了战斗力，减少了因缺乏物资而造成的伤亡。这样，很快就缓解了物资供应不足的困境，杨宗濂对盛宣怀的做法赞赏有加，这也传到了李鸿章的耳朵里。不仅如此，盛宣怀还主动分担杨宗濂的文案工作，帮助杨宗濂草拟李鸿章委派的向朝廷上奏的有关奏折。由于盛宣怀青年时代在湖北时就经常帮父亲盛康料理文牍上的事，有一手好文笔，因此他代为草拟奏折一事很快被李鸿章发现，他的文笔得到了李鸿章的赏识。

李鸿章随即委派盛宣怀担任“行营文案兼充营务处会办”的职位（相当于机要秘书）。盛宣怀办事一贯事必躬亲，他实事求是、讲究实效、精明强干、吃苦耐劳的作风，很快就得到李鸿章的赞赏。据当时留下的记载称，盛宣怀“在晋、陕等省的山川中跋涉，甘之如饴。‘盛夏炎暑，日驰骋数十百里’，而不辞劳顿；草拟文稿，‘万言立就’。‘同官’固然‘皆敛手推服’，李鸿章对这位世侄也刮目相看”（见夏东元《盛宣怀传》）。

不久，天津教案发生，列强以陈兵海上相威胁，清政府将李鸿章及其所部淮军从西北前线调回直隶，以防沿海不测之变。盛宣怀也跟随李鸿章赴津，由陕西而入山西，“涉函关，登太行，尽揽山川扼塞形胜”之外，沿途与李部将领郭松林、周盛传等研讨兵事谋略，使盛宣怀开阔了眼界，历练日深，声誉日起。没有多少天，盛宣怀即被任命为会办陕甘后路粮台、淮军后路营务处。

正当李鸿章的部队行至半路，又接到圣谕：直隶总督，着李鸿章调补；两江总督，着曾国藩调补。事实上，当李鸿章带着一批幕僚赶到天津时，天津教案已在曾国藩的妥协之下接近尾声：天津道、府、县等在事官员、百姓二十余人，均被革职拿问，重修被毁教堂；向法国等赔偿抚恤费五十余万两；派大臣远赴法国道歉。

盛宣怀所担任的陕甘后路粮台以及淮军后路营务处这项工作，使他可以职务之便往来于津、沪等地，采办军需等物品。他不仅工作卓有成效，并且因此在津、沪接触到很多人物、新鲜事物、新技术和新思想。盛宣怀的职衔也很快提升，从军才一年多，即被荐升知府、道员衔，获赏花翎二品顶戴的荣誉。随着淮军的进一步壮大，对军费、物资的需求日益增多，盛宣怀认为只有通过办实业，才能为军队筹集更多的经费。中国要强盛，最迫切的是要发展实业。

盛宣怀从江苏武进出发，途经山东、河南、山西，奔赴陕西，后又从陕西入山西，东进河北、天津，这二三千公里的跋涉，使青年盛宣怀跑遍了小半个中国，这让他对中国的国情、百姓的苦难有了更深切的了解。

1870 至 1871 年，盛宣怀进入李鸿章幕府的这段时间，他确立了“图富强，尤重外交、兵备”“辅以路、矿、电线、航船诸大端为立国之要”的一生奋斗目标。

1.8 参与赈灾，决心为国为民多出力

天津教案过去不久，一场百年不遇的大水铺天盖地地降到了直隶大地上。1871 年夏秋间，直隶久雨不晴。永定河、海河、南北运河、草仓河及拒马河先后漫溢，大水冲得房倒屋塌，畿辅东南几成泽国，造成数十年未有之水灾。

据历史记载：“辛未夏秋，直隶大水。顺天、保定、天津、河间境内有成为泽国者，自保定至京师须用舟楫，乃数百年来罕见之灾。”1871 年 8 月 15 日（同治十年六月二十九）上谕称：“（直隶总督）李鸿章奏……本年五六月间，天津雨水过多，致城东海河及南北运河，冲溢数口，滨海地面，田庐禾稼，多被淹没。小民荡析离居，殊堪悯恻。虽经该督等督同官绅等捐，酌拨银款，量为抚恤，惟天津、河间、顺天、保定各属地势低洼，滨河地方，被灾较广，亟应筹款

接济。”

曾国藩于同年11月所写之书信中亦云:“直隶津河数郡水灾,为数十年来所未有。民庐荡析,寝处俱无,其困苦情形,较之八年、九年之旱,奚止十倍?”直至次年,御史边宝泉在奏疏中尚谈及此次之灾:“上年直隶水灾之大,为数十年所未有。畿辅东南几成泽国。至不获已而集捐外省,发粟京仓,议赈议蠲,勤劳宸虑。迄今田庐没于水中者,所在多有。”此次水灾,系因雨泽过多,引起各河漫溢。

直隶总督李鸿章得知灾情后,将身边的人员都打发到各地去劝捐,派官员前往灾区去救灾,盛宣怀也被派往灾区,这是盛宣怀第一次参加赈灾活动。

盛宣怀与其他官员一起奔赴灾情严重的地区,面对直隶百年未有的大水灾,他亲眼见到了灾民的苦难。农田汪洋一片,颗粒无收,灾民的房屋被冲走了,只能流离失所,可谓损失惨重。这与盛宣怀的家乡常州、苏州相比,简直是天壤之别。他在江南鱼米之乡,从来没有见到过与听说过有这么严重的水灾。在灾情面前,盛宣怀真是感到有些束手无策。他回到天津后,就向李鸿章禀报所见所闻,并请求李鸿章准予他回家乡去募集赈灾物资。

盛宣怀经过上千里的旅途,回到家乡,首先拜见了父亲盛康,将直隶的灾情禀告给父亲。当时盛康还在浙江杭州任上,他听说这一情形后,立即慷慨解囊,带头捐赠了两万件棉衣,帮助灾民过冬,并让盛宣怀到上海去采购粮食,运往天津发放。

盛宣怀在家乡动员亲戚、朋友、乡绅捐钱、捐粮、捐物。盛康还让盛宣怀到淮南、苏南、上海等地去募捐,盛宣怀仗着父亲以前老同年、老同事的面子,走街串巷,很快就为直隶募到了三十万两白银,五十万石粮食。收到从南方押解来的款物,阅人无数的李鸿章对盛宣怀开始有些刮目相看了,他发现盛宣怀不仅脑子快、文笔好，说不定还是个能干大事的人！

同年秋天，盛宣怀带着从江南筹集到的银两、衣物、粮食到灾区去散发，他本人也捐助了赈米两千石。父亲盛康也因为这一次的赈济活动，被李鸿章奏请赏加布政使衔。盛宣怀本人因为赈灾有功，被皇上嘉奖二品顶戴。这是他第一次参与赈灾行动，从事社会慈善事业。

直隶的水灾，进一步激发了盛宣怀要为国家富强、百姓安居乐业而出力的想法，他下决心要尽快付之行动。

2

盛宣怀办实业的起步阶段

2.1 轮船、矿务成为盛宣怀办实业的首选

1840年鸦片战争爆发，1842年清政府被迫与英国签订《南京条约》，1858年，清政府又与英国签订了《天津条约》，该条约中增辟了10个通商口岸，其中包括了湖北的汉口。这意味着西方列强的炮舰轮船，可以长驱直入长江中游、江汉平原。

为了应付残局，19世纪60年代，清政府相继成立了江南机器制造总局和福州船政局两家造船企业，意图增强航运能力，以对付列强的入侵。其中，江南机器制造总局（图2-1）于1865年9月20日在上海成立，首先由曾国藩规划，后由李鸿章实际负责。最初制造总局是向上海租界的美国公司——旗记铁厂购买机械厂房和船坞而建设成立的，同年将原本苏州洋炮局和由容闳向美国购买的机器设备一起并入。这是李鸿章在上海创办的规模最大的洋务企业。它不断扩充，先后建有十几个分厂，雇用工兵2 800多人，能够制造枪炮、弹药、轮船、机器，还设有翻译馆、广方言馆等文化教育机构。但是，它在管理上仍然存在着浓厚的衙门习气。由于管理不当，制造成本昂贵，投资入不敷出。1872年初，大学士宋晋趁机发难，奏请朝廷裁撤这两家企业，这在主张与反对办中国新式轮运的两派之间展开了一场激烈的大辩论。经过长达半年之久的争论，以曾国藩、李鸿章、沈葆桢、左宗棠等为代表的洋务派占了上风。同年3月，由于曾国藩突然病故，创办中国新式轮运的任务，自然落到了经过周密思考、作出缜密筹划的李鸿章的身上。

1872年4月，李鸿章与沈葆桢商议如何恢复福州船政局的造船业务，提出由它兼造商船，创办中国自己轮船局的主张。盛宣怀早年在武昌亲眼见到外国轮船在长江横冲直撞，中国的木帆船航运业已处于萎靡不振的状态，当他得知该消息后，结合自己以往所见，认为为扼制外国商船、铁甲在长江及沿海的肆虐，必须建立自己的轮船招商局，并建议他们速办。李鸿章深以为然，

命盛宣怀会同浙江海运委员朱其昂等拟订章程，并呈交江、浙督抚审阅。

图 2-1 江南机器制造总局

盛宣怀奉李鸿章面谕，拟上轮船局章程，主张办轮运以挽回航利，是为轮船招商局的第一个章程。盛宣怀在草拟章程的序言中说："伏思火轮船自入中国以来，天下商民称便，以是知火轮船为中国必不能废之物。与其听中国之利权全让外人，不如藩篱自固。船厂之设意甚深也，已兴之何可言废。天下事惟熟能生巧，亦惟激则生变，今人于古人尚不甘相让，何夷狄之智足多哉！"他在序言中又说："中国官商久不联络，在官莫顾商情，在商莫筹国计。夫筹国计必先顾商情。倘不能自立，一蹶不可复振。试办之初，必先为商人设身处地，知其实有把握，不致废弛半途，办通之后，则兵艘商船并造，采商之租，偿兵之费。息息相通，生生不已。务使利不外散，兵可自强"（见《盛宣怀档案》，盛宣怀《上李傅相轮船章程·序言》，同治十一年）。

1872 年 12 月 23 日，李鸿章上书奏请政府试办轮船招商局，三天后，同治皇帝批准设立轮船招商局。1873 年 1 月 14 日，官督商办的轮船招商局在李鸿章的主持下于上海洋泾浜永安街正式成立。

李鸿章出任直隶总督后，责任愈巨，视野愈阔，综观世界各国的发展，他痛感中国之积弱不振，原因在于“患贫”，得出“富强相因”“必先富而后能强”的认识，将洋务运动的重点转向“求富”。他在加强军事装备建设、加快发展航运业的同时，意识到应该尽快探明煤矿、铁矿等军事与民用急需的矿产，以便尽早开采利用。他决定把这一任务也交给盛宣怀。

1874 年盛宣怀接到李鸿章密谕：“中国地面多有产煤产铁之区，饬即密禀查复。”其并说：“中土仿用洋法开采煤铁，实为当务之急。”李鸿章的这些说法激发起盛宣怀“怦怦于中将十年”开发湖北广济煤矿的梦想。由于青年时代他曾关注过那里的煤矿储藏，并亲自在那里考察过，于是湖北广济成了盛宣怀开发矿业的首选之地。

要实现在广济等地采煤的愿望，就要对广济的煤矿有真正的了解，这又必须请懂行的人出马，而湖北当地又没有真正对现代煤铁采矿懂行的人，为此他到处物色人才。1874 年 5 月，日本派出军舰在台湾登陆。盛宣怀被委任为淮军后路粮台、会办淮军营务处，派往福建，协助沈葆桢，负责调运军队、粮械等工作。在那里他结识了沈葆桢的幕僚张斯桂（号鲁生，浙江慈溪人），得知其曾在台湾基隆查勘过煤铁，有实际经验。1875 年 5 月，盛宣怀终于请到了张斯桂，开始了他在湖北的矿务勘查。

盛宣怀办实业的起步，就是从航运、矿务开始的。

2.2　盛宣怀起草的第一个重要章程

盛宣怀一生起草过很多章程、合同、条约、奏折，但是《轮船章程》可以说是他为办实业起草的第一个重要的章程。

盛宣怀在他所起草的章程中表达了他以下的一些思想与主张：①火

轮船已为不能废之物，那么，与其听中国之利权全让外人，不如藩篱自固；②中国官商久不联络，在官莫顾商情，在商莫筹国计，夫筹国计必先顾商情；③试办之初，必先为商人设身处地，知其实有把握，不致废弛半途；④办通之后，则兵艘商船并造，采商之租，偿兵之费，息息相通，生生不已，务使利不外散，兵可自强。这些思想较好地提出了办实业中如何处理中国人与外国人、官与商、办实业的先与后、商之租与兵之费等的关系。这在当时的社会条件下实属不易。

盛宣怀所拟的《轮船章程》一共六款，这六款贯穿着他“筹国计必先顾商情”的思想，尤其体现了他“为商人设身处地”着想的思想。

第一款：“委任宜专”，即招商局应由政府委派具有“道”“府”头衔、“公正精明、殷实可靠”的人来主持工作，并且“创成规矩，联络官商，而后官有责成，商亦有凭借”。强调了领导成员必须德才兼备，并且获得政商各界的认可。

第二款：“商本宜充”，即招商局的资本，借鉴外国洋行股份制的模式，招股50万两，每100两为一股，出具股票一张，认票不认人，“以收银日为始，按年一分支息，一年一小结，总账公阅，三年一大结，盈余公派”，这充分体现了在招募和使用资金上公开、透明、公正的做法，并且注重维护出资人的利益。

第三款：“公司宜立”，即招商局应在上海设立总局，并且应在天津、烟台、香港、宁波、汉口、镇江等通商口岸设立分局。凡招商局的职员，“不准私做贩运”“官场来往搭客搭货照例收取水脚”。坚持公司经营的市场原则，强调了公司的职员，特别是领导不得假公济私，以权势损害公司的利益。

第四款：“轮船宜先后分领”，招商局对从江南制造局、福建船政局所租的轮船，应派员搞清各船装货的分量、耗煤的多寡、吃水的深浅等性能，逐号开单；对船政局尚未交付的两艘轮船，应限定领船的先后日期。强调了招商局要对装备、设施的性能、保养方法、使用的时间与寿命等必须搞得一清二楚，不打无准备之仗。

第五款："租价宜酬定"。招商局"试办之初，诸事创立，本重利轻，未知商人装货能否相信；洋行争利之心最重，势必大减水脚……而试办实无把握，必难起色"。为确保招商局初办即获成功，向江南制造局、福建船政局所租的轮船，应"照船大小，分别议缴租价试办三年"。招商局"本重利轻"，必须斤斤计较。

第六款："海运宜分与装运"。为了增强招商局与洋商的竞争实力，朝廷应"准每年分拨江浙漕米四十万石交招商局"装运，其水脚耗米仍按照民间运漕的沙宁船核算。因为招商局"必须借海运漕米一层，佥议皆同，如不推行，恐商人无立足之地"。这强调了政府对企业的支持，是保障企业生存发展的关键所在。（见易惠莉《中国第一代实业家盛宣怀》）

盛宣怀将轮船招商局面临的组织、管理、经费、装备、成本、盈利以及与洋商的竞争、政府的扶持、招商局的对策等，在撰写《轮船章程》（图2-2、图2-3）时考虑得十分周密。他所制定的《轮船章程》是十分有利于企业发展的章程。在约150年前，当资本主义刚刚在中国处于萌芽状态的时候，盛宣怀能够提出这样一系列主张与做法，是十分难能可贵的。

盛宣怀当时28岁，他踏入李鸿章幕府刚刚两年，他投入的中国实业也才刚刚起步，他为办轮船招商局提出了一系列思想与主张，这与他青年时代在湖北、江苏的实践分不开，与他重视经世致用之学分不开，也与他注意对社会的观察和思考分不开。

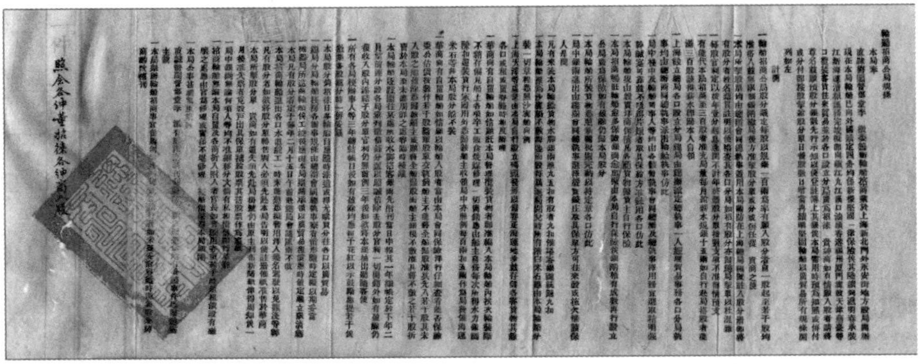

图 2–2 轮船招商局的第一个章程

图 2–3 轮船招商局的第一枚印章

2.3 招商局由官本官办到官督商办

盛宣怀为筹办轮船招商局起草了章程，提出了一系列主张，特别是轮船航运是在“招股商办”还是“官办”这个问题上，他力主“招股商办”，因为他清醒地认识到，朝廷国库空虚，拿不出那么多钱来；同时，他又深知面对现行的政局，“官办”就意味着人浮于事、不讲效益，是不可能真正把企业办好的。

1872年8月，他奉李鸿章之命，“在沪密与各商拟议，实事求是稍窥底蕴”之时，适遇朱其昂（沙船老板），并谈起了轮船航运招股商办的意见，朱其昂对此持否定态度。盛宣怀记述朱其昂的见解说：“其见到处尤为切面不浮，轻而易举。惟朱守意在领官项，而职道意在集商本，其稍有异同之处”（见《盛宣怀档案》，盛宣怀《盛宣怀致李鸿章函》，同治十一年秋）。盛宣怀与朱其昂在商本商办还是官本官办问题上，是不一致的。

但是，由于一开始，李鸿章也是主张官本官办的，所以，盛宣怀的这一主张并未被其采纳。10月，李鸿章委派“承办海运已十余年，于商情极为熟悉，人亦明干”的朱其昂兄弟，回沪设局招商。不久，“各帮商人纷纷入股。现已购集坚捷轮船三只，所有津沪应需栈房、码头及保险股份事宜、海运米数等项，均办有头绪。”

1873年初，轮船招商官局正式营业。朱其昂本意是想从政府那里领取资金，“官本官办”的，但是清政府拿不出那么多钱，只有10万两作为官股，朱其昂、朱其诏兄弟各出10万两，李鸿章出5万两，再向民间筹集一部分资本。招商局最初只有轮船4艘以及一项运输江浙20万担漕粮的专利权。

朱其昂负责招商，尤其试图说服浙商胡雪岩带头入股，但是没有得到响应。上海商人担心“官督”之下商股权利无法得到保障，特别是很难使一些已经依附于洋商的华人转而依附于自己。至1873年4月，朱其昂只筹集到了1万两现款和10万两认购承诺。果然，轮船招商局开办时间不长，就筹议改变官办的局面了。

由于招募商股不成功，再加上朱其昂在航运及管理上思想与方式陈旧，于是，1873年7月，李鸿章决定请既有管理经验、又有资本和人脉的唐廷枢出马，接手轮船招商局，并将轮船招商局改组为官督商办，并在名称中去掉了一个“官”字。

1873年8月7日,公司迁至上海三马路新址(图2-4),改名为轮船招商总局,除上海总局外,还设立了天津、牛庄、烟台、福州、厦门、广州、香港、汕头、宁波、镇江、九江、汉口及国外的长崎、横滨、神户、新加坡、槟榔屿、安南、吕宋等19个分局。

图2-4 轮船招商局上海三马路新址

同年9月9日,李鸿章签署了一份文件——《札饬盛宣怀入局》。这是一份委任状,任命29岁的盛宣怀出任轮船招商局的“会办”(相当于副总经理),兼管运漕、揽载。这是继之前任命唐廷枢出任“总办”(总经理)、朱其昂留任“会办”之后,第三个到位的高管。一个月后,李鸿章又任命徐润担任“会办”。至此,改制后的招商局形成了由唐廷枢、徐润、朱其昂、盛宣怀四人组成的领导班子。其中,唐廷枢有外资洋行背景;朱其昂为漕粮北运代表;盛宣怀为李鸿章的代表;徐润为具有买办背景的国内工商业主代表。

作为班子成员,盛宣怀的工作被李鸿章安排得是相当特殊的。李鸿章确定了由盛宣怀具体办理漕运、揽载及参与招商局的一切“规划事宜”。对此李鸿章身边的要员沈能虎曾解释盛宣怀在招商局“只此二语、全权在握”,不少研究者据此也认定盛宣怀在招商局握有全权。实际并非如此,有些言过其实。唐廷枢他们希望盛宣怀负责漕运之事,这既是商品调剂,更是国家官粮的储备,而漕运交给招商局,也是李鸿章对这家公司予以特别扶持的表现。

对于这个新班子，李鸿章本人是很得意的，他说：“在事五人（包括朱其诏），本极一时之选。”

但是，招商局的四人班子中，实际上在坚持“商本商办”的观念上，唐廷枢与盛宣怀基本是一致的，朱其昂则主张“商本官办”或“官本官办”。他们之间错综复杂的矛盾成为招商局初期最大的内部问题。盛宣怀担任会办，从此他开始正式成为清末洋务运动的核心人物之一。

2.4 以大局为重，招商局走出了困境

轮船招商局在唐廷枢的主持下，按照既定的目标，一步一个脚印地前进，不到三个月光景，就出现了扭亏为盈的局面。这不仅受到李鸿章的称赞，外界也纷纷对招商局开始好评，在朱其昂主事期间一时停顿的招商集股，也变得顺利起来。外界看好招商局有利可图，不仅沪商、粤商投资踊跃，连一直观望的胡雪岩也参股了。唐廷枢不想让肥水都流到外人田里，决定留出一部分股份给局内人。

轮船招商局核定股本为白银 100 万两，每股 100 两，对社会招商入股。在“肥水不流外人田”的主张下，唐廷枢、朱其昂、徐润三人，每人把自己的股份扩大了一倍，招商局大小委员也趁机参一部分股份。盛宣怀也认领了 50 万串商股，他先后两次到苏州与常熟，从他与顾文彬等合开的典当行中去提款，至上海轮船招商局去参股。轮船招商局早期发行的股票见图 2-5。

盛宣怀在招商局主事，坚持按原则办理。1874 年 4 月 8 日，唐廷枢的好友、怡和洋行的买办贝锦泉来函，向盛宣怀推荐英国友人法乐，意欲任招商局保险行掌管，倘保险行不能，或当招商局总管各轮船之主事亦可。由于唐廷枢事先规定：“局中所有伙友，渠一概不用。”加之盛宣怀认为招商局这样重要的职位，不应由洋人来担任，于是他在贝锦泉的来函上亲笔批道：“招商局总

管拟用华人，保险局事，须俟秋中方有就绪，届时再当奉闻。”

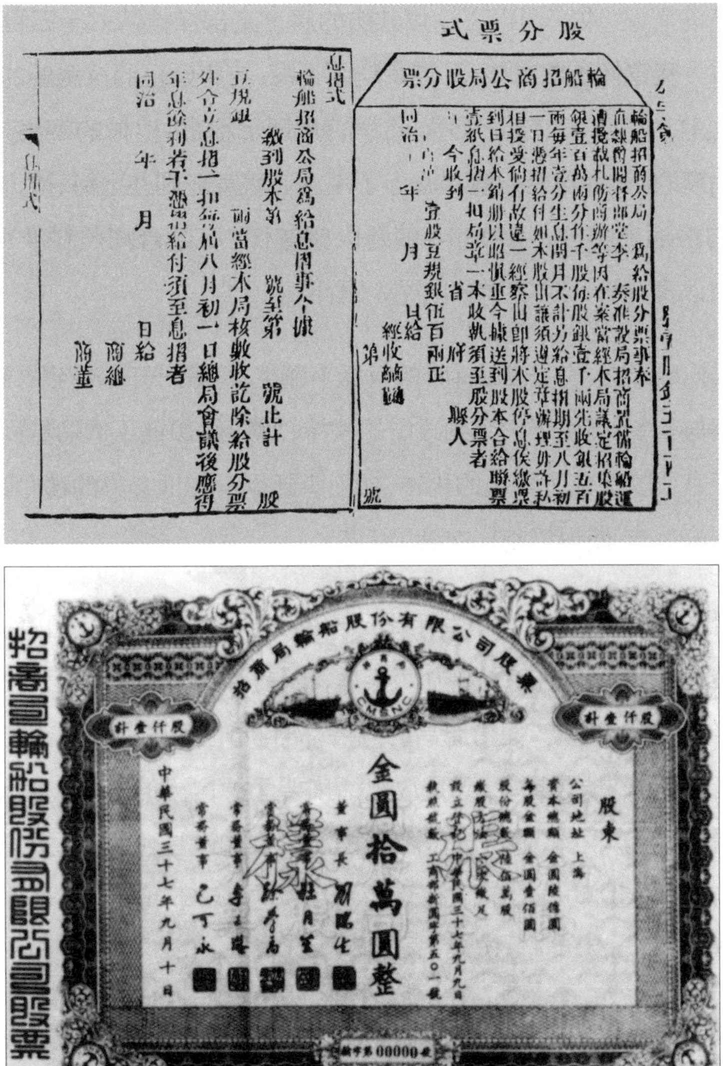

图 2-5　轮船招商局早期发行的股票

1874 年 5 月中旬，日本趁清政府筹备武力收复新疆之机，突然派出军舰占领台湾。盛宣怀再次被李鸿章委任为淮军后路粮台、会办淮军营务处，紧急调派到福建，协助统筹台事的沈葆桢，负责调轮船、运军队、运粮械等工作。盛宣怀来不及向唐廷枢交代手头的工作，就直接乘船赶赴福州，根据沈葆桢与李鸿章的商议，决定调正在徐州驻防的唐定奎部洋枪队六千五百人，赶赴台湾增援。盛宣怀不敢耽搁，又连夜赶回上海，与唐廷枢商议派船的事，运兵船刚刚起航，盛宣怀又赶赴天津，向李鸿章请示粮食、枪械的筹集与调运事宜。在关键的时机，轮船招商局派上了用场。盛宣怀则在上海、福州、天津这几千里的路途上奔波，1875 年，朝廷以盛宣怀"派赴台湾照料淮军营务有功"，官文保奏，奉旨以"道员缺出尽先题补"。

轮船招商局在"分洋商之利"的目标下诞生，尽管一开始受到外商轮船公司的抵制与竞争，但由于它受到政府的扶持，"漕运"保证了运输货物的充足，政府的低息贷款保证了资金的周转，加上唐廷枢与其他会办的精心管理以及船工的吃苦耐劳，使得招商局充满了生机。

当时，招商局的主要竞争对手是历史悠久、实力强盛的美国旗昌轮船公司与英资太古洋行。招商局开办两年后，旗昌打起了价格战，把货物的运费减至一半或六成、七成。面对旗昌的倾挤，招商局也想尽办法，与之抗争。旗昌由于经营不善，越亏越多，于是放出话来要卖掉自己的船队。唐廷枢觉得机会难得，想压价收购，他便赶赴香港去洽谈收购旗昌轮船公司的事。尽管唐廷枢与旗昌在收购价格上没有谈拢，但是，这进一步增强了招商局的自信心，为招商局日后收购旗昌奠定了基础。

盛宣怀此时在招商局虽然不唱主角，尽管他与唐廷枢、朱其昂等人之间存在着某些分歧，但是，他能以大局为重，特别是招商局按照他所拟的章程招商集股取得了成效，他在日常管理及派赴台湾照料淮军营务等方面，也尽心尽力作出了自己的贡献。

2.5 广济采煤，在张斯桂的协助下取得进展

1875 年 5 月，盛宣怀密札张斯桂，请他赴湖北广济武穴勘查煤铁。张斯桂从小在国外游学，被福州船政大臣沈葆桢聘为助手，负责总巡各厂，兼管学堂等事，是一位掌握新科技知识并有着诸多实践经验的人才。他曾在台湾基隆查勘过煤铁，有实际经验。盛宣怀 1874 年在福州时，曾与他有过多次接触，向他请教了许多采矿、办厂的经验。张斯桂甚至安排了陪同盛宣怀赴台湾基隆考察的行程，由于其他事务缠身，最终没有成行。

1875 年 5 月 18 日，张斯桂到达湖北广济县后，即与县令史醇商议开采武穴等处煤铁事；5 月 23 日张斯桂又在当地乡绅的引导下到山前山后察看情况。张斯桂马不停蹄地行动；6 月上旬，他向盛宣怀报告“阳城山确是官山，煤随处都有，亦易开挖，距江亦近。颇合制造局、招商局轮船之用。”

6 月 27 日，李鸿章在听取了盛宣怀的汇报后，决定同意开采阳城山煤矿。

在盛宣怀、张斯桂的努力下以及李鸿章等人的支持下，7 月 24 日，湖北广济武穴煤矿“设厂雇工开挖”。12 月 24 日，盛宣怀“经南京抵广济阳城山一带再加审察，以便确定‘湖北开采煤铁总局’的局址。”（见夏东元《盛宣怀传》）

盛宣怀对经营煤铁矿务的意图十分明确，他曾说：“煤厂与机器、招商两局相表里。”（见《盛宣怀档案》，盛宣怀《湖北煤厂拟改归官办议》，光绪元年十月）他又说：“各省现设船、炮等局及夫民间炊爨等用，与其购英美各国及日本之煤，利自外流，不若采中土自产之煤，利自我兴……现在台湾与湖北两处先后奏请筹款开采，意在平土煤成本以抑洋煤。”（见《盛宣怀档案》，李明墀、盛宣怀《上李鸿章详》，光绪二年十二月）他确信开采本土的煤比购外国高价的煤成本要低得多，可减少国家、百姓的经济损失。

盛宣怀通过实地考察、调研，为了确保在广济武穴的采煤能站稳脚跟，再行推广，他与湖北汉黄德道、江汉关监督李明墀商议，采取了以下五项措施。

第一，禁止私人挖煤。为了防止私挖，煤厂给每个工人制作了腰牌，凡“本厂所雇工役均有腰牌，如查无腰牌者，即系私挖，均准捆送，从严重办。其查获私挖煤炭，着即一概充公，幸勿徇纵”（见《盛宣怀档案》，《李明墀、盛宣怀谕吕益大等》，光绪元年五月）。

第二，与地方利益均沾。其决定从煤厂挖煤销售所得中提出一部分，用于地方急需。“查该乡镇堤工、书院系属地方要举，需款孔殷，拟俟开获煤斤，销售得价，每百吨准提钱二十四串文以充堤工、书院经费。”（见《盛宣怀档案》，《张福鐄致盛宣怀函》，光绪元年六月）

第三，维护当地百姓正当利益。凡租用民田、开采民山的，须付给租赁及占用的费用。

第四，不许破坏山貌与坟冢。阳城山有不少当地绅民的祖坟，在开挖到莲花心龙口的地段，发现有百十处坟冢，工头立即叫停，“绅民悦服，始无间言”。

第五，聘用当地有影响的人参与煤厂管理。这样做有利于在挖煤过程中减少与地方绅民的矛盾。

至 1875 年 11 月，阳城山共试挖十余处，除因为煤质稍逊或矿井浸水停工之外，有七处逐渐向煤层深处开挖，共挖煤三万一百余担，其中大部分煤的质量尚佳。

盛宣怀将广济等处的情况向李鸿章禀报，得到其认可。1876 年 1 月 15 日，李鸿章、沈葆桢、翁同爵会奏，拟请委派盛宣怀会同李明墀试办开采鄂省广济、兴国煤铁，售与兵商轮船及制造各局。随即盛宣怀赴广济，成立湖北煤铁开采总局，并担任总局督办。

盛宣怀到任后，就紧锣密鼓地展开工作，1876 年 2 月 17 日就与李明墀一起找矿上人员研究，确定总局的局址设在广济盘塘，并在那里建造总局办公所需的房屋。三个月后，总局的房屋建成，工作开始正常运转。

2.6 沈葆桢协助招商局实现了“蛇吞象”

轮船招商局创办的目的，就是为了从列强手中夺回长江与沿海航运的利权。面对蒸蒸日上的商局船队，美国旗昌轮船公司却咄咄逼人，不肯罢休。

美国旗昌轮船公司开办于 1862 年，历史悠久，实力强盛。招商局虽然起步时间晚，但是兢兢业业，逐步壮大，开办两年后，轮船已达到 16 艘。“规模日见恢宏”，引起洋商嫉妒。特别是旗昌得知招商局派出唐廷枢欲收购自己的船队时，十分恼怒，于是就和太古联手，进一步与招商局打起了价格战。他们几次回国调取资金，用降低价格的办法招揽客货，使招商局的船无人可载、无货可运。而国内由于沈葆桢主管的南洋也有了自己的船队，招商局已经分不到两江的“漕运”，一时间招商局处于十分危险的局面。

在招商局主持局面的徐润，无奈写信至正在湖北勘矿的盛宣怀，请其回招商局一起想办法。经过分析，他们认为只有请沈葆桢出面，让两江船队分出一部分“漕运”给招商局，帮助招商局渡过难关。但是，沈葆桢也有他的难处，盛宣怀几次赴南京都碰了钉子。他只能请李鸿章出面，在其关照下，沈葆桢饬命两江漕运船队分一部分漕粮给招商局，把两江划拨给福州船政局的煤炭、钢材等货物，也分出一些由招商局派船运送，使招商局走出了困境。

招商局面对旗昌、太古的合力倾挤，经过官商协力，克服重重困难，在中国自己的水域内，与它们展开竞争。其实，与招商局相争，旗昌并没有得到好处，它“力争一年，暗亏已重”，几乎无利可图。旗昌终于在竞争中败下阵来，旗昌股票的面值跌掉了百分之三十，股东的红利也大大缩水，迫使它打算退出中国的内河航运业务。

1876 年底，旗昌终于通过中介人与招商局的徐润接洽，试探招商局是否还愿意对它进行收购。1877 年 1 月，由唐廷枢代表招商局与美国旗昌轮船公司签订正式合同，招商局以总价 222 万两银买下旗昌的所有产业，包括 7 艘海轮、9 艘江轮及各种趸船、驳船、码头、栈房以及位于上海外滩 9 号的办公大楼等，成为当时国内规模最大的轮船公司。

但是收购旗昌的合同规定，招商局必须在 1877 年 3 月向旗昌支付 120 万两首付款，其余的款项也必须在以后的五年内分期付清。可是，当时招商局只有 11 艘轮船在营运，全部资本才 75 万两。负责接洽的徐润在合同即将签订时，十分着急，正好当时唐廷枢、盛宣怀均不在上海。徐润一方面派人去福建找唐廷枢回来，一方面又亲自赶到湖北广济武穴煤矿与盛宣怀商议，请盛宣怀回招商局想办法。盛宣怀虽然与徐润之间存在分歧，但他对徐润与旗昌的谈判结果“赞许大有见识，乃同回南京，适唐景翁（唐廷枢）亦至，公同商酌。约同上辕禀见。沈文肃公（两江总督沈葆桢）初以无款拒之，继经杏翁（盛宣怀）指筹各款约近百万，措词得体，颇动宪听。然款项仍未足，须再筹商。次日，杏翁复……禀见，又指某处有二十万金可拨……沈文肃公乃一面出奏，一面拨款相助。”（见徐润《徐愚斋自叙年谱》）

盛宣怀立即从湖北广济赶到南京，求见沈葆桢。在盛宣怀的游说下，招商局先从两江总督沈葆桢那里借到一笔款项，再同李鸿章商议，请朝廷让浙江、江西、湖北分别拨出一部分钱款，这才解决了招商局收购旗昌的资金问题。这是中国近代史上第一个成功的中资企业并购外资企业的案例，也是一个闻名业界的“蛇吞象”的案例，盛宣怀在最关键问题上的一着，即收购经费上为招商局作出了贡献。

盛宣怀兼顾矿务、招商局两头，在湖北广济、上海、南京、天津之间奔波，实现一个一个他想要实现的目标。

2.7 盛宣怀在郭师敦的陪同下马不停蹄地勘矿

盛宣怀自1875年至1877年，将近三年的时间，在湖北广济、大冶等地日夜奔波，十分辛劳。虽然在广济开始采煤了，但是煤的质量不行，不适合机器局、招商局的轮船之用，将这种劣质煤用于炼铁，炼出的铁质量也不行。

究其原因，主要应该说是没有经验，用洋法开采煤铁，它的前提是那里必须有丰富的矿藏，也就是说事先必须勘探清楚那里煤的矿藏量，并且搞清那里是否适合用机器来开采。而恰恰在这最关键的一点上，盛宣怀忽视了。这使他面临煤矿藏量还没勘探清楚，洋人的机器设备已经到货的尴尬局面，造成了很大的被动。此外，没有合适的专业人才也是重要的原因。科举培养出来的人才，不具备工科的知识与技术，在矿务上派不上用场。人才只能到国外去聘用，通过驻英使馆聘用到的洋矿师马立师，技术又不行，还自以为是，他将广济的劣质煤误认定为优质煤，将劣质煤供给机器局、招商局的轮船使用，当然抵不过外国的优质煤。将劣质煤用于大冶炼铁，结果当然无法炼出合格的铁，白白浪费了开采与运输费用。当然，还有其他的原因，如资金不足、管理跟不上，等等。总之，盛宣怀采取“官本官办”的制度办理湖北煤铁开采总局，以失败告终。1876年3月15日，盛宣怀向李鸿章表示：“梦中堂垂青，谬膺重任，敢不凛遵训诲，勉旃慎旃。”必使有成效而后荐贤自代。“必视国事如家事，尽我心力。”另外诉说矿事有“十难”。

在广济受到的挫折，使他下决心另行物色称职的矿师。1876年9月中旬，盛宣怀“在烟台面托总税务司赫德聘雇英国矿师一名及匠目二人”，请赫德帮忙推荐。1877 年 4 月 16 日，赫德来函：“代延之矿师郭师敦及机器匠人，业于二月初二由英国起程，约在三月十五（均指阴历）前后即可到沪。”

新聘的矿师郭师敦到广济后，就立即投入勘矿。1877 年 6 月 24 日，他向盛宣怀报告，说广济“龙港一带不产多煤，又不合机器大宗烧用，徒费时日，定不见益。”这促使盛宣怀下决心“自应舍此而另择他处，冀可早安机器采煤”。不久，郭师敦又传来了令人振奋的好消息，即勘探确认大冶储藏着优质的铁矿，他通过对该地铁渣的化验，得出“铁质净六十一分八八之多，矿之佳者推此为最。以熔生铁，洵称上等”的结论（见《盛宣怀档案》，《郭师敦化验矿质报告》，光绪三年八月）。李鸿章在得知这一消息后，于 1877 年 10 月 16 日指示：“大冶铁矿据郭师敦化验一百分内有铁质六十二分，可请开办”，这又提升了盛宣怀的信心。

盛宣怀在李鸿章的勉励下，全力以赴，专心致志地在湖北办矿。他带领郭师敦等一支人马，“于（1877 年）10 月 23 日从宜昌启程，（26 日）行抵沙市。即赴观音寺，会同地方官，向绅民说明延雇洋匠查勘矿务本旨，以免疑阻而生事端。部署既定，即回沙市”；11 月 7 日郭师敦即向盛宣怀提交了一份宜昌的《勘矿报告》，报告称：“当阳煤质乃上等白煤，甚合熔炉之用，质内炭灰尚少，硫黄全无。若以少许烟煤与此和匀，又可合气炉等用。”同时对大冶铁矿给予了进一步的肯定：“铁质分化极净……洵称上等佳铁，足与英、美各国所产之上等铁矿相提并论。”“铁层铁脉约有五百余万吨之数，若以两座熔炉化之，足供一百余年之用。”而且“地近长江，转运较便”。但是郭师敦强调，必须要煤铁同时开采，化铁煤斤需求巨大，“非并开煤矿不可”，而采煤最佳的地区是荆州与襄阳。（见《盛宣怀档案》，《郭师敦勘矿报告》，光绪三年十月初三）。

盛宣怀接着马不停蹄地行动，11 月 11 日“亲率矿师乘舟溯沙江，入漳河，水竭滩多,日行二三十里,十三日始获行抵寺”;11 月 17 日,盛宣怀“同矿师等抵观音寺勘矿。郭师敦报称,窝子沟煤窿层齐质坚,可以开签试探,至明春进行”;11 月 23 日,盛宣怀又“率矿师自观音寺起程,赴大冶履勘铁矿”;12 月 15 日,盛宣怀“率同郭师敦等由武昌启程,(17 日)抵大冶黄石港,会同知县林佐,连日详勘铁矿,履察水道”;12 月 27 日,回黄石港,周历大冶县属沿江一带寻觅安炉基地;1878 年 1 月 2 日,盛宣怀“同大冶令赴樊口,会同武昌凌令、黄冈恒令,督率矿师履勘武昌、黄冈所属南北两岸,上下百余里”。

盛宣怀一方面自己积极做好煤铁同采的准备,1878 年 2 月,他“以湖北开采煤铁总局名义买得大冶铁矿山”,并开始订购机器设备。另一方面他竭力向李鸿章建议煤铁同采,5 月中旬,盛宣怀禀李鸿章说:“据面禀武、冶铁质之佳,矿产之旺,确有把握。”“请先开生铁炉一座,逐渐推广;荆当煤质坚好,一无硫黄夹杂,尤为所宜,虽运费较多,但以此煤能和美国白煤比,一吨足以抵两吨之用,开挖尚可合算,请先探签试办”。(见《盛宣怀档案》,《盛宣怀致李鸿章函》,光绪四年四月中旬)

但是,此时李鸿章深陷广济煤矿债务危机之中,30 万串官款,亏损近 10 万串,朝廷对他与盛宣怀的指责不绝于耳,而且他更担心煤铁计划半途而废,徒费巨款而无寸功,甚至影响其政治地位。他一方面推荐周令锐到荆州“先行探签,一见煤层便须开井。大冶铁矿亦须筹股招商,次第举办”,部分同意了盛宣怀的湖北煤铁计划,仍寄希望盛有所突破。另一方面,他表示了无力承担煤铁同时开采所需的巨额资金,要盛宣怀通过招商来解决。如果无法解决资金,“此项机器气炉需款甚巨,目前商股既未能召集,练饷亦无可添拨,只可暂作缓图”(见姜迎春、余鹏《李鸿章与近代早期湖北煤铁的开采》,《第二届汉冶萍国际学术研讨会论文集》)。

2.8 因资金不足，荆门煤矿被迫裁撤

大冶铁矿，在郭师敦等的反复勘查下，查明县北40里之铁山，“铁层平厚，一如煤层……且邻境俱属富有铁矿”，荆门当阳的煤质亦好，“能与美国白煤相埒”（见《盛宣怀档案》，盛宣怀《致翁同爵函》，光绪三年六月二十二）。于是，盛宣怀决定选择荆门窝子沟作为主要采煤点，又经郭师敦反复探签，确认煤质俱佳，矿藏量达二百多万吨，足够开采十余年。郭师敦催促盛宣怀速将上海机器设备运至荆门，尽早开工挖井，约三个月后即可出煤。李鸿章鉴于盛宣怀与郭师敦的信心以及期望盛宣怀兼顾轮船、矿务、赈灾等事项，1878年9月9日，对荆门煤矿的人事作了一些安排，指示“批准所请委派李金镛为矿局总办，周锐为提调”，盛宣怀表示“自己因时有别项差委，不专顾矿务，但仍随时会督妥商办理”。

1879年2月，李鸿章又派买办李秋亭到荆门帮助招股筹办。但李鸿章内心仍疑虑重重，他致函盛宣怀说：“荆煤单炼生铁恐无销路，兼炼熟铁难筹巨本……煤铁相去过远，水脚成本既重，未必获利，将来或专办煤矿，或兼办铁冶，或煤铁均难如愿……”李鸿章更担心收益，因为前期广济挖煤，借官本30万串，此时仅余14万2千串，“所难者官本不可亏耳”（见《盛宣怀档案》，《李鸿章致盛宣怀函》，光绪三年七月）。

1879年4月下旬，郭师敦在经过全面勘矿的基础上，对开采、冶炼的规模，所需的机器设备、人力资本，运输成本，包括管理经营费用等，作了全面的预算，给出了两种方案：开矿加建筑铁路约需资金五十万两以上；不筑铁路而煤铁并办，约需二十万两以上。资金成了大问题，本来总局资金已经捉襟见肘了，现在面对这么大数字的预算，怎么办？

盛宣怀与李金镛等人反复讨论，于1879年5月上旬，提出了两种对策：一是仍然官办，请李鸿章从制造、海防项下每年拨款；另一是由“官本官办”改

为招商股，专办煤矿。1979 年 5 月 27 日，李鸿章对于盛宣怀所提的前一对策，即由制造、海防项下拨款的提议，给予了“所请各拨一万五千两，均毋庸议”的批示，并指出：“若因经费不继，中道而辍，未免可惜。应照所拟招商开办之一法，较为便捷。”责成盛宣怀招商筹办。李鸿章批准同意荆门、大冶矿商办，撤销盘塘总局，6 月，正式结束湖北煤铁开采总局，另设荆门矿务总局、大冶矿商办。6 月中旬，接李鸿章批复后，盛宣怀与李金镛共同拟定《湖北荆门矿务招股简明章程》十六条，并决定招集商股十万两。

然而，招集商股并不如预期，李秋亭的招商集股能力有限，荆门总局原计划招集十万两股本，但是，实际只招到五百股，总计五万两，真正到账的只有一万九千二百两，这与实际需求的资金相差甚远，由此，盛宣怀决定只能先用土法采煤、洋法炼铁，规模由小而大。1880 年 12 月，荆门总局再次招股，应者寥寥无几。结果是，荆门煤矿未能扩充，大冶熔铁炉没有开办。

此时，天津电报局的筹办进入关键时刻，在李鸿章的一再催促下，盛宣怀不得不将荆门矿务局的管理事务委托给江苏人金德鸿全权处理。其按照李鸿章、盛宣怀的指示，抓紧在窝子沟采煤。但是，很快发现开采出来的煤，不仅运输困难、路途长，而且运费远远高于开采费。每吨煤的开采费才七钱一分，而运费却为三两九钱，再加上关税、局用、利息等项，成本显然过高。李鸿章、盛宣怀建议金德鸿疏浚河道，通过船运可适当降低成本，但是这又需要大笔资金，只能放弃。于是，他们督促金德鸿千方百计要使矿务局赢利。金德鸿心里清楚，当地人挖的煤，运到沙市尚有薄利，若运到上海、天津，将高于市价，荆门矿务局用土法采的煤，成本比私煤还贵。于是，金德鸿就将矿务局产的次煤就地销售，同时收购当地优质白煤，转运至上海、天津，牟取薄利。

资金不足，加上荆门总局内部管理不善，具体经办人不抓生产，通过收购老百姓挖的煤，再转售出去，引起了地方的不满。荆门府蒋铭勋率先发难，状告矿务局"盖矿局所收之煤运赴下游,而近地用煤仍归附近居民采运也。其业此为生者不下数千户。今春闻矿局堆存沙市之煤零星出卖,当民煤连樯而至,骤落其价。乡民本小利微,何能久待?只能随之减价,折本以售。一俟民煤销尽,官煤复长价居奇。迨民船又集,则煤价又低。乡民深受其累,行户亦以为苦。"蒋铭勋毫不留情地批评道:"行一政而利于公家,不利于庶姓,已非善政。"1881 年 8 月上旬,湖北督办李瀚章据蒋铭勋的告发后,建议裁撤停办,李瀚章在给李鸿章的信中说"荆煤本小民素有之生计,官家攘夺,已非设本局之本意,况又垄断以罔利乎!"指出荆门矿务局的存在"上损国税,下碍民生,而于洋煤无毫末之损,于公亏无涓滴之益"(见《李瀚章致李鸿章函》,光绪七年七月)。李鸿章根据实际情况,给予盛宣怀"实属办理荒谬"的训斥。(见《盛宣怀档案》,李鸿章《札盛宣怀》,光绪七年七月二十七)

2.9 旗昌弹劾与湖北矿务赔偿接踵而来

招商局买下了美国旗昌轮船公司的所有资产以后,实力大大增强,然而它的压力与困难却加大了。从资金方面看,招商局欠下政府 190 万两的债,此外还欠旗昌的未付款 100 万两,光这两笔债就够盛宣怀他们几个挠头的了。而太古、怡和这两家外国轮运公司则采用削价等手段与招商局对抗,盛宣怀大抓内部整顿、科学管理,这样招商局在唐廷枢、徐润等的具体负责下,逐渐有了起色。至 1881 年全部还清了对旗昌的欠款,并从该年起,开始偿还对政府的欠款。

盛宣怀在招商局发展中的作用越来越大,他一直在"坚请督办",祈望能在招商局拥有更大的发言权。正当盛宣怀"坚请督办"而尚未实现时,1880 年却遇到了王先谦(湖南长沙人,清末著名学者,在学术上取得巨大成就,但是他在政治上与洋务派、维新派势若水火)等人弹劾招商局营私舞弊案。王先谦等的弹劾罪状大多属于反对新型近代企业的一些章程与做法,弹劾中矛头对着盛宣怀的是关于购买旗昌时“扣帑入己”和“侵渔中金”。

王先谦所指的盛宣怀的第一宗罪名“扣帑入己”，即所谓购买旗昌时盛宣怀克扣钱财，入了自己的腰包。但是，这宗罪名很快得到澄清，购买旗昌资产的知情者唐廷枢出来作证，他说：归并旗昌时，“画押之日，盛道已回湖北”，付款是在画押之后，盛宣怀没有机会染指。第二宗罪名中所谓的“中金”是指中介费，事实证明，购买旗昌资产的“买卖双方面对面地成交，绝未假手于人”，既无中人何来“中金”，至于“花红”（即所谓“津贴”），经过核查，在整个购买过程中也根本没有发过津贴。所以，这两宗罪名都是莫须有的。

唐廷枢虽然在工作中与盛宣怀有矛盾，但是面对王先谦等人无中生有的指控时，他还是站出来为盛宣怀辩护，说：“职道经手之事，固不便使盛道受不白之冤。总之，盛道于收买旗昌一事，仅与职道等主其议，而领款付款，盛道皆未经手，其因公而未因私，不言可知。且其在局从未领过分文薪水；凡遇疑难事件，顾公商酌，无不踊跃，向为各商所钦服。今以清白之身勿遭污蔑，亦不得不代声明。”（见《盛宣怀档案》，《唐廷枢禀李鸿章》，光绪七年二月初七）。尽管如此，1882 年盛宣怀还是因弹劾风而不得不暂时离开了招商局。

与此同时，盛宣怀在湖北的矿务也很不顺利，广济煤矿煤质不行，又不适合机器开采，荆门煤矿因资金不足、管理不善，引起地方不满，不得不被裁撤。

李鸿章在批评金德鸿的同时，对盛宣怀的批评也没有轻描淡写，1881 年 8 月 21 日，李鸿章批评盛宣怀“试办武穴煤矿数年，既无丝毫成效，反多累官帑。开采荆煤，未几交金董接手，官气太重，事不躬亲，一任司事含混滋弊。所运之煤竟买自民间，运赴下游各口出售，攘夺民利，以致怨讟迭兴。荆煤既无可采，应即将该局裁撤”。9 月 2 日，盛宣怀向李鸿章申述试办武穴煤矿不成的原因：“误听矿匠马立师之言，土法开采百余处，见煤者亦四、五十处，而煤质碎劣，煤层薄散。”但认为“开煤窿甚多，养活穷民不少，颇得人心。在官在商，尚未能收成效，而于民则不为无益”。盛宣怀并再向李鸿章禀：“湖北矿务开局以来，收支尚不敷钱六千四百二串二百六十七文，统由盛尽数垫赔，历经造具清册详报在案。”

9 月 19 日，李鸿章进一步对盛宣怀办理荆门矿不善的“狡辩”批评说：“该道等尚谓办理不谬，于事有益，人言冤诬，何其昧昧若此！……何其好为大言……业经批饬，酌筹裁撤。”10 月 28 日，李鸿章札盛宣怀，令赶速裁撤，勿得借词宕缓，煤运完立即禀销关防。荆门矿局随即撤销。

事实上，那几年盛宣怀除了负责招商局及赈灾等事项，可以说全身心地扑在湖北矿务上，连家眷都顾不上。其夫人操持家务，身患重病，盛宣怀也没有回去照顾。1878 年 11 月 16 日，他从天津请假回南方，21 日回到苏州，很快又赶到湖北盘塘局，不久又传来了夫人病危的噩耗。夫人在临走前，总算见了盛宣怀一面，12 月，夫人因病逝世。

朝廷上很多官员或与之共事者，都对盛宣怀办矿务有正面的评价。比如，1877 年 6 月，盛宣怀向沈葆桢报告，请求同意他辞去轮船招商局的职务，可专心致志地从事矿务工作时，沈葆桢批示道：“该道明敏干练，才识兼优，湖北开采，与招商局务两事，尽可兼顾。”“即使李伯相准另派大员，亦须该道为之引冀。”再如，1878 年 8 月 31 日，湖北当地的官员李兴锐、郑藻如致函称盛宣怀“绸缪全局，力创其难，江汉数千里躬亲履勘，冒涉炎暑，一切调停筹画，费尽苦心。凡属同志孰不拜服到地。”这是符合实情的（见夏东元《盛宣怀传》，472 页）。

当然，反对、批评湖北矿务的声音，可以说始终没有停止过。1879 年 6 月 15 日，苏抚署江督吴元炳批评湖北矿务旷日持久，巨款虚糜，官本愈亏，商更裹足，中国需用煤铁依然仰给外洋，而徒多内地开矿之费，“实属无益而有损，转不如暂议停止之为愈”。1881 年 8 月上旬，李瀚章据人告发：“盛赴鄂省开矿以来，扦煤武穴，成效未睹，亏累已多。继复设局于荆门，始而收买运售，既又集股开采。迄今三载，局务既无起色，亏项亦毫无弥补，而徒屡禀求公家减免税厘。”

这些批评与指责，有的是不了解实际情况，有的是道听途说，也有的是因政局上的对立面，从根本上就反对办洋务实业。

面对这些批评与指责，盛宣怀甚感委屈。1882春，他与人书云：“五年艰苦，屡濒于危，十万巨亏，专责莫诿。地利亿万年，暂置之犹可望梅止渴，竟舍之则泼水难收。天理人心，昭昭如揭。原拟俟东海得手，分资派员，先办荆矿，俟煤可供用，而冶炉反掌可成矣。”（见夏东元《盛宣怀传》，479页）。

1884年4月下旬，李鸿章札，“转致户部咨文内称：湖北开矿亏折直隶练饷钱十万串，应责成盛一人赔偿，不得以官款生息弥补；又盛经手苏典练钱生息有两笔，一笔减息二厘，一笔不减，难保无掩饰腾挪之弊。”（见夏东元《盛宣怀传》，481页）。盛宣怀在湖北开矿所承担的赔偿，几乎将他与父亲盛康在江苏所开设的典当、钱庄十来年的赢利赔得精光。

盛宣怀后来与人谈起湖北矿务的赔偿时说：“侄自李傅相奏调十四年，差缺赔累，祖遗田房变卖将罄，众皆知之。今再被此重累，恐欲求吃饭而不能。父年古稀，无田可归。从此，出为负官债之员，入为不肖毁家之子。”（见夏东元《盛宣怀传》）。关于湖北煤矿亏款，盛宣怀自认赔贴制钱一万串，这样连同垫用制钱六千四百二串二百六十七文，共赔一万六千四百二串二百六十七文。

轮船与矿务作为盛宣怀办实业起步阶段的两大项目，他全身心地投入了进去，花去了十年光阴，而最后以受弹劾与赔偿告终，这是他当年满腔热情地去迎接它们时，没有想到过的。但是，这似乎是一位创新创业者必须要准备承受的。

3

电报是盛宣怀办实业迈出的一大步

3.1 先抑后扬，赢得“电报开设”第一战

光绪六年（1880年）春，中俄因交收伊犁的事关系紧张，俄国陈兵边境，以武力进行讹诈，逼迫中国承认与崇厚已签之约。朝廷一面诏命驻英法两国公使曾纪泽兼署驻俄公使，与俄重新订约，一面密谕李鸿章统筹营口、烟台海防，彭玉麟、李成谋整顿长江水师，左宗棠筹划新疆防务，内蒙古、东三省亦加紧布置防务，以防俄国突然挑起事端。

为调兵之计，李鸿章紧急奏请架设津沪电报线路，认为电报为军务所必需。现在俄国陈兵边境，日本虎视眈眈，架设电报尤为重要。慈禧太后见到李鸿章的奏折后，立即召集各王公大臣、在京大学士、六部侍郎以上官员，认为李鸿章所奏甚合当前机宜，下旨着令马上办理。

其实，此前，即光绪五年（1879年），李鸿章在与盛宣怀商议洋务之事时，盛宣怀就提出当务之急“电报为先”，对此，李鸿章深以为然，当即责成盛按照轮船招商局的成例，督办电报事业。

殊不知，这却引出了盛宣怀和胡雪岩为办电报的一场争斗。胡雪岩与盛宣怀的争斗实际上是左宗棠的楚军势力与李鸿章的北洋势力之间的争斗。在政见上，李鸿章主和，左宗棠主战，而慈禧似有意无意地搞政治平衡，故两人并不和谐。

胡雪岩探知盛宣怀的举动后，抓住左宗棠正从军机大臣、总理衙门行走转任两江总督、南洋通商大臣的良好时机，向左提出应该抢先设立电报，为楚军能有源源不断的军饷创造条件。于是左宗棠立刻具折上奏，请求朝廷允许在两江境内架设电报线路，开展电报业务。左宗棠的奏折很快被李鸿章得知，李鸿章十分恼怒，盛宣怀当然也不痛快，但他冷静下来一想，便转怒为喜，并为李鸿章讲出一番道理来。盛认为，左宗棠上书，表面上是拔得头筹，但实

际上，时机尚不成熟，朝野都还不能接受。特别是慈禧太后，更是对洋人的这种玩意儿没有好感。左宗棠跳出来这么大声疾呼，守旧派肯定会大加攻讦，短时间内必不能成事。

盛宣怀于是为李鸿章谋划：不妨就让左宗棠去当这个先锋，我们只管做好基础建设的准备。等到左宗棠和守旧派斗得两败俱伤、师老兵疲之际，我们再拿出更可行的方案收拾局面。李鸿章听了盛宣怀的分析后，自然连声称好。于是便命盛宣怀主持准备工作，并嘱咐盛宣怀赴上海，请郑观应一同筹划办理电报的事宜。

事态发展完全证明了盛宣怀的判断。左宗棠和反对派在朝堂之上各执一词，争执不下，而慈禧太后当时的心思又不在电报上，索性各打五十大板，将电报一事搁置不议。左宗棠一场辛苦毫无所获，怏怏地奔赴两江上任。胡雪岩经此挫折，也只好偃旗息鼓，将精力转回他的老本行——钱庄和茶叶、蚕丝生意上去了。

而盛宣怀抓住这个机会，先是邀请郑观应出山，在郑观应的帮助下积极筹备，接着购买电报器材，并在李鸿章的势力范围内，从大沽、北塘海口炮台与天津之间架设了一条短途电报线进行试运营，这也是在中国大陆境内，由中国人正式设立的第一条电报线路。李鸿章由此因俄国骚扰边境之由，奏准架设津沪线路。李鸿章和盛宣怀先抑后扬，谋定而后动，干净漂亮地赢得了“电报开设”这一“战役”的胜利。

盛宣怀的判断与作为，得到了李鸿章的赞赏。但是由于盛宣怀之前在矿务与轮船上花费了那么多精力，换来的却是弹劾与赔偿，正处于事业的低谷，情绪总会有些低落。当然，这并未挫伤他办实业的信心。此外，他清楚李鸿章对自己在办矿中的失误加以批评与训斥，并不表明对自己不信任。早在1877年4月7日，赴部引见时，李鸿章推荐盛宣怀时说该员“心地忠实，才识宏通，于中外交涉机宜能见其大，其所经办各事皆国家富强要政，心精力果，措置裕如，加以历练，必能干济时艰。”他清楚李鸿章对自己的期望，面对这一次难得的机会，他重新振作起精神，充满信心地承担起开创中国电报业的重任。

3.2 中国电报事业中的几个“第一”

在中国电报事业的发展中，有几个“第一”是值得后人了解的。

首先是“中国电报第一人”——丁日昌，他是晚清著名的军事家、政治家。1875 年 9 月，在沈葆桢的推荐下，他出任福建船政大臣。1876 年初，他又奉命兼署福建巡抚。

丁日昌作为一位军事家，较早认识到电报可以通军情，为海防所必需，所以他积极主张中国自设电报。而办电报必须有相应的技术人员，于是，1875 年他在福建船政学堂附设了电报学堂，开始培训中国自己的电报技术人员。这是中国第一所电报学堂。

他亲自与丹麦大北公司交涉，收购了大北公司敷设的福州至罗星塔的电报线，该线成为中国自营的第一条电报专线。

1877 年，丁日昌利用去台湾巡视的机会，提出设立台湾电报局，拟定了修建电报线路的方案，并派电报学堂学生苏汝灼、陈平国等专司其事。这样，丁日昌在台湾除了开矿藏、筑铁路、造船械、办农垦等之外，还架设了由旗后（今高雄）经台南至安平的电报线。负责工程的是武官沈国光，工程于 1877 年 8 月开工，同年 10 月 11 日竣工，全线长 95 华里。这是中国人自己架设、自己掌管的第一条电报线，开创了中国电信的新篇章。由此，丁日昌也被称为“中国电报第一人”。

其次是中国出现了最早的汉字电码本。1871 年最早入侵中国电报通信行业的英国、俄罗斯、丹麦等国的洋人，未经清政府同意，敷设了香港至上海、长崎至上海的水线，全长 2 237 海里。同年 4 月，他们违反清政府海缆不得登陆的规定，由丹麦大北电报公司出面，秘密从海上将海缆引出，沿扬子江、黄浦江敷设到上海市内登陆，并在上海南京路 12 号设立电报房。

出于无奈，清政府终于在洋人在中国架设电报线的问题上，开了一个口子。1871 年 6 月 3 日，丹麦大北电报公司（丹麦在华注册的公司）在我国架设完第一条电报水线并开始通报，并在上海租界设立了电报局，开始了中国最早的电报业务。

为了便于在中国拓展电报业务，1873 年，法国驻华人员威基杰开始研究汉字的电码，由于汉字由许多部首组成，结构复杂，字形繁多，一个字一个"面孔"，拍电报不直接用电码来表示。因此，威基杰想到采用由四个阿拉伯数字代表一个汉字的方法，简称"四码电报"，中国汉字多达 6 万字，常用的汉字只有 1 万多个，所以用 10 的 4 次方（10 000）来表示，这就是"四码电报"的来历。他参照《康熙字典》的部首排列方法，挑选了常用的 6 800 多个汉字，编成了第一部汉字电码本，名为《电报新书》。

1873 年，由郑观应将《电报新书》改编成为《中国电报新编》。这是中国最早的汉字电码本。这为电报业务在中国展开创造了条件。

第三是中国在大陆上自主建设了第一条军用电报线路。光绪五年（1879 年），沙俄欲强占我国伊犁，并派军舰窜入我国领海。清政府为了沟通军情，派李鸿章多次与在我国最早开设电报局的丹麦大北电报公司交涉，确定由中国出钱，委托其修建大沽（炮台）、北塘（炮台）至天津以及从天津兵工厂至李鸿章衙门的电报线路。在盛宣怀和郑观应的妥善安排下，这条线路敷设和运行的过程相当顺利，并进行试运营，这是中国在大陆自主建设的第一条军用电报线路。

建设完毕后，李鸿章还动用他的影响力，邀请了光绪的亲生父亲醇亲王等宗室、大臣到现场观看。这些人哪里见过这么“尔发彼得，倏忽而至”的通信方式，不禁纷纷赞叹不已。李鸿章于是乘势上书，要求开设电报局和电报学堂，并保举盛宣怀为电报局总办。在李鸿章的强力推动下，此折很快被奏准。

3.3 盛宣怀拟就电线大略章程二十条

1879 年 11 月，李鸿章召集盛宣怀等商议洋务。盛认为，“欲谋富强，莫先于铁路、电报两大端。路事体大，宜稍缓，电报非急起图功不可”。盛宣怀凭着自己在实业领域内多年的思考与见识，一下子就抓住了交通和通信这两个工业近代化的核心命脉。他向李鸿章建议，由于办铁路牵涉的面大，受到的阻力也大，只能适当放缓，而电报架设起来相对简便，对军事的作用又大，从长远来说，对商业与民生作用更大，则应“急起图功”。李鸿章对于盛宣怀的见解，甚是赞同。

1880 年秋，李鸿章批准筹备架设天津至上海的电报线，同时，在天津成立官办的天津电报总局，委派盛宣怀为总办，郑观应任上海分局总办。1881 年初，盛宣怀拟定了《开办自津至沪设立陆路电线大略章程二十条》，并委托丹麦大北电报公司向国外订购电信器材，为兴建津沪电报线路作准备。

开始的时候，电报总局定为“官本官办”，也就是说，是绝对的国资企业。但盛宣怀认为这样发展下去，对电报事业的发展并不有利，它不利于调动商界的积极性。在津沪陆线竣工之后，他向李鸿章申请，将电报总局改为

“官督商办”，仿照轮船招商局的办法招募商股。对此李鸿章有些质疑，盛宣怀认为电报虽然有传递军事情报和政府命令的重要职能，然而它毕竟是商业化的产物，为了使它更好地为商务、民众服务，还是应该按市场的方式，让商人来管理和经营。事实上，按照“官本官办”的模式经营，“津沪电线通报后，经营四个月，亏损甚大。”应该说，盛宣怀的判断是准确的，也是超前于那个时代的。

盛宣怀在他所拟的章程中提出：“中国兴造电线，固以传递军报为第一要务，而其本则尤在厚利商民，力图久计。”他清醒地认识到电报是资本周转、商品流通等企业商务信息传递的重要一环，电报作为经济发展的产物，反过来也必须为经济服务。

电报的创办从本质上说是为“商”而设的，所以电报企业应该由“商”来投资，“众商出资报效，自应准其永远承办推广施行。是商人之利亦国家之利也”。所以，应该由“商”按照经营近代企业的方式来经营电报。电报从创办之初，就将面临激烈的市场竞争。竞争的对手，既有来自国内不同派别的对象，更有来自国外的入侵势力。

为了规范经营，章程中对电报局已存在的官股与商股的关系、国家的利益作了翔实可行的说明，最后强调电报局内部的管理一律按商业原则，政府不得干预。“中国电线势必先难后获，故必有远见才乐从其事。所收商本应以一百两为一股，给发股票印票为凭，认票不认人，拟定按年结账，所收信资，开除经费之外……如有盈余，按照资本多寡，先提六成均匀分派，不必额定官利，其余四成作为公积，以备添造电线，愈推愈广，利益无穷。”

章程强调企业的自主权，“本局奏明官督商办，听其自取信资，以充经费，所有中国官商及洋商寄信取资，应由本局拟定价目。”“本局经费浩繁，全赖信资开支，各省官府过多，若稍一通融，势必经费无出……拟仿照轮船局章程，无论官商，皆须一律取资，以充经费，并须先付信资，再行发电，不得通融拖欠。”

为了保障军务所需，章程明确：“电报原为洋务军务而设，军机处、总理衙门、各省督抚衙门、各国出使大臣，所寄洋务军务电信，自应区别，以存体制……以上各衙门于寄报信纸上面盖用关防，局中验明，随到随发……”

章程关于电线材料免税、各局用人、洋员的使用和严格要求、巡警沿途保护电杆电线的制度、电码的规格和使用方法，等等，盛宣怀都作了周密的规定和安排。

章程规定：“本局总办应驻天津，其各分局均归调度。”“各局用人均须妥实，各有专责，应由总办加意遴选……不得徇情滥收员友，徒滋靡费，甚至偾事。”

关于收发电报，章程规定：“应以电报新书所集华字为稳妥之法，只有几千几百几十几，故只以四码为准，凡寄信系逐字集成，即使讹错一字，尚易揣摩，故遇有紧要公事，当仍以集字方便。”

章程对电报学堂的办理也提出了意见：“学堂与本局相为表里，其学生俟到局派事之后，薪水由本局开支，所有设学堂经费，系为国家造就人才起见，应在军饷内开支，免在商本内归还。”（以上见《盛宣怀档案》，《开办自津至沪设立陆路电线大略章程二十条》，光绪六年）

光绪八年（1882 年）三月初一起，中国电报总局改为官督商办招股集资，分年缴还官办本银（湘平银十七万八千七百余两），听其自取报资，以充经费。盛宣怀、郑观应、经元善、谢家福、王荣和等集股湘平银八万两，是中国电报总局的创办资本。

3.4 历经250天，津沪线路全线竣工

为了加快津沪电报线路的架设，盛宣怀聘请丹麦大北公司洋监工霍洛斯制订了详细的工程进度计划，霍洛斯作出的规划表明：津沪线路“每日可做二十里，自津至沪两千八百里，计须做工一百四十天，以五月初一动工，除下雨耽搁之日，计需十一月内完工，大约来岁封河之后总可通报”。

对于这么长距离的工程，如何组织人力、物力，有序地开展实施，这在中国历史上是极其罕见的，没有现成的经验可以借鉴。盛宣怀与霍洛斯反复商讨，认为“材料及应用器具，必须分布各段以便临时取用，拟以二百里左右为一段，分作十六段为存材料处，除天津、临清、济宁、清江、镇江、上海、苏州七处本须设局外，其余兴济、连镇、故城、史家口、夏镇、台儿庄、宿迁、高邮、常州九处设存放物料栈房九处，已经酌妥，二等分局应设几处，再行随时督定”。对于施工技术人员及工人，也请洋匠作了培训，特别是如何掌握工程进度，防止雨天拖累工期。

为了加强施工过程及日后的日常管理，盛宣怀确定“五十里应设一巡电房，选派本处巡兵二名，以资巡逻，每月酌给津贴银数两，凡该管五十里之内，均责成该营兵往返巡逻，由霍洛斯及各洋匠教其接线通电之法，并收拾之法，以便遇损即修，免耽要信，并由地方严谕各段地保认真看守勿使损失，俟另定保护章程，再拟详请通行”。

此外，盛宣怀规定“电线安置一段即设巡电房，其巡电房存料处，皆分隶七局，就近照管，以相维系”。确保一段工程完工，经过验收之后，就纳入到相应的管辖分局，予以管理。

为了保障工程施工的顺利进行，盛宣怀强调“沿途设线请专派熟悉大员照料，山东、江苏应请咨行各派妥员届时会同照料，以免耽误日期”。

1881 年 4 月，在盛宣怀的主持下，中国的第一条长途公众电报线路架设工程，比原先预定的开工日期，提前一个多月，从上海、天津两端同时开工。

整个施工进程，按最初的规划顺利地展开。但是，一开始在有些地段也遇到不少麻烦，少数乡绅带领部分乡民，进行阻拦，造谣说所架设的电线杆亵渎了庙里的菩萨，破坏了当地的风水，不让工程队施工。更有甚者，施工队白天架设的电线杆及相关器材，晚上就遭到乡民的破坏。为此，盛宣怀要求地方官府认真加以查处，杜绝再犯，并请地方大员布置各段地保对乡民进行教育，逐渐平息了乡民的盲目行动。

为了如期完成工程，工程技术人员及施工工人，克服各种困难，在野外风餐露宿，不顾恶劣的气候条件，冒着日晒雨淋，抢赶工期，盛宣怀多次到有关工段进行视察，看望技术人员及施工工人，确保工程质量达到标准。

整个工程历经 250 多天，经过工程技术人员及施工人员的共同努力，至 12 月 24 日，全长 3 075 华里的津沪电报线路全线竣工。1881 年 12 月 28 日正式开始营业，收发公私电报，全线在紫竹林、大沽口、清江浦、济宁、镇江、苏州、上海七处设立了电报分局。这是中国自主建设的第一条长途公众电报线路。

1881 年冬，津沪线完工之前，李鸿章又在天津设立中国电报总局，并委派盛宣怀为总办，同时任命郑观应为上海分局的总办。

这是盛宣怀自担任轮船招商局会办，主持创办湖北煤铁开采总局，经营广济、大冶矿矿务之后，承担的又一项重大的实业项目。

3.5 在电报权利上，坚持与国外势力争斗

19 世纪 70 年代初，洋人在中国开办电报业务的呼声就很高。

1871 年，丹麦大北电报公司在上海租界设立了电报局，开始了中国最早的电报业务。

盛宣怀担任中国电报总局总办之后，遇到的与洋商竞争与争斗的问题更多。事实上，此前李鸿章委托丹麦大北公司修建第一条军用电报线路时，就受到他们的种种刁难。1881 年 6 月，丹麦大北公司提出《商议彼此电报交涉事宜》六条，要将既成事实的海线上岸权正式让清政府认可。盛宣怀对此坚决不予同意，坚持“拆丹麦旱线，以保中华国家之权，并以服各国商人之心”的原则，要把洋人非法架设的电报线该拆的拆，该买的买。这不仅涉及了丹麦的利益，还涉及在丹麦背后为其撑腰的沙俄的利益，更涉及正虎视眈眈想要瓜分中国电报权益的英、美、日等国的利益，这对盛宣怀来说，实际上是在政治、外交与个人胆识上与洋人的一场较量。

盛宣怀采用“杀鸡给猴看”的办法，抓住丹麦大北公司不放，经过多次艰难的交涉与谈判，终于迫使大北公司拆除岸线。1883 年 3 月 31 日，盛宣怀与英国大东公司议订《上海香港电报章程十六条》，其中明确“（一）大东遵照同治九年原议，安设港沪海线，线端不得上岸，只能设于趸船上；（二）线端做到大戢山岛对面之羊子角”，这限制了他们的行动。4 月中，大东翻议，要求改在吴淞接线，并要在汕头、福州上岸。盛宣怀与其在上海的代办滕嗯谈判并予以驳回。4 月 23 日，盛宣怀又禀闽浙总督何璟，建议拆除厦门丹（麦）线，以免英国借口，达到拒英线上岸的目的。盛宣怀认为大东之所以翻议，是因为大北有陆线由吴淞达沪和它在厦门有上岸之线。因此 4 月 28 日他在函禀闽浙总督何璟时说：“现丹商所称厦门线端系由海滨岸边由地下水线直达屋内，虽与私立旱线有别，然已牵引上岸。如不理论，恐他日英商水线延及福

州、汕头，亦必援照由地下引至洋房之内，届时难以拒绝。”（见夏东元《盛宣怀传》）。可见，盛宣怀在与外商谈判时的态度与立场是不妥协的。

同时，盛宣怀针对丹麦大北公司和英国大东公司大量承揽电报业务、挤压中国电报总局的做法，一方面与之周旋，于1887年与其签订了《华洋三公司会订合同条款》，即电报“齐价合同”，通过各种规定、合同等手段，约束它们利用“价格战”霸占市场，限制它们在中国的发展；另一方面，中国电报局通过承揽政府项目，扩大自身的业务来壮大自己，最后终于使外商服了输。

为了维护中国的权利，盛宣怀采取“先人一着”的办法，与之抗衡。1882年在架设江苏至广东的电线时，他说：“伏念各国交涉常情，凡欲保我全权，只争先人一着，是非中国先自设电线，无以遏其机而杜其渐。”（见《盛宣怀档案》，盛宣怀《禀李鸿章稿》，光绪八年），态度鲜明地应对了国外势力的争夺。再如，1882年当英、美、法、德四国要在上海设立万国电报公司添设自香港至上海的海线时，他明确指出：“伏查自苏至粤，海口甚多，前此大北海线仅通香港、厦门、上海三处。若准各国援同治九年奏案另设沿海水线，则海口皆通，骎骎乎有入江之势。从此我有机要，彼尽先知，我有官书，转须假手，反客为主，关系匪轻。”（见《盛宣怀档案》，盛宣怀《设电报沿革》，光绪三十二年）。他对国外势力在中国兴造电报，采取坚决拒绝、阻拦的态度。

3.6 二十年内电报线的架设遍布大半个中国

在盛宣怀的主持下，中国电报总局于1881年在架设完津沪电报线路（途经河北、山东、江苏等省）之后，加快了电报线路在国内的架设速度。

经过工程技术人员的全面规划与设计，中国电报总局于1882年建成了江苏、浙江、福建、广东等省的陆线；1883年完成了原先左宗棠打算架设的自上海至武汉的长江线。也有一部分电报线的架设，是因为战事、赈灾的需要，而提前安排上马的，如 1884—1885 年因海防吃紧，为战事所需，加紧架设了济南至烟台的电报线路，随后又添至威海、刘公岛、金线顶等地方；1887 年因郑州黄河决口，需要“筹办工赈事宜”，由山东济宁设线至河南开封；1888 年架设了自江西九江至赣州的电线，通过达瘦岭入南雄与广东官线相衔接；1889 年因东三省边防需要，由奉天（沈阳）加接吉林至珲春的陆线；1890 年，“因襄樊地方为入京数省通衢，楚北门户边境要冲”，所以从沙市设线起直达襄阳；1893 年又由襄阳加铺至老河口；1895 年由西安起设电线与老河口相接；1896 年设线武昌至长沙；1898 年又由长沙设至湘潭、醴陵、萍乡等线……这些电线的兴建，除了保障军事需求外，在经济、商务上发挥了很大的作用。

除了以上这一系列干线的敷设外，盛宣怀还主持设立了许多电报支线，如 1884 年添设的天津至北京，山东掖县之沙河至胶州的电线；1898 年胶州至青岛、武昌至大冶、大冶至九江之线等；1891 年徐州至台庄线；1892 年安庆至芦州线；1898 年徐州至宿迁线等。上述线路主要是为了经济、商务上的需要而兴建的。

自 1880 年秋，盛宣怀担任中国电报总局总办始，至 1898 年年底止，将近二十年的时间内，中国的电报线架设遍及了黑龙江、吉林、辽宁、内蒙古、北京、天津、河北、河南、山东、山西、陕西、甘肃、上海、江苏、安徽、江西、湖北、湖南、浙江、福建、广东、广西等东部、中部二十多个省市，几乎遍及了大半个中国，这大大提升了中国通信近代化的水平。

在盛宣怀的主持下，西北、东北、西南以及朝鲜等处敷设的电报线，将近百分之三十为官线，它们在军事与经济上发挥了很大的作用。1882 年中国军队在朝鲜“壬午兵变”期间取得的胜利，“实赖电报灵捷”。

盛宣怀始终对电报有一份特殊的厚爱。1882 年 9 月，盛宣怀兼任金州矿务总局督办，负责对辽宁金州铁矿的勘探和开采。但金州的矿务工作进展缓慢,难以在短期内投入生产,正巧此时,福建、广东两省电线敷设费用告急,面临停工的危险,盛宣怀当即决定,“暂挪金州矿款十余万金以济急需”,把金州矿务局的款项挪到电报线路建设上去了。这件事被查出后,清廷认为盛宣怀“办理含混,铺张失实”,差点儿把他降职调用,幸好左宗棠出来挡驾。

左宗棠虽然与李鸿章并不对劲,但左宗棠知道盛宣怀是个难得的洋务人才,特别是在这一件事上,左认为盛宣怀尽管在做法上有些不妥,但是他一没有贪污,更重要的是他的做法救了急。事实上,当时朝廷拿不出钱来,盛宣怀也是不得已而为之。于是,左宗棠上书为盛开脱。再加上负责调查此事的曾国藩之弟曾国荃认为“挪矿股归入电股,皆据一再禀详,移缓就急,亦尚非有意含混。且苏、浙、闽电线之成,皆得该道移矿就电之力,于军务裨益犹大”,不但无过,而且有功。因此盛宣怀降二级留任,没有被调职。

3.7 重视电报专业人才的培养

盛宣怀从向李鸿章建议当务之急“电报为先”时,就清楚地认识到,中国要有自己掌握电报的利权,必须有自己的人才。1879 年李鸿章让他筹备电报事宜时,他之所以邀请郑观应出山,因为他知道,早在 1873 年郑观应就一直在关注洋人电报的有关知识和技术,当年法国人威基杰编成第一部汉字电码本后,郑观应就将其改编成为《中国电报新编》,后被盛宣怀确定在中国电报业中正式使用,郑观应可以算作是电报方面的一个专业人才,盛宣怀认为中国要办电报必须依靠这样的人。

丁日昌作为中国电报第一人,他在积极主张中国自设电报时,认为办电报必须有相应的技术人员, 1875 年他在福建船政学堂附设了电报学堂,开始培训电报技术人员。他在台湾设立电报局、修建电报线路时,就是派电报学堂培养出来的学生去完成的,这对盛宣怀的启示和影响很大,因为盛宣怀很清楚科举培养出来的人，承担不了这些科技含量相对较高的工程与技术工作，要办电报必须办新式学堂，培养新型的工程技术人才。

盛宣怀还清醒地认识到，中国人要掌握电报，必须改变依靠洋人的办法，但是如何改变这种状态，还得先向洋人学习。因此，他在建立电报总局，开办天津电报学堂时，最初聘请的是丹麦人博尔森和克利钦生，请他们作学堂的教师。

一开始的时候，电报学堂是由电报总局这个企业负担其费用的。为了提高学堂的政治地位，鼓励学生学习的积极性，盛宣怀提议学堂应以朝廷的名义开办，由朝廷提供办学经费。他对李鸿章说："学生俟到局派事之后，薪水由本局开支，所有设立学堂经费系为国家造人才起见，应在军饷内开支，免在商本内归还。"此提议得到了李鸿章的首肯。这一举措将电报学堂的性质由原来的民办变为官办、私设变为正式，吸引了更多的好苗子前来进修。电报学堂原定开办一年。因为天津、上海、浙江、福建、广东和长江沿线都需要人才，就连续办了几年。

后来，电报学堂还在上海等地开枝散叶，很多人才都是从电报学堂毕业的。

1881 年 5 月，上海继天津之后设立电报分局，因缺乏人才，盛宣怀聘请苏州文人谢家福参与工作。谢家福(1847—1897 年，字绥之)，其故居位于苏州桃花坞大街的西端，他从小发奋读书，立志以"经世有用之书"强国富民。

谢家福先后在苏州分局、上海总局任职。1884 年，浙江、福建、广东三省电报线路竣工以后，谢担任上海电报总局提调。谢从事电报工作十分投入，盛宣怀屡次在李鸿章面前称赞谢"殆堪大用"。李鸿章也表扬谢家福"帮助、协同盛宣怀办理电报事宜，认真办事，井井有条，凡有所见，地无论远近，事无论巨细，皆竭诚筹助，其议论亦多可采用，在电局五年，劳苦功高啊”。

特别难得的是，饱读诗书、中西兼通的谢家福很重视电报人才的培养。他原先在离故居不远处的五亩园正道书院故址上，创建义塾“儒孤学舍”，专授“新学”。1892 年，他根据盛宣怀的建议在“儒孤学舍”内成立了苏州电报传习所（“苏堂”），三年间“苏堂”为电报界培养输送了报务人才八百余人，遍布全国，一时间苏州电报传习所闻名电报界，影响十分深远。

盛宣怀在办电报过程中，在建设与管理中依靠郑观应、谢家福等忠心耿耿、肯于钻研、对工作精益求精的人才，在工程技术上大胆聘请洋监工霍洛斯等人，在办学中聘用有真才实学的洋教习博尔森和克利钦生等，先后在天津、上海、苏州等地办学，为电报界培养了大批中国自己的专业人才，确保了中国在电报业中的利权。

3.8 中国早期的通信工具——电话

随着电报这一通信技术传入中国之后，紧接着比电报更为方便简捷的电话这一通信工具也开始受到关注。1877 年 10 月 16 日，清朝驻英国第一任公使郭嵩焘，应邀参观伦敦一家工厂并试用电话，很快这一消息传到了国内。19 世纪 70 年代后期，上海轮船招商局为保持与码头的联系，从国外买回一台磁石电话，拉起了从外滩到十六铺码头的电话线，这是中国最早投入使用的电话。

1881 年英国瑞记洋行在上海租界内开办了“华洋德律风公司”，架起市内电话线路，从此中国出现了电话，而“德律风”（指电话）也成了国内早期电话的代名词。1882 年 3 月 1 日，大北电报公司在上海外滩 7 号设立电话交换所，从那天开始电话在我国逐渐成为一种大众通信工具。1884 年，中国电报总局架设了自天津到保定的电话线，这是我国第一条长途电话线。

1887年春，美国传声公司商人米建威、黄腾派克提交《请设电话线节略》，要求在中国架设电话电线，以实现通信。该节略一共十一款，其中第一款说：“请允敝公司在中国现在通商各口岸之内及将来或有续准通商始地界之内，设立传声电线以及制造此项传声电线应用物件，五十年内专归敝公司承办，其限期以允准之日为始。”他们的胃口很大，不仅要掌控已开口岸的权利，还要包括未来增开口岸的权利；不仅要掌控通信的大权，还要掌控通信设备制造的大权。节略的另一款则说：“公司中除总办、总查外，所有董事及办事人员，均可从华人中选择，以充其事。”这意味着美商企业的最高权力必须掌控在美国人的手里，华人只能充当一般职员。尽管米建威等在股份、服务等方面给出了一些诱饵，但盛宣怀清醒地认识到，美商是想占有中国电话通信的利权。1887年7月16日，盛宣怀在接见米建威时指出：“现在德律风公司经电话局会订合同，将来即使建设，不能稍越范围，致碍中国电报权利，则尔等报效之德律风股票一百万元，尔恐无此利益。”直截了当地将米建威抛出的“股票一百万元”的诱饵，扔了回去。盛宣怀与米建威签订设立电话合同四款，“规定不得传字致碍中国电报权利，至于电话线路、地点等均以维护主权为原则”。盛宣怀识破美商“初欲造德律风以夺我电报之利，继欲改设中美银行仍愿以出售德律风股票余利分别报效贴补”，以达到渔利目的。美商未达到他们的目的（见夏东元《盛宣怀传》）。

盛宣怀保护中国现代通信的权益是始终不渝的，同抓住电报权益一样，他决心把电话通信的权益也牢牢抓在中国人自己的手上。经过反复研究，1899年冬，清政府“奏准德律风悉归电局办理”。1900年，上海电报局开办市内电话，虽然当时只有16部电话，但这毕竟是中国自己所办市内电话的开端，中国的长途电话的发展也开始于这一年。

1903年，上海途径苏州、无锡、常州、镇江至南京的电报线、电话线全部架设完毕。在盛宣怀的支持下，湖南人马伯亥决定在苏州创办电话公司，公司的地址选在阊门内下塘泰伯庙内。马伯亥创办的公司名为“苏州德律风公司”，公司只有一部24门磁石式交换机，接线生与工人加起来才7个人，马伯亥自任工程师。第一批用户是江苏巡抚衙门、藩司、臬司、织造府、苏州府、总捕府等99个中上级衙门以及苏州商务总会、电报局等。私人电话只有天库前盛宣怀住宅一家，这也是苏州第一部住宅电话。马伯亥在苏州创办的电话也是江苏省的第一个市内电话。

当时的电话机为手摇壁机，用户不编号，通话时只需向接线生报出对方户名即可接通，接线时间只有白天的12个小时，即早上7点至晚上7点，夜间一般停接。服务对象有江苏巡抚衙门、苏州府衙门、织造府、总捕府、盛宣怀（邮传部尚书）住宅、商务总会、电报局等，由于接线用户少，可直呼单位名称。天库前盛宣怀住宅家的电话，实际上每天用的时间很少，闲置的时间多。

电话从上海、江苏，再到天津、北京，再逐渐扩展到全国，使中国的通信手段逐步跟上了时代的步伐。

3.9 被后人关注与称颂的一份“奏折”

盛宣怀一生起草、撰写过无数份奏折、章程、条约、合同、信函等文件，所有往来的文书、奏章、信函，他都是亲自动手，不喜欢请人代笔。正式的公文通常要起草三稿，多则五稿。那时候文稿都是用毛笔书写的，每写一稿，都要花不少时间，晚上所点的油灯、蜡烛，比起现在的电灯来亮度差多了，经常要写到深夜，其孙（笔者父亲）年少时见到他祖父经常至半夜12点多钟还在操劳。就目前上海图书馆收藏的盛宣怀档案约有17.5万件，包括他的日记、文稿、信札、账册、电文，等等，记载了他一生从事实业的历程。

1899年11月19日，在盛宣怀担任中国电报总局督办时，向光绪皇帝奏请招商试办德律风，并奉旨“依议”的奏折，至今仍然受到人们的关注与称颂。奏折上写道：“再德律风创自欧美，于电报为支流，如江河之水支流之分泄多，则正流之水来源微，是德律风本与电报相妨碍者也第。新理日出人情喜便，无智愚长幼之别，无学习译录之难，入手而能用，着耳而得声，坐一室而可对百朋，隔颜色而可亲謦，此亘古未有之便益，故创行未三十年偏于各国。其始止达数十里，现已可通数千里。新机既辟，不可禁遏。然使与电报各树一帜，则涓涓分派积久而可断正流。日本电报、德律风统归递信省，学生教于一堂，机器出于一厂，诚深知事权之不可分也。中国之有德律风也，自英人设于上海租界始，近年各处通商口岸，洋人纷纷谋设，吴淞、汉口则请借杆挂线矣，厦门则请自行设线矣。电报公司竭力坚拒，但恐各国使臣将赴总理衙门要求，又滋口舌。一经应允，为患甚巨。况西人眈眈逐逐欲攘我电报之权利而未得，其闻沿江沿海通商各埠若令皆设有德律风，他日由短而达长路，由传声而兼传字，势必一纵而不可收拾。不特中国电报权利必为所夺，而彼之消息更速于我制防，不早补救何从？现在官款恐难筹措，臣与电报各商董再四熟筹，惟有劝集华商资本自办德律风，与电报相辅而行。自通商各口岸次第开办，再以次及于各省会各郡县，庶可预杜诸邦觊觎之谋，保全电报已成之局。如蒙俞允，当再劝谕电商招集股本，一切事宜随时咨询，总理衙门察核妥为筹办。”

奏折虽然只有区区 488 字，却涵盖了中国自主开办电话业务的意义、电信业务发展的趋势以及电信业务经营管理的方式等。语言之精炼、蕴义之深刻，堪称史志佳作。

电话在中国出现，盛宣怀认为“新机既辟，不可禁遏”，这充分表明了他对待新生事物的态度，这种认识与态度在盛宣怀身上是一贯的。这与清廷当时大多数官员面对新生事物，不是将它们拒之门外，就是持消极回避的态度，形成了鲜明的对比（见沈磊《盛宣怀和他奏请开办电话业务的奏折》）。

盛宣怀很清楚，电话对电报而言，是“相妨碍者也”，因其“出人情喜便”，并开创了“亘古未有之便益”，它对电报的冲击是不可避免的，甚至“涓涓分派积久而可断正流”。电报在当时是主流通信手段，发展电话这项新的业务，必须考虑原先电报业务的投资回报。如果政府另行委派官员去办电话，独立去发展电话，则必然会伤害电报投资人的利益。因此，事权不可分是顺理成章的。

英商、丹商在上海开办了电话业务，一旦让他们在中国顺利开办，不但会“攘我电报之权利”，更可怕的是“不特中国电报权利必为所夺，而彼之消息更速于我制防”。要抵制外商的得寸进尺，具体的办法是电话采取“官督商办”，这本来就符合我中华泱泱大国的体制，然而光靠官也是不行的，必须顾商情，“惟有劝集华商资本自办德律风，与电报相辅而行”，即发挥商人的积极性，配合政府的行动，才能占领我们自己的市场。

在 100 多年前，现代通信业刚刚起步的时候，盛宣怀就意识到电话对电报的替代作用，提出电报和电话必须要混业经营等观点，令人钦佩，其思想对当前通信业的发展、改革仍有借鉴意义。

3.10 甲午时期，为电报再次受到参劾

1882 年 9 月，盛宣怀挪用金州矿款十余万，解决电报线路建设急需的资金，受到清廷官员的弹劾，他们认为盛宣怀“办理含混，铺张失实”，后因左宗棠出来挡驾，盛宣怀被降职留用。

中日《马关条约》签订之后，李鸿章作为清廷的替罪羊，从直隶总督北洋大臣的位置上调离，由王文韶继任。盛宣怀因病多次向王文韶提出辞职，王文韶始终没有同意他的请求，并且同李鸿章一样十分器重盛宣怀，盛宣怀只能带病继续工作。

就在此时，盛宣怀因电报之事，又一次受到了官员的参劾，说他“招权纳贿，任意妄为”“总办电报，害则归公，利则归己，克扣军饷，搜罗股票”，等等。为此，清廷命王文韶确查禀复，并让王文韶推荐合适人选，取代盛宣怀的电报总局督办之职。

王文韶经过认真查询，向清廷表明电报总局的督办之职非盛宣怀莫属，并向清廷奏明盛宣怀办理电报总局之功：“臣查中国电报之设，始于光绪六年，一切章程皆盛手定。现在除湖南一省外，西则新疆，北则三省，业已处处通行。其事务之纷繁，用人之繁夥，非有精心贯注其间，未易秩然就理……臣维泰西各国由商而富，由富而强，中国仿而行之，二十年来惟电报、招商两局成效已著，而一手经营，虽履经波折，而卒底于成者，盛也……臣亦岂敢谓盛之外，竟无一人堪以胜任者，惟或则历练未深，或则声望未著，急切求之，实难其选。盖盛具兼人之才，而于商务洋务，则苦心研究，历试诸艰者已逾二十年，设以二十年前之盛处此，臣也未敢保其必能接手也。”（见《盛宣怀档案》，王文韶《查复盛宣怀参案折》，光绪二十一年）。

官场的参劾不仅没有达到某些人的目的，而且盛宣怀办实业的声望越来越大。甲午战败之后，清廷提出“当此创巨痛深之日，正我群臣卧薪尝胆之时”，并提出救亡图存的六项“力行实政”。清政府也就越来越依靠盛宣怀了。

事实上，之后盛宣怀对当初办电报之艰难、其中的酸甜苦辣，也有过真实的回忆，他写道：“创行之始，人皆视为畏途，即身任其事者，成败利钝亦绝无把握，若非不辞劳怨，不避疑谤，惨淡经营，焉有今日！成既如此之难，守益不能不尽其力……统计电报商线纵横数万里，设局百数十处，均属商款商办，即有借用官项者，业经陆续清还，有案可考。逐年所收报费，只通商口岸及省会之区能有盈余，凡偏僻处所亏折者多，全赖挹注之法。查股利一项，第一届未能分派毫厘，第二届至第十二届仅派五厘、七厘不等，十三届起始得照派一分。他人视为绝大利薮，实则千百商股铢铢寸寸之微也。”（见《盛宣怀档案》，盛宣怀《电线设立情形》，光绪二十八年）。

成既如此之难，败则更不容予以表白，这就是盛宣怀当年办实业所处的客观社会环境。官场上比民间不知险恶多少倍，如果没有“不辞劳怨，不避疑谤，惨淡经营”的思想准备，是很难坚持下来、很难取得成功的。

而官场上的参劾，往往又是选择在有利敌国、损害国人的关键时机。事实上甲午战争时期，盛宣怀为了保障军兵、军饷、枪支弹药的运输，为保障北洋海军军机处的指令畅通无阻地传达到入境朝鲜的前方部队，为轮船、电报两局正常运转，日夜操劳，以致经常抱病工作，最后不得不请假卧床。特别是在平壤一战中，盛宣怀的五弟盛星怀在军队撤退中，不幸中弹牺牲，盛宣怀为之悲痛欲绝。就是这样的时刻还有人在暗中算计他。也许是有些人，想乘李鸿章代表清廷签订了《马关条约》从直隶总督北洋大臣的位置上被调离之机，也捎上盛宣怀。足见当时官场之险恶、办实业之艰险！

4

盛宣怀办实业快速发展阶段

4.1 盛宣怀重返轮船招商局

1880 年秋，盛宣怀被李鸿章任命为天津电报总局总办，他将自己的全部身心投入中国电报业的发展上。当时，他还在轮船招商局会办的任上，其间因王先谦等人弹劾招商局营私舞弊案，其中矛头对着盛宣怀的是关于购买旗昌时“扣帑入己”和“侵渔中金”，尽管唐廷枢站出来为盛宣怀辩护，但 1882 年盛宣怀还是因弹劾风而不得不暂时离开了招商局。

1882 年 4 月 23 日，对轮船招商局王先谦等人的参案，李鸿章据郑玉轩、刘芝田、李兴锐查复无事，向朝廷奏上《复查盛宣怀片》说：“该道前派会办招商局，订明不经手银钱，不支领薪水……嗣以屡次代人受过，坚辞会办……臣叠经严加考察，该员勤明干练，讲求吏治，熟习洋情，在直有年，于赈务、河工诸要端，无不认真筹办，洵属有用之才，未敢稍涉回护。”（见夏东元《盛宣怀传》）。这为盛宣怀正了名。

盛宣怀之前在湖北广济、荆门开采煤铁，尽管收益不大，最后还赔了钱，但是他对煤铁勘查、开采工作的投入，他办事的能力，朝廷上下是有目共睹的。北洋大臣张树声为了发展山东矿业，1882 年 6 月，“饬盛宣怀派矿务学生池贞铨随同赴烟台查勘铅矿，以备制造铅弹。随率池和委员冯庆镛赴烟台”。当年 8、9 月，盛宣怀亲率池贞铨、委员冯庆镛勘得登州府属之宁海州棲霞县、招远县俱产铅矿。随即将宁海矿石送天津制造局化验，招远矿石送外洋化验。为此，盛拟有《试办山东滨海各铅矿章程》十条。对登州矿用人才招商股等均有明确规定，得到张树声的赞赏，李鸿章给予“亦尚周妥”的批示。

接着，1882 年 9 月，辽宁金州矿务总局成立，盛宣怀被任命为督办，盛宣怀聘请郑观应担任总办，负责招集股份。1883 年“春夏间，盛以闽粤等处电线道远费繁，法越事兴，市面清窭，商股观望，不得已，暂挪金州矿款以济急需。矿电商股，皆盛所招募，以矿易电，商所乐从，股本无虑亏耗。而部议谓为办理含混，铺张失实，科以降级调用处分。时左宗棠方奏保盛才堪大用，奉旨以海关道、出使大臣交军机处存记。事下南北两洋，会同查覆。旋经曾国荃、李鸿章奏办，有‘苏、浙、闽、粤电线所以速成者，皆该道移缓就急之功，于军务裨益尤大’等语。旋得旨宽免降调分处，改为降二级留任。”（见夏东元《盛宣怀传》，480 页）。

盛宣怀在电报线架设中所取得的业绩受到朝野一致首肯，在挪用金州矿款的问题上，尽管被降了二级，但是在左宗棠、曾国荃、李鸿章等朝廷大员心目中已留下了“盛才堪大用”的深刻印象，因此，盛宣怀再次被启用是迟早的事。

1883 年，世界经济危机波及中国，轮船招商局也深受其影响，主持招商局的徐润、张鸿禄等亏欠额巨大。是年 11 月，招商局遵李鸿章之命筹议整顿招商局大略章程。李鸿章批曰：“总办宜各有责成。已另饬郑观应于揽载之外，会同唐、徐二道总办局务，其提纲挈领调度银钱大事应令盛道暂时行会同郑、徐二道秉公商办，俟唐道回沪后，再随时察酌饬遵。盛道在沪日多，应令随时随事就近稽查商办，该局嗣后有关兴革变通之事，郑道、徐道等仍须与盛道商定会禀。不得稍有诿卸。”（见夏东元《盛宣怀传》），于是盛宣怀被派到招商局查处问题，从此他重返轮船招商局。

1884 年年底时，唐廷枢和徐润因挪用公款事情败露而被解聘，1885 年 8 月 1 日，李鸿章委任盛宣怀为轮船招商局督办，于是盛宣怀成为轮船招商局的第一任督办。

4.2 盛宣怀采取“五策”，招商局重整旗鼓

盛宣怀重返轮船招商局，对招商局进行查处，并担任了招商局督办，徐润、唐廷枢先后离局。接着马建忠派任招商局会办。但是，由于受世界经济

危机波及，再加上唐廷枢和徐润经营不善，又挪用公款，招商局处于十分困难的境地。

盛宣怀在查处招商局的过程中，进一步认识到，要办好招商局，“非商办不能谋其利，非官督不能防其弊”。根据这一思想，他对商局采取了以下“五策”。

第一，进行组织整顿，厘定用人、理财章程各十条。新章程规定，招商局“专派大员一人认真督办，用人理财悉听调度”“会办三、四人，应由督办察度商情，秉公保荐”（见《盛宣怀档案》，盛宣怀《用人章程十条大旨》《交通史·航政编》）。并且，新章程禁止大股东担任分局董事，除非他们是能力和财力都有保证的人。他还命令公司的官员和雇员，包括各分局的董事，都不准接受薪俸和红利之外的其他报酬，禁止为私人目的借用公司资金，而且在他们在轮船招商局任职期间，不能接受别处的雇佣。此外，章程强调招商局运营中要堵塞各种漏洞，有效控制成本，增加收入与盈余。

第二，向旗昌公司赎回船产。1884 年中法战争紧张之际，为了避免招商局的轮船因战争而遭到毁损，招商局决定将船产暂时售与旗昌公司，以“易帜”的方式，继续维持经营。1885 年 8 月 1 日，盛宣怀担任督办当天，就向旗昌买回这些船产。为此，盛宣怀不得不向汇丰银行借款三十万镑。这是由于“接办伊始，随在需银，而局款一空如洗，官商无可筹挪”，乃禀明李鸿章向汇丰借了此款（见《盛宣怀档案》，《经元善致盛宣怀函》，光绪十年七月初十）。为了向汇丰借款从旗昌赎回这些船产，盛宣怀费了不少口舌，借款、交易基本上是平等的。盛宣怀清楚地意识到，如果船产还在外人的名下，靠“易帜”去经营，这等于在给别人打工，招商局是无法翻身的。由于及时收回了船产，招商局逐渐“生意蒸蒸”，盈余由小变大。

第三，盛宣怀强调轮船招商局作为“官督商办”的企业，就要得到官府的支持。1885 年秋，盛宣怀根据招商局面临的困难，向李鸿章等上奏，提出“拟请先将该局运漕水脚，照沙宁船一律，并准回空货船免税，俾获赢余，分年还债，借纾商困，而杜外谋”。在李鸿章的支持下，招商局取得“减免漕运空回船税、减免茶税、增加运漕水脚、缓拔官本”等四项优惠措施(见夏东元《盛宣怀传》)，这就大大减轻了招商局的负担，增加了招商局的收入。

第四，雇用技艺高超的、有能力的洋技术人员，并强调自主权。盛宣怀担任督办后，对洋技术人员进行了整顿。他认为，“总大车”一职比“总船主”的职位更重要，因为“总大车”负责验修各船机器，这是确保轮船正常航行的关键。而现任的“总大车”罗贝是靠关系上来的，毫无本领。于是，盛宣怀决定改派有真本领的、旧局“总大车”尉霞为总大车兼署总船主。同时，盛宣怀规定尉霞“以后调换船主及大修，须商督办；调换船主以下及小修，与局会办商定”，还“通饬各船洋人不准饮酒，查出酒醉即辞歇”。经过对洋技术人员的整顿，不仅提高了工作效率，而且“洋薪岁少万金”。

第五，重新与怡和、太古订立齐价合同。为了缓和与外商轮船公司的价格竞争，1886 年 3 月，盛宣怀主持招商局与怡和、太古公司重新订立齐价合同。先前于 1883 年 3 月三公司订立了为期六年的齐价合同，因中法战争中断执行，这次是恢复重订。执行齐价合同不久，即产生了实际效果，招商局每年的净利润明显增加。

盛宣怀采取了一系列有效的整顿措施，使招商局不仅很快得到恢复，转危为安，振兴在望，还加快了发展，增强了竞争能力。这样，在他任轮船招商局督办的 1885 年至 1902 年的十多年间，达到轮船招商局作为官督商办企业的鼎盛时期(图 4-1 至图 4-3)。

图 4–1　招商局九江第一码头

图 4–2　招商局塘沽办事处

图 4–3　沙市第一码头

图 4-4 招商局南京第三码头

图 4-5 招商局天津分局四号码头

图 4-6 招商局天津分局局址侧面

4.3 发展内河航运,拓展招商局生存空间

轮船招商局创办的目的,最初是为了与西方列强争夺在我国沿海与长江通商口岸之间的航运主导权,事实上,招商局与外国势力的竞争与争夺,始终没有停止过。不仅如此,外资轮船公司对我国内河航运的利权,也一直在窥视着。盛宣怀早就注意到了这个问题。然而,他当时没有能力也没有条件去解决它。当他出任轮船招商局督办之后,设立内河小火轮公司的议题,自然就提到议事日程上来了。

当然,从现实看,轮船招商局就是在沿海与长江通商口岸之间与西方列强竞争,也十分吃力,特别是招商局被唐廷枢和徐润一折腾,更加招架不住了。盛宣怀在给李鸿章的禀文中说:“念局轮于通商各口与洋轮角逐,虽与怡和、太古订立合同,而本年长江又有福记洋行添船跌价,天津、烟台又有日本轮船跌价争夺,南洋各埠更多合同以外之洋船,将来生意殊无把握。”(见《盛宣怀档案》,盛宣怀《上李鸿章禀》,光绪十二年十月十四)。为了拓展招商局的生存与发展空间,盛宣怀一方面对招商局认真加以整顿,另一方面下决心着手发展我国的内河航运。

光绪十二年三月(1886 年 4 月),盛宣怀与招商局会办马建忠在给李鸿章与湖广总督张之洞的条陈《内地设轮船公司议》中说:“近年内外国富强,无不从自通商始。口岸通商人与我共之,内地通商我自主之。故欲求中国富强,莫如一变而至火轮,设一内地快船公司,与招商局相为表里,以兴中国内地自有之商务,而收中国内地自有之利权。”这充分表达了盛宣怀绝不受制于外国势力,独立自主地掌控内河通商权利的决心以及促进国内商业流通,实现国家富强的思想与抱负。

盛宣怀除了意识到交通对国民经济的重要性外,更重要的是他清楚清政府尽管迫不得已与外国签订了许多不平等条约,出让了许多航运的利权,

但是在内河航运上的利权上，始终没有开过口子，尽管西方列强一直在窥视着，但是只有我们自己发展壮大了，才能真正抵御住他们的入侵。可以说，在发展水上交通方面，盛宣怀很早就有设立内地轮船公司的设想，只是一直未公开与人说起，这是因为他很清楚“人或有其位而无其识，有其识其位而无其肩任”。从当时的社会条件与经济发展水平上看，要允许火轮船在内河通航，毕竟是一件新生事物，非有识、有位且能担“肩任”的人，是办不成此事的。早在 1883 年，郑观应曾提出“发展内河小轮船航运业以加速商品周转”的主张，想不到当时连具有维新思想的苏州文人谢家福也加以反对，并且扬言要与郑“割席”断交，足见发展内河小火轮航运阻力之大（见夏东元《盛宣怀传》）。

反对发展内河小火轮的理由主要有两条：一曰“是导洋人内窜也”；二曰“是令民船日废也”。盛宣怀对此据理予以驳斥，他说“不知通商自有界限，洋船所至，必归洋关，若民船则由常关稽核，不归洋关，洋人无从借口”，谈不上导致“内窜”；至于民船，商业发达了，客货日旺，载不胜载，何“日废”之有？盛宣怀在批驳谬论的同时，充分陈述了小火轮对加速商品流通的作用，指出：“内地果设轮船，其船坚利，足以御盗，周流荒僻，足以弭盗，一利也；往还迅速，足以便行旅，二利也；征调灵捷，足以便军旅，三利也；练习海疆屿澳支流汊港，足以备水师之选，四利也；运载归总，不至走漏税厘，五利也。”（见《盛宣怀档案》，盛宣怀等《内地设轮船公司议》，光绪十二年三月），盛宣怀清醒地认识到，设内河小火轮航运有利于发展近代工商业，能加快国力的强盛。

盛宣怀发展内河小火轮航运，开始并没有选择在江苏、浙江等省推行，尽管他知道那里河网密布，民船航运十分发达。这主要是因为他在江苏、浙江没有职位，说了不算。1886 年 7 月，盛宣怀被朝廷任命为山东登莱青兵备道兼烟台东海关监督，这是他第一次担任道台之职。此时，盛宣怀既是对发展内河航运的有“识”者，又是一个有“位”者，有可能在他的辖区内首先“肩任”此事了。但是，他很清楚，自己虽然有“识”，也有一个“位”了，可是这个“位”还不够高，自己必须得到李鸿章的支持。1886 年他在《上李鸿章禀》中说道：“查泰西各国律法，不通商各埠只许本国轮船行驶，日本亦然。惟我中国因噎废食，则江海之利有与外人公共而无独得者，甚可惜也。”他明确表示，没有李中堂的支持，靠他只身一人是难以办成的。他又说：“今欲开此风气，微我中堂夫子孰能为之，微（宣怀）亦孰肯言之。”（见《盛宣怀档案》，盛宣怀《上李鸿章禀》，光绪十二年十月十四）。

在李鸿章的支持下，盛宣怀与马建忠向山东巡抚张曜禀请，发展山东内河小火轮，很快得到了批准。

4.4 深入调查研究，山东内河航运顺利开办

1886 年 7 月，盛宣怀在轮船招商局任职的同时，被任命为山东登莱青兵备道兼烟台东海关监督。为了筹备山东内河小火轮通航之事，他像在湖北办矿那样，迈开了双腿，在当地向导的陪同下，沿着山东东海各口，进行了深入的调查研究。

他在《上李鸿章禀》中说道：“查东海各口，南与江苏盐城毗连，北与直隶盐沧毗连，所辖一千三百余里，大小海口一百余处，而水深七、八尺可驶浅水小轮者约有十余处。如掖县出草帽缏，岁约三四万包，皆由陆路盘山驼运，每包须运费京钱四千，间有民船海运，常虞倾覆，商民畏之。而距掖县三四十里，即有太平湾、虎头崖两口，可驶浅轮，若水脚每包一两，即可收银三四万两，其枣子、粉丝等物出口，洋布等物进口，每年水脚亦有数万两。”

由此可见，盛宣怀对在山东内河通航小火轮，调查十分深入，计划十分周密。盛宣怀向李鸿章发出的报告，仅过了十天，就得到李鸿章准许“试办”的

批复。李鸿章对此十分赞赏，他在回函中，特别给其取名为"内地华民轮船""并声明不通商口岸，只准民轮来往，总在常关领牌纳税，与东卫沙宁闽广船一例，自可不与洋船交混，仍望妥定章程，随时防微杜渐，无任有所借口，稍越范围，总署无须先咨免枝节，如其来问再复可耳。"

盛宣怀不仅对山东各口岸的状况、航道的条件、各地物资产供销等情况作了深入的调查，而且十分重视对商情、官情的了解与分析。他在得到李鸿章的支持之后，随即双管齐下。首先，与商人进行协商，他路过"沙河，与商人筹议"，将开通山东内河航运给当地带来的益处讲给他们听，得到商人"共享喜悦"的效果，很快又得到其他地方商人的响应。其次，做好山东地方领导的工作。盛宣怀与马建忠一起拜访山东巡抚张曜，他们凭着李鸿章这把"尚方宝剑"，禀报张曜说："傅相拟照各国在不通商口岸试行浅水民轮船，以收自有之利权。"将"傅相"和"收自有之利权"搁在张曜的面前，张曜当然只有接受的份了。与此同时，盛宣怀为了打消张曜的顾虑，又告以此举不会影响山东省的财政收入，他说：通常以为办内河小轮"于陆路厘金恐有损碍"，但"现查东海各口陆路不收厘金"，故不会影响省内的财政收入，而对于"商苦不便"的旱路运输，却起到了便民利民的作用。盛宣怀将具体办法报告张曜，说："曾与傅相函商，拟用浅水轮船一二只驶行，将土货驳至烟台，再行过载，借兴商务，其名曰'华民驳货轮船'，悉照民船看待。"（见《盛宣怀档案》，盛宣怀、马建忠《禀山东巡抚张曜》，光绪十二年十二月）。张曜很快批准了他们的请求。

根据调查研究，盛宣怀总结出山东发展内河小轮航运有以下几个优点。第一，有利于山东的物产抢占国外市场。他在1888年2月7日（光绪十三年十二月二十六）《禀李鸿章》的函中说："盖土货多出口一分，则现银多入华一分。"不仅如此，土货还能抢占国外市场。他在函中又说："近来日本知我以土产不值钱之麦草，可易西人之重利，加以仿照编制，花样越出越新，该国官长切实讲求,货何如为美,运何如为便。彼产日多,则我产日滞。”他认为贸易必须加速运输过程,货品必须精益求精,方能与外国一争高低。盛宣怀于当年“正月间赴济南道出莱州之沙河镇,即传草帽商人杜荫溥、徐克敏等来见,与之讨论帽缏花样必须求精,价格必须公道,方免为倭商所夺”(见《盛宣怀档案》,《禀李鸿章》,光绪十三年十二月二十六日)。这足见他与洋商争利的态度是很鲜明的。第二,增加税源,有利国家。盛宣怀禀报李鸿章说:“职道宣怀去年到任以来,察看山东海口情形,与天津、上海各口情形俱不相同。烟台为通商口岸,而进出货物皆须由陆路驼运,山路崎岖,运费繁重”,(宣怀)作为烟台海关监督的“司关榷”者,“总求土货出口,多多益善”。货物流通加快了,税收自然就增加了,这对国家的好处是显而易见的。第三,有利百姓,便捷商人。盛宣怀考察山东一些地方后体会到:“登莱青半属山地,民甚贫苦,以草帽缏为生计,由陆路运至烟台,每百斤需钱三四百串;一遇风雪,难免潮变,帆船险阻,益难克期,商民久以为苦。”运输受阻,又涉及生产者的生计,发展内河小轮航运,这些问题都解决了。经过盛宣怀的估算,“由虎头崖太平湾驳运,则半日可到烟台,水脚又省,运程又快,并可售去帽缏买回别货,实为商民之便”,从事草帽缏生产的贫苦百姓是可以得利的(见夏东元《盛宣怀传》)。

1887 年 2 月,盛宣怀发展山东内河小火轮的禀请,很快得到批准。随即盛宣怀在山东省烟台创办了中国第一家内河小火轮航运公司,盛宣怀担任督办、马建忠担任会办,独资经营 300 吨的“广济号”轮船运输,小火轮开始在烟台、龙口、登州之间航行。

4.5 疏浚小清河,造福山东人民

小清河是山东境内一条大干河,自历城、章丘县起,承接济河、漯河二水,流入黄海。它是古济水河道多次变迁后的下游残渠,自宋伪齐刘豫开通后,

“海上之盐，傍河之州县货物，皆得达于历下”，有“盐运河”之称。而小清河流域既有山洪河道特点，又有坡水河道特点，一遇夏水盛涨，水泄不及，便洪涝成灾。到了明初，水患开始出现，由于治理无方，灾害愈演愈烈，平均三年多一小灾，十年一大灾。明清两代先后治理了20余次，仍是时治时淤。每遇夏秋山洪暴涨，济南山水无以为泄，至城北数十村庄尽成泽国，小清河沿岸水患更甚，不仅不能通航，而且成了夺取百姓生命财产的祸害。

盛宣怀担任山东登莱青兵备道兼烟台东海关监督之后不久，1886年夏季，黄河泛滥，河北、河南、山东、安徽等地均发生水灾。而小清河更是“沟河漫溢，高（青县）、博（兴县）、乐（安县）、寿（光县）一片汪洋”，河面上则连船的踪迹也难寻觅，政府还要以每年三五万银赈济灾民。

盛宣怀一方面积极组织各省绅商，其中特别是上海绅商捐助赈灾，同时针对“山东济阳、惠民等处黄水为灾，情形极苦，盛宣怀等就招商局与怡和、太古、麦边各洋行轮船公司议于搭客略增水脚，俾助赈款”（见夏东元《盛宣怀传》）。另一方面，盛宣怀又向山东巡抚张曜提上了《万言书》，提出要治理山东境内的黄河，疏浚小清河，发展内河航运业，以治本的方式来解决水患问题。

盛宣怀自小大部分时间生活在江苏常州、苏州，江苏苏南河网密布，河道经常疏浚，河流不仅很少出现泛滥的现象，而且为农业灌溉和交通运输创造了很好的条件。而他在山东任职辖区境内的小清河却“愈淤愈短，旧址堙废，夷为民田，昔日河身，今且高于平陆”。这与他熟悉的苏南河网，简直是天壤之别，他要疏浚小清河的想法，得到了山东巡抚张曜的积极支持。

为了疏浚小清河，盛宣怀作了大量的调查研究，他亲自到沿河村镇，详细勘察度量，与当地官员、百姓研究治理的施工方案。1889年起，他开始

“整治自历城至寿光县历年泛滥成灾之小清河。殚三年之力，疏濬河道四百余里。两岸农田受益甚大”（见夏东元《盛宣怀传》）。首先，他提出了疏浚小清河的原则：“不容泥守陈迹”“规复小清河正轨，而不拘牵小清河故道”。接着，又提出疏浚小清河的具体方案：组织灾民“以工代赈”，从小清河下游入手，分段疏浚。首次疏浚河道从博兴县金家桥起，至寿光县海口止，全长约一百里。

盛宣怀以上海等地绅商“所集赈款，招募附近灾民，分段挑挖，以工代赈”。经过灾民的挑挖，小清河的下游“水势归槽，畅行入海”“糜金不及二十万，历时不过数月，而官免筹费，民获有秋，成效已著”（见中国史学会《洋务运动》第八册）。

1891 年秋天，张曜不幸去世，继任山东巡抚福润希望盛宣怀把小清河上游的疏浚工作继续承担起来。经过商议，最终确定上游的疏浚方案“由金家桥向西取直，就支脉预备两河套内，择其洼区，接开正河，历博山、高苑、新城、长山、邹平、齐东六县，计长九十余里。又在金家桥迤下起，循预备河旧址，开濬支河，以承上游各湖河之水，引入新河，衔接归海。从此民田无漫溢之虞”。疏浚小清河上游的费用仍由盛宣怀去募集，人才方面则组织当地灾民“以工代赈”的方式来解决。

盛宣怀治理小清河尽心尽力，据相关资料记载他：“以历年兼营河务，往往累月驻工，或亲行履勘，风日不避。常从羊角沟掉小舟出海，遇暴风雨雹，舟几覆，衣履尽濡，饱受寒湿，返署而喘乃大作，由是遘寒辄发，过劳亦发，根株不可拔矣”（见中国史学会《洋务运动》第八册）。《清史稿》也记述了盛宣怀治理小清河的事迹，说盛宣怀“因讨测受灾之故，益究心水利，其治小清河利尤溥”（见赵尔巽《清史稿》）。

小清河上下游工程，历时三年，征调民工数十万，耗支白银七十多万两。从此，小清河两岸农民安居乐业，再不用受水灾之祸害。1893年12月，山东巡抚上奏："小清河全功告成，推盛首功，传旨嘉奖。是河工程阅时三载，用镪七十余万，皆盛筹集"（见夏东元《盛宣怀传》）。

小清河自济南至章丘段开浚新河百里，仍以济南诸泉为源；下游开挖金家桥以下新河百余里至海口，新改入海处在羊角沟，废弃原入海河道。全河一律展宽至十丈，开深一丈至一丈三尺；出河之土夯筑成堤，使河两岸成各宽十丈之马道。这是一次较为成功的治理，不仅免除了水患，人们还借水行舟，恢复并发展了航运。100多年来，全国最大的羊角沟盐场之盐，溯河源源不断运抵济南，一度转运供应鲁、豫、苏、皖4省98县，极大地促进了沿河城乡经济的发展。疏浚小清河，为小清河开通内河航运创造了条件，山东省的内河航运，原先小火轮在烟台、龙口、登州之间通航，之后，又延伸到了小清河，以至整个山东。

盛宣怀主持治理小清河之事，在1893年11月工程完工之时，由他本人亲自撰写并书于碑石之上。此碑（图4-7）原立于小清河航运局，现移立于新整治的小清河岸边，供游人观赏，碑题为《修濬小清河记》。该碑还寄托了盛宣怀对治理不足之处及对善后的期望，碑文最后曰（释文）："我去年已奉命调至天津任海关监督，但绝不能因为离开这个地方便丢掉原先的志向，现在幸喜这桩事成功了，很欢喜为它写一篇记。至于多开涵洞，以畅通支流，多设渡船，以方便行人，凡今后对该河能有所改善的，尤其希望当时参与这项工程和主管这方面工作的有关人员多给些关注。"

盛宣怀尽职尽责、尽心尽力治理小清河，造福沿岸、惠及山东的善举，后人不会忘记。

图 4–7 小清河纪念碑

4.6 内河小轮航运迅速推向粤、桂、闽等省

在山东担任登莱青兵备道兼烟台东海关监督的盛宣怀，上任不久就发现了别人没有发现的商机，这不能不让人感到震惊。

盛宣怀发展内河小轮航运的做法，不想仅仅局限于山东省。他清醒地认识到，促进商品加速流转，有利于发展进出口贸易，利国利民，能加快国家富强的步伐，因此，应该在全国范围推行。他在 1888 年 2 月 7 日《禀李鸿章》中说道："拟请推行内地民轮之意，固不仅在东、粤两省，并不仅在招商局所得揽载之利也，而在轻土货之运费速土货之运程。晓夜飞行，无患险阻；综核厘税，无虞偷漏；凡有水之处，可以抵铁路之用，而无铁路之费，庶可广销土货，以敌洋货偷卮，实为富强之所关。"

最初推广开办内河小轮航运的是广东、广西、福建、台湾等省。

关于广东开办内河小轮航运，盛宣怀于 1886 年 4 月，即与粤绅前济东泰武临道李宗岱等禀请设立“内地江海快船公司，与招商局相为表里，驾驶悉用华人，税钞悉归常关，使洋人无从借口”（见《盛宣怀档案》，盛宣怀等《内地设轮船公司议》，光绪十二年三月）。

盛宣怀提出在广东开办内河小轮航运的实施方案，即先举办广州至佛山、三水、肇庆等处的轮运。船只之大小，须视“水之浅深、宽窄”而定，而这些地方“能否购买（建造）码头，以便轮船停泊，亦须先行察看地势，方有把握”。随即盛宣怀派直隶候补道张振棨“前往测量察看”（见《盛宣怀档案》，《盛宣怀咨马建忠、沈子枚、陈猷》，光绪十三年九月十九）。

在调查河道的同时，1887年10月，盛宣怀亲自拟定了《粤省内地江海民轮船局章八条》。其中突出之点有以下几条。第一，与洋关划清界限以杜洋商借口。他认为：“内地设立商轮，原为流通财货，借便货迁起见。此船与洋关无涉，专行内地，名为内地江海民轮船局，不请洋关船照，不在洋关完税，以清界限。”这一点充分体现了盛宣怀保护民族利益、抵制外来掠夺的立场。第二，确立招商局与粤商、火轮船与民船的关系。根据盛宣怀的估算，轮船公司预计需要资本四十万两，本可由招商局筹拨，“惟此系粤省民人生业，而招商局股份天下共之”，决定招商局出六成，粤商出四成，但须明确，虽名为“内地民轮船公司”“实招商局分设，是以仍归招商局督办，庶可联络一气……由招商局派一总办驻扎”。这既提高到地方绅商的积极性，又将之纳入招商局的轨道。此外，公司规模采取逐步扩大的步骤，先试行轮船两只，“庶使商旅贸迁乐其便安，而渡船生计仍无窒碍”，将未来与眼前的利益都考虑到了。

广东内河小轮航运先由广州至肇庆，一年以后盛宣怀又动议扩展至广西梧州。他说“梧州地方为云贵两广通衢”，所产药材等物“均系天下通行之货，懋迁往还者亦觉不少”。通航以后，“久而久之，富国富民可操左券”。

在盛宣怀的倡导下，内河小轮航运扩展很快。1891年成立了粤港渡轮公司,以与怡和、太古轮船公司展开竞争;1893 年 1 月 12 日,盛宣怀致函厦门招商分局王叔蕃,为在厦埠设立码头及创设泉漳两郡民轮驳船,发展那里的内河航运。1 月 21 日,王叔蕃接信后,随即前往谒见司道各宪陈托一切,当蒙许诺开设内河航运业。

1892 年 6 月,盛宣怀上任天津海关道兼津海关监督,他必须承担更多重要的责任,这使他不得不放慢了将内河小轮航运推向全国的进程。

1902 年 9 月 5 日,招商局在上海与英国签订商约画押。该约在内河航行权上损失尤大。10 月 23 日,盛宣怀电奏招商局:招集华商创设内河轮船招商局,先购浅水轮船五号,在江浙等处试办,派同知朱冯寿等总董。以期在所订"商约"损失的内河航行权上,用竞争的办法挽回一些权利。

4.7 台湾船局与招商局实施"外合内分"

1888 年 2 月 7 日,盛宣怀与马建忠禀北洋李鸿章:"广泛发展内地小轮船,以便利进出口物资"。台湾一直是招商局与怡和、太古争夺航运权的地方,盛宣怀将山东内河小轮航运扩展到粤、桂、闽等省之后,很快考虑到要发展台湾的内河小轮航运。

盛宣怀在担任轮船招商局督办几个月之后,即与马相伯(马建忠的哥哥)、马建忠一起,乘中法战争恢复台湾经济之机,禀请台湾军务大臣刘铭传研究台湾的内河小轮航运,建议设立台湾商务总局,举办轮船航运。

之前,轮船招商局唐廷枢和徐润因挪用公款事情败露,台湾在设立船局时,军务大臣刘铭传曾有些犹豫,他在批示中指出:"应行举办之初诸从撙节……不得效招商局中虚糜浪费。"所集股份"分为五份,以十万为一份,商股四份,每份公举董事一人,官本一份,选派委员一人,俱到局公司同办事",并指明“与招商局两不相涉”(见刘铭传在盛宣怀等《禀请招股设立台湾商务总局》上的批语,光绪十一年十二月二十一)。随后不久,台湾船局成立,与招商局采取了“外合内分”的形式。台湾的“外合内分”与广东的内河轮船公司“实为招商局分设”不同,这是由台湾的实际情况所决定的。

1887年原招商局会办因1884年倒账风潮而被革职的张鸿禄奉命造轮船两只,“声言专走长江北洋,以与招商局争衡”。

1888年9月10日,经过盛宣怀的努力,在他的主持下,经刘铭传同意,“台湾船局合于招商局,盛保十年无人另树旗帜。李鸿章意:暂由招商局代理数月,试看盈亏,再与台抚刘铭传商定分合。招商局搭股二万,盛自搭股一万”(见夏东元《盛宣怀传》)。盛宣怀认为,“与商局争竞,两有所损”之外,且将引起“三公司互相跌价,彼此受亏”,因此建议“外合内分”,一致对外。

之所以在台湾采取“外合内分”,原因有二。第一,“台船两只未入合同,恐怡、太欲照洋商不入合同之轮船一例视之”,也当作“野鸡船”与以排挤,对台船说,“既有官贴,又恃船少……尚可不虑为洋行所制,势将互相倾轧”,这样下去,“必致牵动职局轮船自顾不下,安能外御其侮!”如果台船与招商局表面合起来,就不会出现这个问题。第二,台船只有二三只,“另开一局,无异从前朱道其昂初创之难”,如果“交招商局代办,外面合为一起,可免争斗,又省开销。码头栈房悉照局船停泊储货”(见《盛宣怀档案》,盛宣怀《上李鸿章、刘铭传禀稿》,光绪十四年)。显然,“外合”主要是对付怡和、太古等洋商,维护民族航运业的主张(见夏东元《盛宣怀传》)。

所谓“内分”,从根本上说,就是保证台船的独立经济体制和利益,其具体办法盛宣怀对李鸿章、刘铭传讲得很清楚:“另立台湾轮船账簿一本,凡代收之水脚列作入款,代支之保险、辛工、煤炭、物料、关费、码头扛驳各力以及杂用大修小修,列作支款。职局按照代办章程每百两只提五两,以充局用。按年总结共得余利若干，悉归台湾商局照本均派。”（见《盛宣怀档案》，盛宣怀《上李鸿章、刘铭传禀稿》，光绪十四年）。

可见“外合内分”，对招商局有利，对台湾轮船更有利，只有对怡和、太古等洋商不利。所以派到台湾去办理此事的杨宗濂说：“台船二只，合则息争省费，与北洋面上好看。”盛宣怀“外合内分”的主张是正确的。

盛宣怀“外合内分”的主张，在实际做法上则是将权力集于招商局一手，在他拟定的《台船大略章程》里规定，台船总局的总办，由招商局委派的杨宗濂担任；“所有沪局及长江、天津各处，应由职道派人经理”“船上所用坐舱人等，可归台湾总局派用，如有不称职者，亦须由职道商明台湾总局随时更换。”（见《盛宣怀档案》，盛宣怀《台船大略章程》，光绪十四年）。盛宣怀完全掌握了用人之权，这不仅是“外合”，实际上也是“内合”了。若无此用人权，任意任用非人，是很难达到“息争省费”的目的的。抓用人之权，并非否定“内分”，因为斗争的主要目标是怡和、太古等洋商，可以说“外合内分”主张的积极方面是主要的。

4.8 在登莱青道任上抓的几件事

盛宣怀在登莱青道任上，大力发展内河小轮航运，便利人员往来，畅通物资供销；积极疏浚小清河，使两岸农民安居乐业，不用受水灾之祸害。另外，他还做了几件值得一提的事。

鸦片战争前后，外国银元入侵，通行方便，抢夺了中国的块银纹银之权。盛宣怀出任登莱青道时，曾奉命在烟台试铸银钱，为此，他报告山东巡抚张曜：“职道到烟以来，总以钱可适用，银不亏耗为主”，来铸造银钱（见《盛宣怀档案》，盛宣怀《致张朗帅》，光绪十二年十一月二十四日），并曾将试铸的银钱送李鸿章验看。李鸿章的回答是：“银洋钱花纹甚佳。此事造端宏大，非农部同心主持，不能开办。得人尤难。钢模应缓制。”（见李鸿章《寄烟台盛道》，光绪十五年二月初六日）。李鸿章的意见是铸币牵涉到国家币制，不是一位中级官吏的道员所能承担的重任，盛宣怀只能作罢。但是，这为1896年盛宣怀创办中国通商银行后，在铸币方面坚持收回利权，并且按照商务原则铸币，打了前战。

内河小轮通航之后，也出现了新的问题，即轮船航运的安全问题。1887年5月，山东荣成县海岸“保大”号轮船失事，该地村民乘危捞抢。事后盛宣怀了解到自己“所辖境内海线广袤，岛礁林立，航行偶一失事，居民肆掠，相习成风”。这引起盛宣怀的重视，加强了对轮船航运的安全管理。“沿海编氓，有以抢滩为生业者”，于是他向张曜、李鸿章报告“请重申总理衙门奏定保护中外船只遭风遇险章程，实力整顿”。

在张曜的支持下，盛宣怀拟就了保护遇险船只章程六条，经张曜上奏，奉旨永远遵行。由此，盛宣怀顺势设立了轮船失险拯济局，自己“捐廉集资，广置舢筏，遴派能冒艰险之员，购募善泅夫役，部勒梭巡，闻警立赴，估舶渔舟借以出险者，无岁无之”（见中国史学会《洋务运动》第八册）。拯济局在保护遇险船只和人民生命财产方面，起了很大的作用，盛宣怀在实业发展过程中，关注生命与财产的保险，并开始建立相应的机构，这在国内是带有开创性意义的（见易惠莉《中国第一代实业家盛宣怀》）。

盛宣怀在登莱青道任上，发现山东烟台等地区盛产水果，品质上佳，尤其苹果、葡萄等品种，更受百姓欢迎。但是，每到水果采摘季节，由于水果运输等困难，果农反而十分着急，担心水果卖不出，烂在地里，遭受损失。于是，盛宣怀想到了水果深加工的问题，他与三品衔候选知府张振勋（又名“张弼士”）商议筹建葡萄酒厂的事宜。葡萄酒厂虽然在盛宣怀的任期内没有开办起来，但终因他的动议和筹划，在他离任几年后由张振勋创办起了张裕葡萄酒厂。

1895年4月26日,已为清政府驻英属殖民地槟榔屿(今马来西亚槟城)的领事张弼士,给盛宣怀写了一封信,在信中,张弼士对张裕试制的葡萄酒描述道:“惟该酒做出初年,必须落窖,以一年为期,第二年始能装罐,次第开售。”也就是说,张弼士的“在酒庄装瓶”,远早于法国波尔多木桐酒庄庄主菲利普男爵在1924年首倡的“在酒庄装瓶”。张裕公司早在1894年就动工兴建酒窖,耗时两年建成;后经两次改建,自1905年竣工后至今仍在使用。

张弼士在给盛宣怀的信中还说:“查该酒如自己专做,利源确有把握。必须宪台与北洋大臣斟酌,奏准奉天、天津、山东三省,他人不得再运机器冒效争利,或五十年或三十年;试办免饷,或十年或五年。一俟著有成效,然后计各酒承本之多寡,核定额税之等差。”希望政府出台政策,支持张裕葡萄酒的发展。

盛宣怀同样也还在关心着张裕葡萄酒,为此,他于1895年4月致函北洋大臣王文韶,说:“职道前在东海关任内,查得烟台、天津、营口等处所产葡萄可照西法酿酒,曾与广南槟榔屿领事、三品衔候选知府张振勋筹商酿造,并于上年延请酒师到烟试造,尽合外洋销路……现拟在烟台地方建一酒厂,曰张裕公司,集华商资本采办烟台、天津、营口三处葡萄及所种水果酿酒出售……拟请援照西例,该厂既设,准其专利三十年,凡奉天、直隶、山东三省地方,无论华洋商民,不准再有他人仿造,必俟限满,方准另设。并准以运酒出口之日起,准免税厘三年。”(见《盛宣怀档案》,盛宣怀《上北洋大臣王文韶禀》,光绪二十一年四月),表明了他扶持张裕葡萄酒发展的态度。

图 4-8 张裕葡萄酒厂旧址

5

天津海关道任上的实业作为

5.1 盛宣怀 48 岁出任天津海关道

1892 年 6 月,已经 48 岁的盛宣怀从登莱青道调补天津海关道兼海关监督,8 月正式到任。为此,清末翻译家、《民报》主编、苏州吴县人沈毓桂为恭贺盛宣怀,曾写道:"盖津海为畿辅屏障,北洋锁钥,需才既亟,理治维艰。今得观察持节其地,上佐爵相调剂中外之情,运筹帷幄之地,无不得心应手,固应裕如。真所谓非常之事,必待非常之人任之"。天津海关道旧址见图 5-1。

图 5-1 天津海关道旧址

李鸿章在 1892 年上奏清廷的《盛宣怀调津关折》中,是这样评价盛宣怀的:"兹查有头品顶戴东海关监督登莱青道盛宣怀,江苏武进县人,自同治年间奏调军营,随臣到直,历办海防洋务,均能洞中叠要,叙经委署天津道海关篆,措置裕如。光绪十二年六月奉旨简放东海关道,该道志切匡时,坚忍任事,才识敏赡,堪资大用。前委创办轮船招商局,两次收回旗昌各轮船码头,并增置新船多只,历年与洋商颉颃,挽回中国权利,关系通商大局,该道力任艰巨,为人所不能为。又光绪六年以来,随臣创办电线,绵亘十七省,腹地以迄东三省、朝鲜、新疆各处，东与俄罗斯、日本，南与法、英、丹各国，水陆线相接，遇有军国重要事件，消息灵捷，均赖该道心精力果，擘画周详。”（见李鸿章《盛宣怀调津关折》，光绪十八年五月二十四，《李书·奏稿》，74 卷）。

天津既是中外贸易的重要通商口岸，也是直隶总督兼北洋通商大臣的行署所在地。关于“天津海关道兼海关监督”这个职位，据有关文献介绍，天津“关道专管中外交涉及新钞两关税务，兼充北洋海防翼长，联络统将布置行营事宜，其责任繁重，非他省关道可比”。盛宣怀“所管轮、电两局，事机重要，而电线接展，动关外交。北洋、译署互商密件，文忠辄引府君参与其间，竭诚酬知，日有献替”（见中国史学会《洋务运动》第八册）。这表明盛宣怀这位天津道，不仅仍掌管着轮船、电报等大型实业，而且还是北洋参谋部的要角，足见其地位与任务之重。

应该说盛宣怀在登莱青道任上的六年，是清政府内政与外交相对平静的时期，而从盛宣怀上任天津海关道之后的四年，却是日本侵略战火弥漫，地当沿海要冲的天津，很不平静的四年。

盛宣怀刚被任命为天津海关道时，由于山东登莱青道上的有些工作还不能离开，当时轮船招商局与怡和、太古的价格战正打得十分激烈，1892 年 7 月，招商局股票跌至六十两。盛宣怀“函请郑观应来烟台商谈三公司和局事，拟请郑重入招商局以事整顿加强竞争能力”。

同年 8 月，盛宣怀正式上任天津海关道后，为了增强招商局与怡和、太古的抗争能力，他强调招商局要加以整顿。1893 年 1 月 15 日，郑观应“拟整顿招商局十条，主要内容是开源节流，盛逐条加批语。多数同意郑的意见”。1 月 23 日，盛宣怀禀李鸿章札：郑由帮办升任“会同办理”商局。3 月 30 日，盛宣怀派郑观应溯长江西上，稽查各招商分局利弊，以为整顿的依据。经过盛宣怀、郑观应等人的努力，4 月，招商局、怡和、太古三公司重新签订了齐价合同。

与此同时，盛宣怀抓住架设电线的工程不放，为了电线工程上的需要，1892年9月27日，盛宣怀与天津瑞生洋行订购十二吨六重三心水电线合同。1893年4月，又与天津瑞生洋行订立购买电线器材的合同。

1893年9月，由于上海机器织布局的一场大火，使得盛宣怀在天津海关道职位上屁股还没有坐热，就又被派往上海，负责重建织布局。11月26日，盛宣怀"奉到规复上海机器织布局札委"。12月8日，他"自津抵沪，从事规复织布局重任"。经过四五个月的努力，当华盛纺织总厂的重建走上轨道之时，他于1894年3月回到天津海关道任上。

不久，正逢李鸿章巡阅海军，要他随行，盛宣怀因正患病而请假回沪休息，未陪同李鸿章出巡。但没有多久，中日战事发生，盛宣怀不得不销假，抱病主持天津海关道的工作（见易惠莉《中国第一代实业家盛宣怀》）。

5.2 与怡和、太古签订的第四次齐价合同

外国轮船公司在中国的水域中，与招商局进行争斗，往往凭借着他们的轮船设施相对先进一些，管理水平相对高一些，燃料消耗相对低一些，在运输成本上存在一些空间，而在资金的拥有或周转上又有明显的优势，借此与招商局打价格战。

招商局与怡和、太古公司是老对手，为了缓和彼此间的恶性竞争，1877年12月26日，三公司签订了第一次齐价合同。1883年3月三公司签订了第二次齐价合同，由于中法战事的原因，合同执行中断。1886年3月，盛宣怀担任督办之后，招商局与怡和、太古公司又签订了第三次齐价合同。

由此，招商局在盛宣怀的领导下，采取了较为有效的措施，很快得到恢复和发展。票面值每股一百两的股票，从1884年的五十两，很快恢复到一百两至二百两之间。洋债逐年按数偿还，官款亦得以逐步归还。形势越来越好，这使怡和、太古两个老对手坐不住了，趁1890年齐价合同届满时，又采取以往的老办法，企图再次通过跌价与招商局一争高低。

太古公司抢在前头，“始则七八折，继而五六折，三四折”，后来“竟跌至一折或五厘”。怡和公司步其后尘，也将价格“跌至一折”。招商局面对此种情况，为了争取客户，被迫将价“跌至二折者，亦有跌至三四折者”，招商局的股票也随之大跌。

由于盛宣怀时任山东登莱青道，当时主要的精力在山东，但是作为招商局的督办，他随时都在关注着招商局与怡和、太古之间的竞争。招商局汉口分局施肇英向他请示对策时，他认为：“太古滥放水脚竟至一成，实属不成事体。我局与怡和仍宜随时会商，总以四成、三成五为率。如果一成即任太古全装。好在船期不同，亦不能全无生意。”（见《盛宣怀档案》，盛宣怀《盛宣怀复施子卿函》，光绪十六年闰二月十六）。根据盛宣怀的经验与判断，太古将运价减至一成的赔本生意是做不长的，为了对付太古，招商局应该联络怡和，但他又提醒施肇英：“既防太古明与倾轧，亦须防怡和暗中损我”。对太古、怡和都要保持十分的警惕，以利各个击破。

为了对付外轮公司的恶性竞争，盛宣怀采取了几项果断的措施来增强招商局自身的竞争力。首先，要求各地商局职员想方设法招揽客货。他说：“三公司已经毁议，全在揽载认真，方免蹚乎其后。”又说：“三公司分开，彼此争斗各不相下，全在联络官商相机因应。”而这方面恰恰是招商局的优势。他要求九江、汉口、福州等地分局，抓紧夏秋新茶上市之机，“务须妥为设法招徕，能与各栈家暗中商议，给予全年一成回用，使货物全装局船，以和定为止。则所损小而所益多。”（见《盛宣怀档案》，盛宣怀《盛宣怀致梅西函》，光绪十六年闰二月十七）。经过各地商局职员的努力，招揽到了很多客商。其次，他通过李鸿章争取政府的帮助。他致函给会办严潆，告诉他：“太古负气跌价颇伤大局，若果无和议，已密请傅相与总署、户部商定，设法酌加厘金，以客商所省之水脚暗加厘金之上”，以“酌贴商局”。根据盛宣怀的测算：“大约本局经费连汇丰利息需用一百五十万两，照此能否收进八十万两，所短七十万两，拟请国家津贴，以三年为度，想必怡、太可以自退矣。”（见《盛宣怀档案》，盛宣怀《盛宣怀致严潆函》，光绪十六年闰二月初四）。由此，增强了招商局的底气。第三，盛宣怀要求参与和怡和、太古谈判的招商局代表，既要坚持原则，又要注意灵活性。为了增强谈判力量，他引荐在轮运方面具有经验并于先前曾在招商局担任过帮办的郑观应入局，参与谈判（见易惠莉《中国第一代实业家盛宣怀》）。

在具体谈判过程中，盛宣怀一再为招商局代表出主意。1891 年 11 月 6 日，他致函陈辉庭，商议与怡和矛盾的问题，认为分数彼要比去年冬议多三分，“弟断不能允，宁可亏本再斗，决不能为大局失此体面。” 11 月 8 日，又致函陈辉庭，为“齐价合同”事，提出二策：“一、长江准其不减，天津亦不加。二、天津加二分，长江现减二分，候其添一大船即加还他二十七分。他说本局局面虽不在乎二三万，而面子不能不顾。” 11 月 21 日，盛致函陈辉庭：“请将我实在主意切实告知怡、太两家，如若它们不让步，我即赴津京请将漕米归本局包运，再请海军衙门将土药厘金酌提二十万两一年津贴商局，这样，‘虽一百年亦不再议和矣’。”

经过多次的谈判与较量，怡、太两家已经认识到招商局是不会让步的。1892 年 6 月，盛宣怀被任命为天津海关道兼海关监督，怡、太进一步看清了招商局谈判代表背后的底气。这样，1893 年春，招商局与怡和、太古公司终于签订了第四次齐价合同，并付诸实施。招商局的股票从 1890 年的每股五十两又上涨到了1893年的每股一百四十两以上。

5.3 一场大火，打乱了盛宣怀的计划

1892年6月，盛宣怀在登莱青道任上足足干了六年，李鸿章奏准调任他正式担当了“地方洋务关系钜要”的天津海关道，盛宣怀踌躇满志地准备在实业上大干一场。1893年4月5日，一直受盛宣怀关注的汉阳铁厂，又传来了郑观应自汉口给他的信息，“告以张之洞的汉阳铁厂恐办不下去，请作好接办准备”，对在实业上想有更大作为、并且对钢铁业情有独钟的盛宣怀来说，接办汉阳铁厂具有很大的吸引力。然而，事不凑巧，1893年10月19日上海机器织布局的一场大火，打乱了盛宣怀原先的计划。

中国最早的纺织厂——上海机器织布局，是在1878年由前四川候补道彭汝琮倡议兴办，经李鸿章、沈葆桢奏准设立的。厂址设在上海杨树浦。彭汝琮因筹集资金困难，1880年进行了改组，李鸿章奏请朝廷拨付官款，并派候选道郑观应、江苏候补道龚寿图等主持，采取官督商办的办法，并请准享有专利10年。规定10年内只准本国商人附股搭办，不准另行设局。上海机器织布局遂订购英、美两国轧花机、纺纱机、织布机等全套设备，它是清末最大的机器棉纺织工厂。

由于美国技师的刁难，封建官吏营私舞弊，抽逃资金，筹建工作几乎陷于停顿。1887年、1890年、1891年又数次改组，最后由天津商界名人杨宗濂（他是盛康、盛宣怀的好朋友）、杨宗翰兄弟主持局务。1890年投产后织布局在杨氏兄弟经营下，经过三年，已有纺锭35 000枚，布机530台，雇工约4 000人，营业方始兴盛，每月可获利白银12 000两。

上海机器织布局正在方兴未艾的时候，1893年10月19日，这天，离上海开埠50周年纪念日，还有不到一个月。早晨7点半左右，上海机器织布

局的机器已经运转起来了，清花机每分钟 1 400 转，清好后的棉花即成松软的棉絮，引缠在卷轴上。不知是何硬物碰着锤子，机器又转动得飞快，铿锵撞出火星，引燃了松棉絮。工人们见棉花堆里起烟，扒开探视，却为燃烧提供了大量的空气，火势猝发，顷刻冒穿屋顶。大火一直烧到下午 5 时，偌大的厂房，无一寸未成焦土，机器销熔，变成了一堆废铁。

这场大火可以说是一切不利因素综合的结果。首先，屋面是用牛毛杂以他物捣成的，极易着火，火势蔓延飞快；其次，虽说厂房紧挨着黄浦江，取水灌救应该相当方便，但是消防设施不给力，平时保养不够，皮带已有损坏，不甚灵便，起水不多，反致皮带、洋龙被火烧毁；最后，工人缺乏消防训练，平日从不演习，临时仓促灭火，甚至有的工人还把龙头倒接着去救火。

最被寄予厚望的消防队最不“给力”。那时，华界内的救火设施与组织还很落后；而租界内的消防制度、消防设备在当时是全中国第一流的。之前，上海道台衙门失火，烧毁花厅，幸亏租界救火队的支援，才用龙头将火扑灭。由于有过这样的先例，织布局将希望寄托于“洋枪队”。织布局总账房潘纯穗约同翻译尤葛民、副账房沈希生等三人先往老巡捕房，恳求总巡捕头救火，捕头以在租界之外不能前往救助予以回绝；潘等继而寻求美捕房、救火会、会审公廨，四处求救、四处碰壁。足见，在关键时刻洋人是最靠不住的。

一场意外的大火，使数千工人流落街头，哭声震天。局中大部分机器设备被烧毁，损失约值白银七十万两。李鸿章倾十四年心血一手创办的这家中国最早的棉纺厂，付之一炬。李鸿章毫不犹豫地将杨宗濂、杨宗瀚就地免职，决定委派盛宣怀负责重建织布局。

李鸿章在织布局遭到挫折时没有后退，而是认为中国纺织业一定要做到“所纺之纱与洋纱同，所织之布与洋布同。庶几华棉有销路，华工有生机，华商亦沾余利”。因此，织布局必须立即着手恢复。李鸿章认为盛宣怀“于商务洋务，尚肯苦志研求”，决定委派盛宣怀负责重建织布局。社会上也公认“盛宣怀的身份、势力和财力都适宜于担当此任”。

此时，铁厂与织布局孰轻孰重，在盛宣怀的心目中，已经十分明确了，他毅然放弃了接办张之洞汉阳铁厂的想法，立即投入重建织布局的工作中。

5.4 盛宣怀重建华盛纺织总厂

1893 年 11 月 26 日，盛宣怀“奉到规复上海机器织布局札委”。12 月 8 日，他“自津抵沪，从事规复织布局重任。”。

盛宣怀面对变成一片废墟的织布局，面对痛不欲生、流落街头的工人，面对曾经是自己的恩人而又受到重创的朋友杨宗濂兄弟，面对曾经为织布局付出十四年心血的老上级李鸿章，他毅然把重建织布局的重任担当了下来。就这样，盛宣怀尽管刚出任天津海关道不久，却又回到上海来重建织布厂了。

盛宣怀在接受此重任之后，把已经有一定工作经验的儿子盛昌颐与他的五弟盛星怀，都带到被烧成一片废墟的织布局，一方面让他们做一些最基础的工作，如清理账目，清理织布局以往的档案资料，清点、整理尚存的机器设备，组织工人清理、清扫被大火烧毁的厂房等；另一方面，也是让他们在困难面前得到一些历练。

盛宣怀在接受重建织布局的任务之后，遇到的第一个问题就是结束之前的账目遗留问题。经过盛昌颐他们的清算，织布局官款二十六万五千余两，商股五十五万四千余两，其他股份约二十万两。如何来归还官款与商款，盛宣怀“与原织布局总办杨宗濂等协商，结束前账，招股集资，很快有了头绪”。他一反通常先官后商的做法，而主张“所欠官款，悉归以后局厂按每出纱一包捐银一两，陆续归缴”。而非官款的损失，对织布局的地产等进行估价，所剩价值十余万两，盛宣怀以此“售以新商”，他把这仅剩的十余万两全给商家摊派，“按旧股一千两先摊得二百两，填新股票，一律取利，其余旧股八百两，等新商获利陆续抽捐归补”。

盛宣怀在结束前账的同时，积极筹备新厂。首先确定筹款百万两，他敦促上海、宁波、苏州三地绅商认购股份六十万两；不足之数由招商局、电报局等企业随时挪补。为此，在这期间他几次返回苏州筹款，这样不到两个月，百万两资本已经就绪了。

1893 年年底，盛宣怀即委托天津信义行满德在英国劳得等厂购办纺细纱机一百十座，计四万零四十锭子，共计英金五万一千二百七十磅十六先令。

盛宣怀为了照顾商股的情绪，将原来官办性质“织布局”的名称，改为商办性质的企业名称——华盛纺织总厂。1894 年 2 月 17 日，他亲赴南京拜访总督刘坤一，为新建的华盛纺织总厂在江苏、浙江设分厂征求他的意见。不久，总厂决定在上海、镇江、宁波等地再设十个分厂，计划设纱机三十二万锭子、布机四千张。

1894 年 4 月 27 日，“华盛纺织总厂的建设接近完成。‘神旅’号轮船已抵吴淞，载有六百箱纱锭，‘巴拉梅’号轮船另载来五百箱纺织机器设备”。由于设备的引进，5 月 1 日，盛宣怀先后与美国人哈顿、威林顿订立了雇用合同。6 月 5 日，盛宣怀“禀南北洋大臣为华盛进口机器三年免税”，请求政府给予支持。

纺织厂的恢复速度比想象的还要快，不到一年，于 1894 年 9 月 16 日就投产了，工人重新回到了纺纱机、织布机面前，脸上又出现了笑容；商人的损失逐步得到了补偿；李鸿章要把纺织业做大的愿望也实现了。

华盛纺织总厂的重建，对苏州及江南纺织业的发展起了很大的推动与促进作用。1895 年,张之洞提议在苏州办纱厂和丝厂。资金由官方向苏州、松江、常州、镇江、太仓五地典当业为主的商人借银 547 600 两。这些典当主既是债权人,又是股东。工厂于 1897 年建成,在工厂的筹建与发展过程中,如厂房的设计、机器设备的选用、工人技术的培训、企业的管理,等等,负责人都借鉴了华盛纺织总厂的经验。

张之洞得知盛宣怀署理织布局的事宜果敢、得力的消息后, 1894 年 2 月 17 日,上奏朝廷委派盛筹办湖北纺织局,说将来此厂办成,即委该道兼充总理局务,以资整饬,但盛未就。

华盛纺织总厂的重建,使盛宣怀掌管的实业由原先的轮船、电报,又扩展到关系国计民生的纺织业。

5.5 甲午岁月,轮船、电报为战事出力

1894 年 3 月,当华盛纺织总厂的重建开始走上轨道之时,盛宣怀回到天津海关道的任上。不久,李鸿章巡阅海军,要盛宣怀随行,他因正患病而请假回沪休息,未陪同李鸿章出巡。

光绪二十年(1894 年),岁在甲午。

1894 年 6 月,朝鲜政府请求中国协助镇压东学党起义,清政府派兵三千人赴朝,进驻牙山,日本借机也出兵一万人赴朝鲜。不久,朝鲜政府同东学党妥协。清政府命入朝军队集结牙山,准备撤回,同时要求日本撤军。日本拒不接受,随后挑起武装冲突,企图以武力控制朝鲜,清政府为增援牙山孤军,决定增兵朝鲜。

随着战事发生,盛宣怀不得不销假,抱病主持天津海关道的工作。

战事进展神速，北洋大臣李鸿章遵奉两宫圣旨，迅即出兵。他在战前动员大会上发令道："各部门、前后方须通力合作，奋勇杀敌，将倭人赶出朝鲜。本部堂命令提督衙总兵马玉昆率武毅军两千人从旅顺出发，高州镇总兵左宝贵统奉军三千五百人、盛京副都统丰升阿率奉天练军一千五百人，均从奉天出发。""命卫汝贵所部盛军六千人从天津出发，与马玉昆军都在鸭绿江口大东沟登岸去平壤。"

李鸿章并对卫汝贵指出："盛军军纪在淮军各大支军队中历来最差，汝此去平壤，须特别注意整肃军纪，爱护朝鲜民众，如同家人。"

李鸿章接着又喊道："海关道盛宣怀听令！"并对盛宣怀说："两军交战，你经办的事最多、最急、最杂，应以军需转运为主，并为本部堂参谋策划。目前最要紧的是火速派船运送旅顺马玉昆的毅军和天津盛军去大东沟登岸，同时，速令奉天电报局和朝鲜境内我方设立的各地电报分局保持线路畅通无阻，不得延误军情。再，立即查清各地所存大炮、枪支、弹药数量，以备调度，并收集开仗情况每天向本部堂禀报。"

李鸿章在发布完命令之后，盛宣怀立即部署轮船、电报两局，适应战事需要，迅速行动起来，首先是要招商局调配船只，为运送军兵、军饷及枪支弹药作好安排，电报局要求各分局迅速派员检查沿途线路情况，确保线路畅通无阻。

清政府为增援牙山孤军，派北洋海军"济远""广乙""威远""操江"等舰船，护送运载援兵的"爱仁""飞鲸""高升"三轮（均为雇用的英国商船）赴朝。

7月23日，"威远"护卫"爱仁""飞鲸"两轮自牙山返航。25日晨，"济远""广乙"两舰也自牙山回航，接应正向牙山驶来的"高升""操江"轮，当驶至牙山湾口丰岛西南海域时，突遭日本联合舰队第一游击队巡洋舰“吉野”（旗舰）“浪速”“秋津洲”的截击，“高升”号轮船被日军击沉，“济远”“广乙”号被击伤，这就是史上有名的丰岛海战，日本发动了侵略朝鲜和中国的战争。

李鸿章立即命盛宣怀致电率军进入朝鲜的卫汝贵，须抢在日军之先，迅速赶到平壤。

25 日，盛宣怀以中国电报总局督办的名义，电告各分局：日本已开战，不准再为日商拍发密码电报，否则必将严惩。电文说：“通饬各局，倭兵已在牙山开仗，各局自今日起，除中国官报、公报密码照发外，凡商报无论华洋文，密码均不准收，明码应听局中细看，如有关涉军务者亦不收发，如有违误，定惟局员、学生是问。至各国公使及总税务司，如收发密码报，须将密本送局查看，在京请示总署，在津请示督署，方准收发。”

8 月 1 日，中日正式宣战。

5.6 《马关条约》签订，盛“病榻拊膺长叹”

1894 年 7 月 25 日，丰岛海战中“高升”号轮船被日本击沉。为了防止招商局的轮船遭受日军的攻击，当天，盛宣怀致函轮船招商局会办沈能虎、郑观应，提出“拟将津沪轮船六号明卖于怡和或汇丰，明立售约、欠银约各一张，暗立事竣还局密约一张，也即‘明卖暗托’”，希望通过这种方式，让招商局的轮船暂时悬挂英国的国旗，继续通航，以承担战时所需要的人员、物资、军火的运输。8 月 7 日，他又致函郑观应，提出：“局船除北洋不走外，长江照旧开行。同意将有些轮船归外商代理的意见”。

10 月 13 日，盛宣怀致函沈能虎、郑观应，“与英商元丰顺洋行斯毕士议售‘求清’轮船一艘，拟定规银四万两，请郑观应、陈猷与斯毕士同赴奥国总领事署内签押过户，收银换旗”。10 月 23 日，盛宣怀致函沈能虎、郑观应：“与信义洋行李德议售‘海琛’轮船一艘，拟定规银六万两。请郑观应、陈猷即与李德同赴德领事署内签押过户，收银换旗。”11 月 3 日，郑观应第四十八号信说：“礼和洋行四船（新裕、海定、丰顺、美富）业已交易换旗。”在日本侵犯中国的紧要关头，盛宣怀要求招商局的轮船，改悬英、德等国的旗，从而不受战事的影响，继续坚持运营，为前方作好后勤保障。

战争先是在朝鲜境内展开，双方激战数日，清军连战连败，渐渐退入中国境内。

1894 年 9 月，平壤之役，追随卫汝贵赴朝鲜参战的盛宣怀五弟盛星怀在前线阵亡。消息传到天津，盛宣怀悲痛欲绝，忧劳愤激，一病几殆。身患重病的盛宣怀先是仍然坚持工作，后来病益沉重，只能请代理关道黄花农暂时署理。

9 月 16 日，黄海大战，北洋海军提督丁汝昌率北洋舰队护送招商局的轮船运兵至鸭绿江口大东沟登陆。不料这一军事秘密事先已被日方从美国人那里得知。17 日上午，北洋舰队准备返航时，突遭日袭击。丁汝昌立即下令迎战，“致远”舰管带邓世昌，为保护旗舰，沉着应战，在舰身中弹太多、严重倾斜、弹药即将用尽时，下令开足马力撞向日舰。

11 月 21 日，日军攻陷旅顺，连日大肆杀掠，震惊中外。

眼看着日军的肆无忌惮，盛宣怀恨自己不能上战场，他只能“上书枢府译署，请募德弁，练新兵，购快艇，协助海军，当轴意少动”。

盛“履请起用前台抚刘铭传，廷意初不以为然，事急召之，刘不出”。

国难当头，盛宣怀“奉委办理东征转运，甚棘手”时，有人却“诬劾盛以采买兵米侵蚀浮冒等。旋由李鸿章查复，奏称：前敌军米奏明饬由臬司周馥、道员袁世凯就近在奉天采买，畿防防军米向由各统将自行购备，该道但司转运，并未经手采办，无从浮冒。至天津招商局北栈被火，所毁商米杂货，均系客商存件，并无官米在内，该道无从侵蚀。奏入，奉旨毋庸置疑”。（见夏东元《盛宣怀传》，499 页）

1895 年初，因各路官军一路战败，迫于形势，在美国驻华公使田贝的斡旋下，清廷派出张荫桓、邵友濂为全权代表，赴日本议和，但却遭到日方的拒绝。

2 月 1 日，日军继攻陷威海卫南帮炮台之后，又占领北帮炮台，北洋大部分军舰被击沉，海军提督丁汝昌以死谢罪。日军陆路也从鸭绿江防线突破，向九连城和栗子园进攻。淮军力不能支，在此情况下，清廷又紧急奏调两江总督刘坤一出任钦差大臣，进驻山海关，抵御日军的进犯。

为了尽快结束战争，清廷于 2 月 12 日，改派李鸿章赴日议和，此刻盛宣怀因病，已离任卧床多时。得知李鸿章离津进京请训，盛宣怀抱病相送，离别时，双方都因战事带来的困惑而无可奈何。

1895 年 4 月 17 日，李鸿章在日本与日首相伊藤博文签订了《马关条约》，中国割让辽东半岛、澎台全岛，赔款两亿两白银。盛宣怀得知此消息，在“病榻拊膺长叹”。盛“以宿疾频作，未老先衰，阴有退志，屡请开缺，不准”。

6

铁厂、铁路、银行三者一手抓

6.1 向朝廷陈“练兵、理财、育才”三大政

1895年的中日甲午战争结束后，当年7月19日，即《马关条约》签订后的第94天，光绪皇帝发出一道谕旨，宣称“当此创巨痛深之日，正我群臣卧薪尝胆之时”“况当国事艰难，尤应上下一心，图自强而弥祸患”，并提出救亡图存的六项“力行实政”。

1896年10月20日，盛宣怀因修建铁路事被光绪皇帝授予专折奏事特权。11月1日，在他获得专折奏事权之后，上的第一个奏折就是《条陈自强大计折》，陈练兵、理财、育才三大政及开银行、设达成馆诸端。

盛宣怀在该奏折中说：“泰西诸邦，用举国之才智，以兴农商工艺之利，即借举国之商力，以养水陆之兵，保农工之业。盖国非兵不强，必有精兵然后可以应征调，则宜练兵；兵非饷曷练，必兴商务然后可以扩利源，则宜理财；兵与财不得其人，虽日言练，日言理，而终无可用之兵、可恃之财，则宜育才。”他将练兵、理财、育才三者有机地联系起来，作为治国的要务。

盛宣怀在奏折中历数绿营和湘军、淮军练兵的弊端，指出“自甘废弛，军制愈纷，饷力愈绌，兵气愈弱”。他提议“举绿营勇营悉去之”的淘汰法，“参酌西法，简练新兵三十万”“选户籍可稽，未经犯罪，年在二十以上二十五以下，体质身干合格者录为常备兵，入营教练，期以三年退为预备兵，亦期三年退为后备兵，亦期三年退为民兵，期以五年除其兵籍”。他认为常备、预备、后备相结合的兵役法，好处很多，“兵皆土着，游惰不录，其利一；更迭进退，室家可归，其利二；事至征召，人皆练习，其利三；事毕归农，不流为匪，其利四”。新练的军队应该是“各镇营制饷章，统归一律；各营枪炮器械，统归一式”。

强兵必须以雄厚的财富为后盾，盛宣怀认为“理财有二义，开源节流尽之矣”。“开源”即“广制造，兴矿政”，大力发展新兴的工商实业。开源的同时

必须节流,"节流"首在塞漏卮,即与洋商争利。他说:"欲求足国,先无病民;欲收商利,在挽外溢。"为此,必须免厘加税,即"径免天下中途厘金,加关税值百抽十。""免厘则出口土货易于流通,加税则进口洋货或渐减少。取益防损,利在无形。所谓足国而不病民,且阴以挽外溢之利者此也。"盛宣怀的"足国而不病民"的思想,实际是"藏富于民"的想法,他认为只有加快发展经济,才能使国家强盛。

发展实业,除了人才,必须有充足的资本,否则开源节流就是一句空话。资本,不能主要靠借外债,而应在国内开发财源,这就必须办中国人自己的银行。银行有"聚举国之财为通商惠工之本"的枢纽作用,它不仅可以集腋成裘,变外债为国债,"不受重息之挟制,不吃镑价之亏折",且能自行铸币,赶走洋钱,成为与洋商竞争的重要手段。

强兵也好,理财也好,都必须有与之相适应的人才,否则将一事无成。为此,盛宣怀将培养新式人才置于首位。他建议中国各省除设一所武备学堂外,再应设立一所综合性的学堂,"教以天算、舆地、格致、制造气机、矿冶诸学"。

盛宣怀认为练兵、理财、育才三大政,必须抓紧办,否则"年复一年,外人眈眈视我,一无足恃,肆彼要求,得步进步。无兵则不能保守利权,无饷则不能充养兵力,二者互为掣肘,甚至洋债不能再借,边土不能自保,至其时,始悔七年之病,不蓄三年之艾,殆已晚矣!"(见《盛宣怀档案》,盛宣怀《条陈自强大计折》,光绪二十二年九月二十六)。

甲午战败之后,盛宣怀的思想认识也得以升华,他将发展实业与强军强国更紧密地联系在一起,而要做好这一切,关键是"人才"。(见夏东元《盛宣怀传》)

6.2 充分准备,迎接实业发展的新机遇

甲午战败之后,盛宣怀逐步形成了“练兵、理财、育才”治国三大政的思想,他认为当务之急也是他力所能及的是办学,抓紧为国家培养人才,于是1895年秋他开办了北洋大学堂,1896年春又在上海筹建南洋公学。

甲午战败之后,朝野上下欲“图自强而弥祸患”的声浪一浪高过一浪,而盛宣怀创办实业所取得的业绩,使他的声望越来越高,这使盛宣怀已经感悟到,实业发展的新机遇即将到来,他也感知朝廷将有更大的责职要让他来承担,使得他对“广制造,兴矿政”,大力发展新兴的工商实业,有了更高更长远的期许。

由于受战事影响,轮船、电报两局之前处于战事状态,现在战局已定,必须抓紧做好善后,准备迎接新的机遇与挑战。

1895年6至7月,盛宣怀命轮船招商局“将去年‘明卖暗托’于德、英等国洋行企业的招商局二十艘轮船全部收回”,要求招商局所有的轮船都挂中国自己的旗帜航行,大量揽载沿途的客货。8月17日,他又致函郑观应说“自七月十三起仍照局、怡、太三公司齐价合同办理,以免猜忌争衡。换旗讼师费每船应照章五十两”,强调在目前的局势下要防止与外商恶性竞争。1896年4月27日,盛宣怀电直督王文韶,禀报自己正“沿江查察各招商分局,今日到汉”,要求各分局齐心协力,多多揽载客货。为了保障电线架设工程的顺利进行,12月17日,盛宣怀与日本商人永原壮二郎订购买电碗等电线器材合同。

对于由他负责重建的华盛纺织总厂,为了保证生产的正常运行,1895年5月1日,他与美国技师哈顿、威林顿续订了雇用合同。总之,盛宣怀很清楚,要实施“练兵、理财、育才”三大政,首先必须让自己经办的实业正常运转,要让企业创造财富,才有可能去做其他的事。

尽管他此时已不在矿业任上，但他始终还关注着国家的矿权不能落入外人手里。1895 年 12 月 27 日，他电告王文韶：观音山矿苗胜于漠河。如家有窖藏，强邻觊觎。建议宜速抢挖，归漠河矿厂并办。

为落实清廷"救亡图存的六项'力行实政'，把修建铁路置于首位"的懿旨。张之洞响应说："方今时势日急，外患凭陵，日增月盛，富强之计，首以铁路为第一要图。"（见张之洞《铁厂煤矿招商承办截止用款片》，光绪二十一年八月二十八）。1895 年（光绪二十一年）冬，"廷旨以卢汉铁路工程亟当举办。命直、鄂二督王文韶、张之洞会筹，二人酝让认为盛宣怀堪胜此任。"

朝廷刚传出要盛宣怀担当修建卢汉铁路大任的消息不久，又得到张之洞要他承办汉阳铁厂的电讯。1896 年 2 月 23 日，"张之洞有意要盛承办铁厂，盛电告张之左右手恽莘耘表示：愿承办铁厂，拟于下月送李鸿章出洋后，到鄂勘议。如张之洞意定，必当竭力为国家筹计远大，绝不存丝毫私见。" 3 月，刘坤一招赴江宁，商议新政条陈。随后张之洞约往湖北，商议铁路、铁厂等事。遂奏准由盛宣怀接办湖北汉阳铁厂，任铁路总公司督办。

盛宣怀已经为在实业上大干一场作充分的筹备了。

6.3 取得"专折奏事特权"，督办卢汉铁路

《马关条约》签订后，面对日方的巨额赔款，清廷无奈，光绪皇帝"下诏自强"，责成开销巨大的汉阳铁厂及其他洋务企业招商承办。1895 年 7 月 19 日，光绪皇帝提出救亡图存的六项"力行实政"，同时很自然地又把修建铁路置于首位。于是，朝廷上下一致地将修建铁路又放上了议事日程。

"富强之计，首以铁路为第一要图"，但究竟先造哪一条铁路众说不一。李鸿章为了扩展和巩固北洋的地盘，力主修建天津至通州的路段，他十分注

重有利于战事的沿海的东段；张之洞则主张在中部地区筑路，中部是国家的腹地，可进可退，一旦南北向的铁路建成，与东西向的长江成十字交叉，中国的交通脉络，就发生质的变化了。这时，除了顽固派反对修筑所有的铁路外，多数人主张先造既是主干、分布又适中的卢汉铁路。盛宣怀认为“中国幅员广袤，边疆辽远，必有纵横四境诸大干路，方足以利行政而握中枢。”

张之洞主张“宜先择四达之衢，首建干路以为经营全局之计，以立循序渐进之基”的自卢沟桥经河南达湖北汉口的卢汉铁路。张之洞说这条路是“铁路之枢纽，干路之始基，而中国大利之所萃也”（见张之洞《请缓造津通铁路改建腹省干路折》，光绪十五年三月初三）。

卢汉铁路（即京汉铁路，由于民国时期，北京称为“北平”，所以它又被称为“平汉铁路”）是甲午中日战争后，清政府准备自己修筑的第一条铁路。

之前，为了修筑卢汉铁路，清政府曾允诺每年拨款 200 万两白银备修路之用。每年 200 万两银子对于生产铁路所需的钢轨以及修筑铁路这样庞大的工程无疑是杯水车薪，然而清政府仅仅拨了一年款，就因东北局势紧张，停止了拨款，下令“移卢汉路款先办关东铁路”。《马关条约》签订后，清政府又决议要兴建卢汉铁路，但是之前所遇到的难题，不仅一个都没有解决，因又增加了对日本的赔款，修筑铁路的困难比起之前来说，变得难上加难。

面对这种困难，盛宣怀并没有退缩，因为他清楚地看到，此时朝廷的决心基本已经下了，在这个大前提下，如何去实现，那就事在人为了，应该来说这是修筑铁路的大好时机。但是，他又意识到朝廷要修筑铁路，第一个遇到的问题是西方列强必然要来争夺办铁路的利权。

于是，1896 年 4 月 27 日，盛宣怀向直隶总督王文韶陈述办铁路的方针时，强调“权自我操，利不外溢，循序而进，克期成功”，表明了他在办铁路上中国人应自己掌控利权的立场。同年 7 月 27 日，盛宣怀在给王文韶、张之洞的报告中说："铁路之利远而薄，银行之利近而厚。华商必欲银行、铁路并举，方有把握。"也即"银行铁路应一气呵成"，他认为将铁路、银行通盘考虑，有利于实现目标。

1896 年 9 月 2 日，张之洞向清廷推荐"由盛宣怀督办铁路最为适当，因盛兼商业、官法、洋务三者之长"。

之前，盛宣怀曾为给未被予"专折奏事特权"，而不愿任铁路督办，也就是说，在他看来，如果要我来督办铁路公司的话，就非得给我与皇帝对话之权不可，不然事情就难办得通。这是因为他深知在清政府这些官僚机构中办事是如何之艰难、曲折。

1896 年 9 月，盛宣怀奉上谕"王文韶、张之洞会奏请设铁路总公司，并保盛宣怀督办一折，直隶津海关道盛宣怀著即饬令来京，以备咨询"，要求盛宣怀随时准备接受皇上召见。10 月 19 日，光绪帝召见盛宣怀，谈修筑铁路、练兵、理财、育才等事。光绪帝倾听动容，说诸臣皆不知之，患在因循耳。10 月 20 日，盛宣怀奉命"以四品京堂候补督办铁路总公司事务"，并被授予"专折奏事特权"。

盛宣怀有了"专折奏事特权"，下决心大干一场，他以湖北武汉为中心，要把中国的北方与南方紧紧地连在一起。1896 年 11 月 12 日，盛宣怀电告王文韶、张之洞："今因铁厂不能不办铁路，又因铁路不能不办银行。这就要铁厂、铁路、银行三者一手抓。"11 月 16 日，盛宣怀驰抵天津，与直隶总督王文韶商议，于上海设立铁路总公司，在天津、汉口设分局，由此开始了他历经十年督办卢汉铁路修筑的历程。

1897 年 1 月 6 日，铁路总公司成立于上海，先造卢汉干路，其余苏沪、粤汉次第开造，不再另设公司。

6.4 盛宣怀督办汉阳铁厂，铁厂改归商办

1889年，张之洞被清政府任命为湖广总督。之前他在广东任职时，就曾有创办铁厂的设想。张之洞认为“以今日自强之端，首在开辟利源，杜绝外耗。举凡武备所资枪炮、军械、轮船、炮台、火车、电线等项，以及民间日用、农家工作之所需，无一不取资于铁”（见张之洞《筹设炼铁厂折》，光绪十五年）。随着他职务的变动，他把自己创办铁厂的想法，寄希望在湖北实现。

当时盛宣怀听说张之洞要办铁厂的消息，即电告张说：“湖北煤铁，前请英矿师郭师敦勘得。如果开办，仍请原经手较易。”（见《盛宣怀档案》，盛宣怀《致张之洞电》，光绪十五年十月初一）。他对张之洞办铁厂的事十分关心。

当年12月，张之洞在赴湖北上任的途中，在上海约见了盛宣怀，商谈关于办铁厂之事。张在给李鸿章的信中，谈到了他与盛宣怀见面的情况，“连日晤谈，详加考究”，得盛之指点殊多（见张之洞《致海署天津李中堂》，光绪十五年十一月二十九）。张之洞还答应盛宣怀，在铁厂建成投产后，生产钢铁每吨提银二钱以弥补盛在办湖北煤矿开采时的损失，如以年产六万吨计，岁可一万二千两，如果年产在五万吨以下，“即以岁提万金为断”（见《盛宣怀档案》，张之洞《致上海盛道台》，光绪十六年四月初八）。

盛宣怀对于张之洞办汉阳铁厂之事，十分关注，可以说他对办铁厂有着某种特殊的感情。当年他在湖北广济、荆门、大冶等地办煤铁时，曾经就提出过“先煤后铁”“以铁为正宗”的宗旨，办铁厂在当时他就试探与实践过，只是由于种种原因未能继续办下去；而且他对湖北的情况十分熟悉，他在对煤铁进行勘探、开采、冶炼的过程中，涉及的地域范围相当广，湖北境内的长江两岸，他几乎都跑遍了。早在1878年2月，他就“以湖北开采煤铁总局名义买

得大冶铁矿山”。因此，对如何选择厂址等问题，他都有比较清晰的见解。今大冶铁矿矿山纪念碑见图 6-1。

图 6-1 大冶铁矿矿山纪念碑

但是在办铁厂的问题上，盛宣怀主张“商股商办”，张之洞不能接受。张之洞在电告李鸿章的文中，也表明了他这一观点，他说：“盛道前在沪具一禀，所拟办法与鄙见不甚同。商股恐不可恃，且多交葛。”（见张之洞《致京李中堂》，光绪十六年二月二十六）。张之洞之所以反对商办而坚持官办，实际上可能是考虑，如果采取“商股商办”，将来铁厂办成之后，自己可能无法完全加以掌控。

1890 年，张之洞创办的铁厂在湖北龟山脚下正式动工兴建，铁厂正式定名为“汉阳铁厂”。经过三年的努力，1893 年 9 月，汉阳铁厂正式建成投产。

全厂包括生铁厂、贝色麻钢厂、西门士钢厂、钢轨厂、铁货厂、熟铁厂等六个大厂和机器厂、铸铁厂、打铁厂、造鱼片钩钉厂等四个小厂。汉阳铁厂创办时，经费预定为 246 万余两 ，1892 年清政府增拨 42 万两，到建成时，实际支出 500 万两左右。

盛宣怀虽与张之洞的意见不同，而没有参与汉阳铁厂的筹建工作，但还是一直关注着它的进展情况，不断地通过一些人了解情况，并作了一旦铁厂办不下去，他如何去接办的思想准备。

1893 年春，郑观应从武汉返回后即函告盛宣怀，张之洞“又奏扩拨七十万，仍恐不敷，势要招商承办”。建议盛宣怀“如欲接办”“宜先寻有好煤矿，可炼焦炭，将化铁炉移于大冶铁矿山左右，可省运费，焦炭价廉方可获利”（见《盛宣怀档案》，郑观应《致招商局盛督办书》，光绪十九年二月）。可见当时盛宣怀、郑观应对承办汉阳铁厂，已经有较充分的酝酿了。可是，因为上海机器织布局的一场大火，打乱了盛宣怀原先的想法。

坚持“官本官办”模式来办汉阳铁厂的张之洞，厂房设备建成了，但是钢材的产量、质量却上不去，最关键的是没有合适的煤源支持其长远发展，张被搞得“心力交困”。甲午战败后，国库空虚，铁厂的资金无以为继，于是张之洞打算要交“棒”了，洋商蠢蠢欲动，朝廷不少官员建议招南洋商人接办。盛宣怀则态度鲜明地表明：“铁政属洋商，力大流弊亦远，属华商，力小收效亦远。”表示愿意亲自到湖北参与“通筹决策……熟商办法”（见《盛宣怀档案》，盛宣怀《寄江宁恽莘耘观察》，光绪二十二年正月初六）。

当张之洞下决心请盛宣怀接办汉阳铁厂后，盛再次表示，必尽力而为，会尽快赶赴湖北，并提出自己接办汉阳铁厂后的初步设想，即钢铁必须大办，炼炉必须推广，“而推广炼炉非另筹佳煤无可为力”，准备“调开平矿师偕来细勘煤矿”，优先要解决煤炭的问题（见《盛宣怀档案》，盛宣怀《复鄂臬恽松云

(指挥莘耘)函》,光绪二十二年正月十九)。

盛宣怀在叙述做这决定的过程时,说:"铁政不得法,徒靡费,几为洋人得。右铭、松云讽阻,乃属意宣,督饬华商接办,重整旗鼓。"这表明,盛宣怀接到这根"棒",还是费了不少周折的。

1896年5月14日,张之洞正式发出委任盛宣怀为汉阳铁厂"督办"的公文,公文中说:"盛道才猷宏达,综合精详,于中国商务工程制造各事宜,均极熟习,经理商局多年,著有成效。""因该道从前曾有承办铁厂原议"(见张之洞《札委盛道督办汉阳铁厂》,光绪二十二年四月初二),自然由盛宣怀来接办汉阳铁厂是最合适的了。

盛宣怀从张之洞手中接办汉阳铁厂,意味着他可以按照自己"商股商办"的主张来行事了。但是,他从张之洞手中接过这根"棒",同时,也将张之洞已用于铁厂的官款作为铁厂的债务接管了下来,铁厂"所有已用官款五百余万,责成商局承认。所出生铁,每吨提抽银壹两归还官款"(见吴伦霓霞、王尔敏《盛宣怀实业函电稿》)。盛宣怀一接办汉阳铁厂,身上就已背负了沉重的债务。

6.5 因铁厂不能不办铁路,因铁路不能不办银行

鸦片战争后,依据中英《南京条约》,上海等五个中国东南沿海城市被辟为商埠。1847年,英国丽如银行率先抢滩上海。在随后的60多年中,以英国资本为主导,包括法国、德国、日本、俄国、美国等国资本在内的数十家银行陆续在上海登陆。当时中国金融的格局主要由外国银行和本国的钱庄、票号等组成。而钱庄受制于外国银行,票号则无法独立运行,更无法与外国银行相抗衡。其中比英国丽如银行开行晚了近20年的汇丰银行却风头十足,一时间在上海金融界呼风唤雨,不可一世。中国金融的命脉逐步被外国银行所

主宰。

以汇丰银行为代表的外资银行在晚清时期的发展，起到了引进大量的境外资金、推动金融机构的产生发展、促进金融市场的发育成长的作用。但是也产生了不少弊端，如外资银行不受中国法律的制约，不接受中国政府的监督检查，且擅自非法在华发行纸币。这不仅侵犯了中国的货币发行权，而且搅乱了中国的金融市场，阻碍了中国币制统一的进程。

外国银行在中国的迅速扩张以及对中国经济的压力，深深地激发了国人自办银行的决心。

1895 年，清政府为《马关条约》向日本赔款两亿两白银而在国内筹款，问计于盛宣怀，他很明确地回答，中国要发展经济、筹措赔款，就应该抓紧开办银行。

1896 年 2 月 23 日，“张之洞有意要盛承办铁厂”，10 月 20 日，盛宣怀又奉命“以四品京堂候补督办铁路总公司事务”。在盛宣怀即将要承担铁厂、铁路这两项有关国家振兴图强、有关国计民生的最重要的实业时，他反复地思考：钱从哪里来？国库空虚、赔款累累；向外资银行伸手，除了高利息，还附带很多其他条件。于是，他自然将铁厂、铁路、银行三者联系起来考虑了。他在给张之洞、王文韶的信中说“今因铁厂不能不办铁路，又因铁路不能不办银行”（见《盛宣怀档案》，盛宣怀《寄王夔帅、张香帅》，光绪二十二年十月初八）。在另一封给张之洞的信中说，“铁路之利远而薄，银行之利近而厚。华商必欲银行、铁路并举，方有把握，如银行权属洋人则路股必无成”，也即“银行铁路应一气呵成”，将铁路、银行统于一手。（见《盛宣怀档案》，盛宣怀《致鄂督张香帅》，光绪二十二年六月十六）。

为了说服清政府同意开办中国自己的银行，他于 1896 年 8 月起草了《开银行意见》,认为“开银行可以流通上下远近之财,振兴商务,为天下理财一大枢纽”。故欲富民必自银行始。向政府阐明银行开办后,对社会经济等各方面的作用与影响。同月,他又写就《铸银币意见》,认为铸一两重的银元可以“徐禁他国银币不准通用,实系塞漏卮之一端”。

1896 年 11 月初,盛宣怀上奏《请设银行片》,说:“银行流通一国之货财,以应上下之求给,比之票号、钱庄要好。英、法、德、俄、日本之银行推行来华,‘攘我大利’,近年中外士大夫亦多建开设银行之议。现又举办铁路,造端宏大,中国非急设银行,‘无以通华商之气脉,杜洋商之挟持’。”(见《盛宣怀档案》,盛宣怀《请设银行片》,光绪二十二年九月)。盛宣怀在奏折中,分析了当时国家的金融形势,强调了中国办自己的银行的迫切性。

11 月 12 日,光绪皇帝下诏,命盛宣怀“选择殷商,设立总董,招集股本,合力兴办,以收利权”,着手筹办银行。盛宣怀随即就行动了起来。

11 月 12 日,盛宣怀又电告王文韶、张之洞,说“今因铁厂不能不办铁路,又因铁路不能不办银行”。这就要铁厂、铁路、银行三者一手抓。同日,军机处面奉谕旨:“银行一事,前交部议,尚未定局。昨盛宣怀条陈有请归商办之议,如果办理合宜,洵于商务有益。著即责成盛宣怀选择殷商,设立总董,招集股本,合力兴办,以收利权。”

盛宣怀为国家的振兴图强,提出了“练兵、理财、育才”的治国大政,但是他清楚,在培养人才的前提下,现在最需要解决的是资金问题,办银行如此,办铁路、铁厂也同样要解决资金困难。

6.6 中国通商银行成立

盛宣怀要铁厂、铁路、银行三者一手抓,他对银行的发行钞票和资金调剂的作用有充分的认识，他看到建设铁路、接办汉阳铁厂需要招收华股和外国投资，款项数字大，必须兴办自己的银行，才能把分散的资金集中起来，不让利益流到外国人手中。所以在给清廷的奏折中，他陈述兴办银行的宗旨是“通华商之气脉，杜洋商之挟持”。中国自办银行，自然触犯了西方列强的利益，于是，英、俄、法、奥等国都要求与中方合办，并加以阻挠。而清统治集团内部的顽固派，也有意刁难。盛宣怀利用各种有利条件，排除各方面的阻挠，几经波折，使通商银行得以正式筹办。

1896 年 11 月，盛宣怀筹办成立中国通商银行，通商银行名为商办，实是奉旨设立的官商性质的银行，规定“权归总董，利归股商”。盛宣怀决定招商股 500 万两，先收一半， 250 万两。其中，招商局集 80 万两，电报局集 20 万两；并商借度支部库银 100 万两，议分 5 年摊还，至光绪二十八年如约还清，纯留商股。盛宣怀名下包括他本人和李鸿章等的投资达 73 万两；北洋大臣王文韶投资 5 万两；通商总董中张振勋和严信厚投资 10 万两和 5 万两。以上几笔已近 200 万两，约占当时实收资本的 80%。其余真正属于各地纯粹商人投资的股份为数极少。由于盛宣怀事先对开办银行已有了较为成熟的考虑，在奉到上谕的十几天后，他就召集了由他选定的既有经济实力，又有管理近代企业经验的张振勋、叶成衷、杨廷杲、施则敬、严信厚、朱葆三、严潆、陈猷等八位股商组成了董事会。

由盛宣怀督同各总董议订章程 22 条，奏明权归总董，利归股商，用人办事，以汇丰为准，商款商办。清廷但行保护之责，不实际干预行务。并借重外才，征用客卿，聘任英人美德伦为洋大班，沪上钱业领袖陈笙郊为华大班，借以融通中外金融。

1897 年 1 月 21 日，盛宣怀请户部发官款两百万两，存放于新办的银行，外人知有官款在内，足以取信，可与中俄银行争衡。1 月 27 日，盛报告总署，银行名称公拟“中国通商银行”。

1897年5月27日，由盛宣怀创办的中国通商银行在上海外滩6号（今黄浦区中山东一路23号）正式成立（图6-2）。这是中国人自办的第一家银行，也是上海最早成立的华资银行；但比第一家外资银行在上海的设立，已整整落后了50年。中国通商银行的股权结构见表6-1。

图6-2 中国通商银行旧址

表6-1 中国通商银行股权结构

投资者	数额/（库平银，两）	占比/%
轮船招商局	800 000	32.0
电报局	200 000	8.0
盛宣怀、李鸿章等	730 000	29.2
王文韶	50 000	2.0
张振勋	100 000	4.0
严信厚	50 000	2.0

续表

投资者	数额 /（库平银，两）	占比 /%
其他	570 000	22.8
总计	2 500 000	100.0

注：盛宣怀、李鸿章一栏，有相当一部分是挂在盛宣怀名下的别人的投资。

5 月 27 日，中国通商银行上海总行开张。此后自夏徂冬，天津、汉口、广州、汕头、烟台、镇江等处分行陆续开设。京城银行本年亦已开办，认为今后自王畿以迄各通商码头，泉府机括，血脉贯通，或不尽为洋商所把持。

通商银行成立之初，清政府即授予发行银元、银两两种钞票的特权，以为民用，使为整理币制之枢纽，至此国中始见本国纸币与外商银行之纸币分庭抗礼，金融大权，不复为外商银行所把持。银元券分一元、五元、十元、五十元、一百元五种；银两券分为一两、五两、十两、五十两、一百两五种。其钞票的式样照汇丰银行在香港发行的式样，正面印“The Imperial Bank of China”字样，并有洋大班美德伦的英文签字，反面印有“中国通商银行钞票永远通用”和“只认票不认人”等字样。该行最早的章程称，钞票的发行采用十足准备制，但绝大多数年份的现金准备都远远低于发行数字。

通过钞票发行，通商银行获得巨额利润。如从 1905 年到 1911 年的七年中，通商银行发行钞票没有准备的部分（每年平均 140 万两），按当时贷款最低利率 8% 计算，获取利润就高达 80 万两以上。

除发钞外，该行并代收库银，全国各大行省，均先后设立分行，重要者计有北京、天津、保定、烟台、汉口、重庆、长沙、广州、汕头、香港、福州、九江、常德、镇江、扬州、苏州、宁波等处，业务极一时之盛。光绪二十六年（1900 年），八国联军攻占北京，京行首遭焚毁，天津分行亦随之收束，业务渐告不振。到光绪三十一年，通商银行只剩下北京、汉口两个分行和烟台一个支行了。

1898 年 5 月，盛宣怀向朝廷奏陈筹办中国通商银行次第开设情形，“请饬下户部通行各省关，嗣后凡存解款，但系设有该银行之处，务须统交该行收存汇解，以符事体，而树风声”。五月二十日奉朱批“户部速议，具奏”，旋经分别议准。

最初几年，通商银行存款的主要来源是清政府的存款，其次是官督商办企业的闲置资本、各地关道和道台的待解款以及少数买办、官僚的个人存款。其放款主要对象是外贸企业与新办实业，如 1897 年底，对外国洋行、中国商号和钱庄放款 154 万两，占放款总额的 60%，这些洋行、商号、钱庄主要从事进出口贸易；向洋务运动中创办的近代企业的工业放款为 91.3 万两，占放款总额的 36%。而对民族资本主义工业的放款，辛亥革命前历年的余额占整个放款的比例都不足 10%。

汉阳铁厂的扩建、萍乡煤矿的建设以及卢汉铁路、粤汉铁路的建设，都得到中国通商银行资金上的支持。

6.7 铁路建设资金宁可借洋债而不参洋股

修筑铁路最大的问题是资金的筹集问题。甲午战败，国库空虚，朝廷拿不出钱，因此最初盛宣怀寄希望于筹办银行、通过集商股来解决一部分资金问题。

1897 年 5 月 27 日，“中国通商银行”上海总行正式开张。但是，事实上由于这是中国第一个自己的银行，势单力薄；而铁厂、铁路同时要办，这两大项目都是需要巨额资金才能真正运转的，其中铁厂所需的绝大多数资金，已经都是靠调用盛宣怀掌控的轮船招商局、电报局的资金来解决的；而修筑铁路的资金更变得捉襟见肘了。在这种情况下，不向洋人借债是行不通了。

1897 年 1 月，铁路总公司在上海成立，又在天津、汉口设立了两个分公司。盛宣怀向清政府奏明先造卢汉干路，其余苏沪、粤汉次第展造，不再另设立公司。“时各国商人先谋入股，继谋借款包揽路工。而京外绅商亦竞请分办他路，实则影射洋股与借名撞骗者各居其半。”盛宣怀通电枢、译、直、鄂，一律驳置不理，坚持先尽官款开办，然后择借洋债，再集华股，坚决反对招洋股。

盛宣怀担任铁路总公司的督办，他对自己肩上的责任与可能遇到的困难是有足够认识的。他在给两江总督刘坤一的信中说，铁路修筑之事“在泰西为易办，中国则有三难。一无款，必资洋债；一无料，必购洋货；一无人，必募洋匠……风气初开，处处掣肘”（见《盛宣怀档案》，盛宣怀《致刘岘庄制军》，光绪二十三年正月初五）。这三难中，资金可以说是最难的了。

因为盛宣怀有二十多年办实业的实践与经验，“购洋货”与“募洋匠”，对他来说已经有现成的办法可以借鉴，而“资洋债”，尽管他之前也代政府向外国借过钱，但是，现在清政府国库空虚，要向外国借钱，就会面临很苛刻的条件。

事实上，清政府原来是打算对铁路实行“官督商办”的，由各省富商集股修建。但当时清政府信誉扫地，华商“各怀观望”，无人问津，不得已只好想办法向洋人借钱。

至于要想用洋人的钱，实际上也有两种方式，即“借洋债”与“招洋股”。尽管这两种方式都是用洋人的钱，但是差别很大。借了洋人的钱，本利还清后，他对铁路的权益无法干涉；招洋股，一旦洋人的股权变大后，他就有可能掌控铁路的主权。这与盛宣怀一贯坚持的“权自我操”的立场是格格不入的。

当时，清政府的倾向是以“洋商入股为主脑”，李鸿章也认为“洋债不及洋股容易”（见《愚斋存稿》，卷 24、卷 25），均认为以招洋股为宜。盛宣怀则是从“权”字上考虑,他说:“所议借洋债与招洋股,大不相同。若卢汉招洋股,鄂、豫、东、直腹地,原不至遽为所割,但此端一开,俄请筑路东三省,英请筑路滇、川、西藏,法请筑路两粤,毗连疆域,初则借路攘利,终必因路割地,后患无穷。是何异揠苗助长!若借款自造,债是洋债,路是华路,不要海关抵押,并不必作为国债,只须奏明卢汉铁路招商局准其借用洋款,以路作保,悉由商局承办。分年招股还本,路利还息,便妥。”(见《盛宣怀档案》,盛宣怀《寄王夔帅》,光绪二十二年三月二十七)。

张之洞赞成盛宣怀的意见,他说:“惟有暂借洋债造路,陆续招股分还洋债之一策,集事较易,流弊较少。盖洋债与洋股迥不相同,路归洋股,则路权倒持于彼,款归洋债,则路权仍属于我。”(见张之洞《卢汉铁路商办难成另筹办法折》,光绪二十二年七月二十五),经过再三考虑,盛宣怀决定“无论议借何国路债,必须先用华款,后用洋债”。因为先用华款自造,造成一段、用路作抵押,可以免去苛条,“庶可权自我操,不致贻后来无穷之患”(见《盛宣怀档案》,盛宣怀《密陈筹办卢汉路次序机宜折》,光绪二十三年三月)。

借款筑路的消息一经传出,美、英、法、比等国商人先谋入股,继谋借款包揽路工。盛宣怀坚决反对招洋股而同意借洋债。至于向哪个国家借债,盛宣怀认为,其他国家胃口太大,而比利时是个小国,钢铁资源丰富,铁路技术成熟,尽管它有法国作后台,但它“国小而无大志,借用比款利多害少”(见《盛宣怀档案》,盛宣怀《遵旨沥陈南北铁路办理情形折》,光绪二十四年五月),比较让人放心。

1897 年 2 月,比商至鄂,议铁路借款。3 月 17 日,比利时驻汉口领事法兰吉会见张之洞,面商筑造卢汉铁路事宜。经过四个月的谈判,盛宣怀最终与比利时人达成了协议。

1898 年 6 月,《卢汉铁路比国借款续订详细合同》和《卢汉铁路行车合同》正式签订，清政府向比利时公司借款 450 万英镑（年息 5 厘，9 折付款，期限 30 年）。

在铁路建设资金的筹集上，盛宣怀在张之洞的支持下，力主“争权让利”，宁偿高息，借用“洋债”，拒参“洋股”，力争铁路主权在我；将“借款与造路分为二事”，减少债权对路权的干预，在一定程度上维护了国家主权。

6.8 通过发行股票为铁厂、煤矿筹集资金

盛宣怀接办汉阳铁厂时，铁厂已经投入了官银 560 万两，厂矿虽已粗具规模，但因官力不逮、经营不善而决定由盛宣怀招商承办。为维持企业运转，改良生产技术，扩大生产规模，在获得朝廷的许可下，铁厂督办盛宣怀发布了招商集股章程，提出汉阳铁厂“拟先招商股银一百万两，仍以一百两为一股。自入本之日起，第一年至第四年按年提息八厘，第五年起提息一分。此系本厂老商，必须永远格外优待。办无成效，额息必不短欠；办有成效，余利加倍多派。嗣后气局丰盛，股价增价，其时推广加股，必先尽老商承认，有旧票呈验，方准其纳入新股，以示鼓励旧商而杜新商趋巧之习”（见《盛宣怀档案》，《张之洞奏铁厂招商承办议定章程折》，光绪二十二年五月）。

但是，官办时期汉阳铁厂成效不显，同时在民间留下了不佳印象。甲午战败后，江南民间对投资工矿企业已深存疑虑。此时上海资本市场大量流动资金投向外汇及金银买卖，对工矿投资更是趑趄不前。盛接办时铁厂仍然因为“化铁无煤”，生产不正常，半年后便亏本二十余万两，至 1897 年底亏空已达七十余万两（见《盛宣怀档案》，《盛宣怀致张之洞函》，光绪二十五年十二月初六）。因此，招股受到冷遇。为解决铁厂的资金困难，盛宣怀在多方筹措无效的情况下，只得调动他所控制的轮船招商局、电报局、中国通商银行等企业的资金，投资入股汉阳铁厂，解决汉阳铁厂的运营困境。

官督商办初期，民间资金没有大量进入汉阳铁厂，汉阳铁厂的资本构成（表 6-2）中，95% 左右来自盛宣怀掌控的洋务企业，只有 5% 左右的资本集自民间。光绪三十二年，盛宣怀向张之洞追述汉阳铁厂官督商办时期集资情况时称，自己从前敢于冒昧承办汉阳铁厂，后路和仗恃的底牌就是“招商、电报、铁路、银行皆属笼罩之中，不必真有商股，自可统筹兼顾”（见《盛宣怀档案》，《盛宣怀致张之洞函》，光绪三十二年正月初六）。

表 6-2 官督商办汉阳铁厂初期资本构成

投资者	数额 /（库平银，两）	占比 /%
轮船招商局	250 000	25.0
电报局	222 000	22.0
中国通商银行	328 500	32.8
萍乡煤矿	100 000	10.0
钢铁学堂	39 000	3.9
南洋公学	6 000	0.6
古陵记	36 500	3.7
上海广仁堂	20 000	2.0
总计	1 000 000	100.0

原注：古陵记是盛宣怀家族企业化名；广仁堂是盛宣怀所办慈善单位。
资料来源：汪敬虞，《中国近代经济史 1895—1927》，人民出版社，2000 年，1716 页，“汉冶萍公司所存创始老股账”。

盛宣怀接办汉阳铁厂后，第二次发行股票是为萍乡煤矿募集资金而进行的。这次股票发行又分两次进行，据萍乡煤矿首任总办张赞宸的奏折《奏报萍乡煤矿历年办法及矿内已成工程》中所述：“查萍矿开办之初，并未领有资本，所收股本，乃二十五年（1899 年 1 月至 1900 年 1 月）以后事”，因此，其中第一次是在 1900 年招有商股 110 万两；其中的第二次是 1901 年 10 月 19 日，萍乡煤矿在《中外日报》等报纸上刊登《轮船招商局经办萍乡煤矿有限公司招股启》，向社会发布招股信息。招股启说，萍乡煤矿“兹因添设铁路 90 里，庶能畅通运道，总计成本以及归还礼和借款，共需规银400万两，除前已招有商股110万两外，净应添招商股规银290万两，除已允江西绅商附搭50万两，轮船招商局认搭100万两外，应净添招股本规银140万两。每股规银100两，即在萍乡矿务总公司以及各通商口岸招商局挂号，每股先收规银10两，出给收条，俟挂号截止，填给股票息折，每股找收规银90两。本公司专招华人股本，凡入股者需填明姓名籍贯，以注明根册。所有招股章程，另有刊本，请向各口招商局取阅可也”（见《汉冶萍公司档案史料选》上册）。

湖北档案馆保留的此次发行的《萍乡矿务公司股票存根》包括以下文字内容。

“光绪二十九年七月初一日。

萍乡矿务公司为给发股票存根事。

光绪二十四年三月，督办铁路大臣兼督办湖北铁厂、轮船招商事宜盛，会同湖广总督部堂张，具奏萍乡煤矿援照开平煤矿筹款商办，并派员总办各折片，钦奉谕旨：‘萍乡煤矿现筹开办，请援照开平禁止商人别立公司及多开小窿抬价收买。即着德寿饬所属，随时申禁，多重矿务。钦此。’钦遵在案。

兹由盛大臣咨明京师矿务、铁路总局，遵照奏定章程，设立公司商办，选举总董，先集商股库平足色宝银一百五十万两，以一百两为一股，自一股至千股皆可附搭，按年官利一分，闰月不计。再有盈余，照间应按十成之二五提出缴部，以伸报效。余均照章分派。萍乡铁、锑等矿，叠经洋矿师勘验，质佳苗旺，且铁性合炼上等钢轨。炼铁毗连，实为中外难得之矿。本公司业已购有各矿山地，目下先办煤矿，并设炼焦之洋炉、洗煤机，运煤之轮驳、铁道、挂线路。众董公议，凡事先难后易。将来气局丰盛，扩充铁道，续办他矿，就行推广加股之时，需照轮船、电报等局，先尽开创老商，出验旧票，纳入新股，以示鼓励。再股商如有限财力，听其自行出让，本公司只认票折为凭。

除将股票式样呈送查核，并将章程息折给商书执外，需至股票存根者。

计收到 省 府州 县人

吉庆堂名下老商二股，计库平足色银二百两。

光绪二十九年七月初一日，给第六千二百四号至六千二百五号止，共二股。

总董 陈善言 朱宝奎 严 素

林松唐 何嗣昆 施肇英

盛春颐 盛昌颐

办事总董 张赞宸

帮董 卢洪昶 莫 義

汉阳铁厂的股票发行，缓解了企业资金的困难，为企业的生存发展创造了条件。股票在发行程序、票面形制、交易管理上，都经历了一个不断规范的过程，从一个侧面反映了公司管理体制的不断完善。（见李江《汉冶萍公司股票研究》，《第一届汉冶萍国际学术研讨会论文集》）

当时，中国自己的银行只有寥寥一两家，证券市场尚未成立，资本市场还处在萌芽时期，除了盛宣怀创办的中国通商银行之外，汉阳铁厂无法从银行界筹集到更多的资金，主要靠盛宣怀所掌控的企业相互调拨挹注资金来救济和维持汉阳铁厂、萍乡煤矿的生存发展。

7

建成亚洲最大的钢铁联合企业

7.1 依靠郑观应对铁厂进行整顿

张之洞下决心请盛宣怀接办汉阳铁厂，1896 年 3 月，张之洞约盛宣怀前往湖北，“商议铁路、铁厂等事”。4 月中下旬盛宣怀沿江查察各招商分局，4 月 27 日，他抵达武汉，与张之洞商谈，当天他致电直督王文韶，告知“鄂厂已糜五百万，但可设法补救。‘宣系创始得矿之人，颇愿为之区画’”。4 月 30 日，他赴汉阳看铁厂，了解铁厂的实际情况。

在接到张之洞的公文后十天，即 1896 年 5 月 24 日，盛宣怀就正式接办了汉阳铁厂。汉厂改归商办，盛宣怀立即决定聘任郑观应兼任总办。5 月 24 日，郑观应正式到任。盛宣怀在铁厂主持了差不多两个月的工作，6 月 21 日，他由铁厂回沪。7 月 23 日，他致函恽莘耘：“说明铁厂布置尚未调妥，内部情况复杂，办钢铁业极为艰难，路轨必须与之相辅而行。”（见夏东元《盛宣怀传》）。

盛宣怀、郑观应上任后发现汉阳铁厂要解决的问题很多，例如缺乏焦炭，生铁厂产量、质量都不行，钢轨厂不能生产所需要的钢轨等。

高炉炉长吕柏还向盛宣怀提出生铁含磷的问题，指出从成本考虑，铁厂应多用萍乡焦炭，但萍焦含磷重，只能选择含磷少的铁矿配合炼制，才能炼得合适的贝塞麦生铁，并对铁厂未能正常对焦炭和矿石进行化验和分类表示不满，他说：“料质到厂，务当从实照常化验，则深知料质，可以参配下炉，照常出铁。刻下半个月化学所未能如法化验，为所中应用药水、器具散乱无条，外人均可混杂进内……自去年开炉之后，日间尚未照常化验铁质以及各种料质，如矿土、焦炭等类。”（见《盛宣怀档案》，《吕柏致盛宣怀函》，光绪二十三年二月）。类似的问题很多，要解决所有这些问题，并非在短时间内可以做到。比较容易推行的，便是改善厂内管理，提高工人的工作效率，减少人为的错误和浪费。盛宣怀依靠郑观应从三方面对铁厂进行整顿。

第一，在管理方面，从整顿华匠入手，裁减工作表现欠佳的工人，以节省厂方的管理费用和工资开支。当时华工匠头都依附于洋匠势力，华匠的表现一直是由洋匠来给出评价的。为了顺利进行裁减工作，盛宣怀直接向洋匠总管德培布置，要求其配合郑观应的整顿，这得到了德培的配合，他不但同意协助裁减工作，而且表示一旦华匠技术成熟，可再删减洋匠，节省铁厂经费。对于仍然留职没有被辞退的工人，则加强日常的考核，改变以往组织松弛、工作散漫的状况，以提高工作效率。

为了加强对厂内的管理，经盛宣怀的同意，郑观应把厂内事务分为总银钱所、支应所、煤炭所、钢铁所、翻译所、监工所、材料所、案牍所、转运所、砖石所、工程所、巡查所等十二个部门，各部门负有专责，初步建立了一个管理系统。

对铁厂以往所聘的洋匠，采取以岗选人的办法进行调整，盛宣怀、郑观应对这些外籍技术人员，既不认为他们都货真价实，也不认为他们都一无是处，如发现总监工德培没有本领，不会计划，还不能与生铁炉的技术人员合作共事。“总监工不得其人，全厂为之受累”（见《盛宣怀档案》，盛宣怀《致鄂藩王爵棠函》，光绪二十二年六月十四）。盛宣怀认为“此厂用洋人三十六名，不务实。可知其整顿之难，更难于当年之招商局”（见《盛宣怀档案》，盛宣怀《寄王夔帅》，光绪二十二年四月初四）。他根据调查铁厂所掌握的实际情况，决定铁厂只需聘用 14 名外籍技术人员，将应需聘用人员岗位的清单交总办郑观应，请郑对现有的人员进行考核甄别，可用者尽可能留下。最终铁厂聘用的外籍高级技术人员，减少为 14 名，为铁厂节省了一大笔经费；与此同时，铁厂千方百计寻觅有能力的国内技术人才，积极培养自己的人才。

第二，燃料是铁厂的一个难题，盛宣怀要求郑观应着力解决。郑观应对铁厂所需的煤和焦炭，分别作了计算，得出要使煤的供应与质量基本得到保证，关键是焦炭的问题。于是，他对焦炭的需求与供应作了认真的调查。从需求看，化铁炉需 6 175 吨焦炭，贝塞麦钢厂需 1 050 吨焦炭，总计需 7 275 吨；而从供应看，厂内存有 3 000 吨，预计能交货的为 2 370 吨，预计能筹到的 2 000 吨，总计可供应 7 370 吨，供应比需求还多了 95 吨，似乎焦炭的需求与供应不成问题。但事实上，厂内存有的焦炭只有 3 000 吨，其余的 4 370 吨都只是预计之数，不一定可靠，特别是准备预筹的 2 000 吨，更无法保障。可见焦炭的缺乏十分严重。

与此同时，郑观应对铁厂焦炭的来源作了认真调查，得出供应铁厂焦炭最多的是距离较远的开平与萍乡，占比为 67.16%，距离较近的马鞍山、郴州与厂内砖窑的，只占 17.91%，西洋焦炭占了 14.93%。从生产成本来看，无论开平、萍乡或西洋焦炭，运输的费用都很大。其中开平焦炭的质量较好，但是，长久使用它，终究不适宜，因为价格贵且运输困难。至于西洋焦炭与日本焦炭，经过试用，也不是长久之计。

针对铁厂先前建造的一批焦炭炉已形同废物，郑观应建议将萍乡的煤运至马鞍山，与那里的煤混合起来炼焦炭，提出“萍七马三”和“萍马各半”的设想，希望不让焦炭炉闲置。结果，炼出来的焦炭仍然不适合化铁炉所用，焦炭炉只能停用，山上开采的煤，专供机器使用。1896 年 12 月 3 日，盛宣怀告张之洞：“炼钢需煤，现开平焦炭供不应求，不得已另派干员赴萍乡设炉，采煤自炼。此铁厂生死关键，势难全徇人情。”（见《盛宣怀档案》，盛宣怀《寄王夔帅》，光绪二十二年十月二十九）。

为了解决焦炭问题，郑观应听取了德培的意见，将其他地方的煤运到铁厂来炼焦，这一可节省水脚，二不易使焦炭碰碎成屑，保证焦炭的质量，三是将炼焦所产生的余气用于锅炉，提高利用率。于是，郑观应决定利用萍乡的煤来炼焦，把铁厂的焦炭炉加以改造，以增加出焦数量。但当时萍乡的生产条件有限，郑观应想派矿师前去勘查，以增加煤的供应。尽管当时没有立即生效，但仍为日后的发展作了准备。

第三，在生产方面采取积极有效的措施。针对原先生铁产量少，郑观应从资金能力实际出发，添加部分设备，提高原有化铁炉的效能，增加了生铁的产量；对于产品质量不稳定的问题，从便于入手的事做起，吕柏向盛宣怀反映“化学所未能如法化验”的情况后，盛宣怀指示郑观应立即采取措施，确保对高炉的每批料质进行认真化验，使质量得以改善。盛宣怀还致信郑观应，“记得纱帽翅所开之铁，含磷甚少，请阁下迅速致函赖伦”，想从源头上解决产品含磷太重的问题，但是从整体上说，生铁的质量与成本还不理想。

为了维持熟铁厂的经营，决定生产市场上流行的熟铁货和铁钉，并计划在上海销售。针对生产中存在的问题，郑观应组织工匠对熟铁炉进行改造，节省用煤将近 40%，大大减少了成本。后来熟铁厂又改为承包经营，通过减少华匠、降低成本、加强管理，将原先生产熟铁条的成本由每吨 115.88 两降至 60.26 两，最终降为 50.25 两，较原先减少了 57%。

为了生产合适的钢轨，必须有足够的轨轴，经盛宣怀同意，郑观应先后向英国梯山厂订购多对轨轴，以应需要，并且聘请洋匠负责管理，确保生产。1897 年 3 月，铁厂开始可以接受卢汉铁路的订单，轧造六十磅钢轨一千吨，并着手承造吴淞铁路所需的钢轨、鱼尾钢片、螺丝钉、枕木钉等。炼钢亦随之由每日八、九炉增至十炉。（参见郑润培、李航《郑观应与汉阳铁厂的营运》，第二届汉冶萍国际学术研讨会论文集）

盛宣怀还十分关注铁厂产品的市场销路。他说：“中国不患弱而患贫，不患在下占在上之利，而患洋人占华人之利。”铁厂产品的市场销路，主要是为铁路供给钢轨。他在接手铁厂之前，一再跟张之洞明确，钢轨必须由汉阳铁厂来制造，他说铁厂“非支持不能推广，非推广不能持久。实一定不移之理。惟中国办事最易分歧，万一铁路所用钢轨等件，仍欲取材于外洋，使华铁销路阻塞，商局何能挽回”，如果不能保证钢轨由铁厂来制造的话，那时即当“准其停工发还华商资本，仍归官本”（见《盛宣怀档案》，盛宣怀《禀庆邸》，光绪十六年十一月十六）。此外，他又上书直隶总督王文韶，请他帮助敦促各制造局所需的钢铁也到汉阳铁厂来购买，这样就基本保证了产品的市场销路。

郑观应自1896年5月上任，至1897年7月离职，时间只有一年多。他是汉冶萍从“官办”到“官督商办”转型时期的总办，凭着他在洋务运营中的经验，加上对铁厂问题研究的深入，已经把握住了铁厂问题的所在，针对厂内存在的主要问题，作出了应变改革，他对汉冶萍的转型起了重要的作用，使盛宣怀接办的铁厂取得了明显的成效。

郑观应离开总办的职位，改由盛宣怀的侄子盛春颐接任，人们为此感到有些惋惜，要是郑观应任职的时间再长一些，铁厂经营的成效一定会更加可观。

7.2 聘请德国矿师，解决铁厂缺煤问题

汉阳铁厂1894年6月28日正式投产，一号高炉开炼，以大冶铁矿矿石为原料，德国焦炭为燃料。然而，高炉生产并不顺利，半年之中五次开工五次停工，主要原因是焦炭问题和高炉质量问题，焦炭供应不上，只能使用质量不佳的焦炭或无烟煤；高炉质量问题主要是炉衬质量问题引起的。后者更多是与技师经验和知识匮乏有关。

对于焦炭问题，张之洞一开始也设法寻找合适的煤矿，但限于知识的局限，他认为无烟煤与焦炭一样，也适合铁厂所用。经勘查得知，湖北、湖南、四川等省煤矿蕴藏丰富，因此他对汉阳铁厂的燃料供应始终是乐观的，他

说:“现查荆门、归州、兴山等处之煤及湘省、川省白煤、石煤、烟煤,各种合用之煤甚多,足供煎炼冶铁之用。”(见《汉冶萍公司档案史料选编(上)》,《张之洞札蔡锡勇筹办煤铁事宜文》)。铁厂开工之时,焦炭储备不足,但是张之洞认为湖南的无烟煤和马鞍山的焦炭可以解决燃料问题,对焦炭问题仍未引起足够的重视。他说:“现在江夏马鞍山煤井,其煤可作焦炭,合炼铁之用……本年十月内定可一律告成,尽敷生铁一炉及各厂炼钢之用。参以湘省白煤、油煤,即可两炉齐开。”(见《汉冶公司档案史料选编(上)》,《张之洞奏铁厂著有成效请奖出力各员折》)。当德国焦炭即将耗尽,国内焦炭未能供应时,中方管理者便要求工程师用无烟煤代替焦炭,谁知铁厂高炉不适合使用无烟煤,致使产量急剧下降,高炉受损,张之洞这才意识到问题的严重性。

为此,张之洞陷入了“煤在何处,固未遑及”的烦恼。尽管他发出了私人资本投资煤矿“或仍旧窿,或开新山,或合资伙办,或独立采取”的号召,提出其产品只要是上好的白煤、烟煤,“无论每窿每日能开出数百斤,本堂部总能为尔等力筹销路”,可惜效果不佳,煤矿的勘探开采一波三折,对整个铁厂的后期发展产生了尤为不利的影响。1894 年开采不到两年的王三石煤矿因矿窿透水被迫停产,但该矿的投资已超过了 50 万两,损失无法挽回。另外一处马鞍山煤矿的开采也不顺利,“马鞍山井工虽成,煤巷尚少,工徒未热,出煤尚未能多……自应查照从前奏案,先行够运湘煤与马鞍山所开之煤参用”。张之洞感叹道:“铁之兴废,国之强弱,贫富系焉,大冶铁矿之旺,甲于天下,实足取用不穷。惟冶铁炼钢,非煤不济,欲添炉座,必添煤井,湖北境内,产煤之区,历经试验,灰多磺重,堪作焦炭者鲜,即江夏马鞍山自开之煤井,惟可炼焦炭,亦以磺气稍重,必须掺合湘煤。或搭用开平焦炭,方能炼成佳煤……”(见《中国近代工业史资料》第一辑下册)。燃料紧缺的窘境可见一斑。

盛宣怀接办汉阳铁厂后，就把寻找煤矿、解决铁厂的焦炭问题，当作头等大事来抓。

1896 年，铁厂聘请了两位德国高级矿师，一位叫赖伦，另一位叫马科斯。盛宣怀要求他们放开视野，在相对更大的范围内进行勘矿。他在两位矿师的陪同下，亲自到江西、湖南等地寻觅煤矿。他还不断委派有关官员，陪同两位矿师到湖北、江西、安徽等省进行勘矿。这两位矿师工作很认真，也有真才实学，他们在江西萍乡四处实地勘查，先后勘查测量了安源天滋山、锡坑、紫家冲、高坑、王家源、大屏山、胡家坊和青山马岭等处的煤田。

1896 年 10 月，矿师向盛宣怀呈报勘查结果，马科斯估计萍乡煤储量为 2 亿吨，30° 以下的倾斜煤层可供炼焦的煤甚多；赖伦估计煤储量为 5 亿吨，作出了萍乡煤田“脉旺质佳，迥非他处所可及”“如每年采用一百万吨，可供五百年之用”的预测报告。

1897 年 6 月，为了尽快核实萍乡煤田的情况，盛宣怀委派得力助手张赞宸（1862—1907 年，字韶甄，江苏武进人，湖北省候补知县）赴萍乡复查煤务。张与盛是武进同乡，他深知此事的重要，毅然接受盛宣怀的任务，随即跋山涉水赶赴萍乡，与先期已在那里的赖伦、马科斯会合。为了便于找矿，并协调与铁厂之间的关系，“煤”“矿”“钢”三合一的萍宜矿务利和有限公司成立了。

张赞宸与矿师一起徒步赴山区探矿，进行实地考察。他们在萍乡境内进行了一次全面深入的勘查，1898 年终于在萍乡东南一带发现了一个大煤田，该煤田位于天子山之支脉安源山，其脉来自莲花县之马迹岭。当地乡民采用土法采煤，已有大小土井 300 余口，赖伦、马科斯从土井中认真采取煤样，并对煤质进行分析，发现那里的煤质适合炼焦。该矿“内含煤矿甚富，属于古生代煤炭纪，色黑如漆，且甚光泽，挥发分少，黏结性富，是制造焦煤的上品。其煤层有十层,主要以小底板层、大底板层、夹槽、老夹槽、大槽板层五层为主”。

勘探结束后,他们确定在萍乡试挖煤井,经过研究,选择了两个地方,一个是安源,一个是高坑。当时这两个地方的小井很多,民间挖煤的情况不少。两位矿师进行分工,赖伦在安源,马科斯在高坑,各作一个方案进行比较。马科斯认为应该在高坑挖煤,提出在井的上端修筑一座水库,从高坑到芦溪开挖一条运河,煤通过船从运河中运出去,先到袁河,再到九江,由九江运到湖北。赖伦则提出在安源挖煤,从安源到宋家坊修一条铁路,然后上船通过水运,将煤运出。

两个方案相比较,在高坑开井的方案费用太大,负担不起。因而决定采用赖伦在萍乡县城偏南六公里的安源挖煤的方案,即主矿选址确定为安源,此后也将它称为“安源山机矿”。

方案经盛宣怀确定之后,张赞宸在盛宣怀的支持下,协调各方关系,积极收购煤田区域的土地土井。1897 年冬,张赞宸以优惠价格收购了“广泰福”商号设在紫家冲的 7 个厂 18 口井,作为建矿的基础。

1898 年 3 月,张之洞与盛宣怀合奏在江西萍乡安源采煤炼焦。3 月 22 日,经清政府批准,汉阳铁厂在萍乡设立“汉阳铁厂驻萍乡煤务局”,盛宣怀任督办,张赞宸为萍乡煤矿首任总办,下设机矿、煤务、材料三大处,并聘请文廷式以地方首绅地位,协同照料。翌年聘任德国矿师赖伦为总矿师。

1898 年,安源矿正式开矿。为了加速萍乡煤矿的建设, 1899 年 2 月 28 日,盛宣怀以招商局房产作担保,向德国礼和洋行借款 400 万马克,约合白银一百十余万两。其中 300 万马克用于购买成套设备, 100 万马克用于修建铁路和置办驳轮。1899 年修通了安源到萍乡的铁路,解决了煤的运输问题。

1901 年为造铁路,运萍乡的煤,招商局向铁厂又搭股一百万两。这样,初步解决了资金问题。

1898 年 7 月 26 日,萍乡煤矿总局选择在安源以北一个地势较平的地方,开始向山腹挖掘,建设萍乡煤矿的第一座矿井“东平巷”,从而拉开了萍乡煤矿基本建设工程的序幕。此后,基建项目如雨后春笋,拔地而起。9 月,委托赖伦订购的首批欧洲机器到齐,矿井建设全面展开。

1899 年 1 月,开始修建安源到萍乡县城西门宋家坊的铁路, 11 月 30 日铁路竣工,路长 7.23 公里,称为萍安铁路,为株萍铁路之开端。1903 年 8 月,由詹天佑参与和领导的萍醴铁路竣工通车,路长 38 公里 。1905 年 12 月 13 日,醴陵至株洲铁路建成通车,至此耗时 6 年多、耗资 450 万两白银的株萍铁路全线竣工通车,全长 90.29 公里。由此,萍乡成为江南地区最主要的能源供应基地。

1907 年 10 月 15 日,盛宣怀亲临萍乡验矿,历时 10 年的萍乡煤矿宣告正式建成。萍乡煤矿总耗银 676.8 万两,生产能力达到日产煤 1 300 吨,日洗原煤 3 400 吨,日产焦炭 600 吨,年产煤砖 5 万吨。萍乡煤矿建成后当年产煤 40 万吨,焦炭 11.9 万吨(见黄领《张赞宸开创萍乡煤矿的伟大实践及意义》,《第二届汉冶萍国际学术研讨会论文集》)。

萍乡煤矿开办时,已有 13 000 多工人,工人的组成,湖南占 70%,湖北占 20%,萍乡只占 10%,全矿分 46 个单位,即处、段。井下称段,有洋炉炼焦和土炉炼焦,发电厂、机修厂、制造厂、锅炉房等,烟囱林立。那时工人生活比较艰苦,没有任何劳保福利。

萍乡煤矿的开挖,彻底解决了铁厂缺煤的问题。

图 7-1 萍乡煤矿盛公祠旧址

7.3 历经十年摸索，钢轨质量得以解决

盛宣怀督办汉阳铁厂后，铁厂开始向正在修筑的卢汉铁路最初的一段（卢沟桥至保定）供应钢轨。1897 年 10 月 9 日，铁厂出现钢轨检验不合格的报告："……此次所验第三条钢质过硬，拉力只长一分，制钢轨不甚相宜。照泰西章程，验得第三条钢质如此，须将同时所出之钢轨再验一条，倘仍只拉长一分，应将全行钢轨概行废弃。目下各钢已经杂乱，未能照此章办理。"（见《盛宣怀档案》，《顾培验轨报单》，光绪二十三年九月十四）。但是这并未引起工程师卜聂的重视，直到 1903 年卢汉线使用铁厂的钢轨出现多处断裂现象，时任汉阳铁厂提调的宗得福才道出其中的缘故："……又奉敬电，沙多云去年所运北轨，断者甚多，当即两次复电。旋据卜聂云，外洋轨质含磷只 0.05，汉阳铁厂所拉之轨含磷皆 0.12 不等。历年皆伊设法，另用马丁钢炼成样轨，就铁路洋工师考验。此次验轨之洋人，闻北轨有断，颇觉认真。此后即

难蒙混。”（见《盛宣怀档案》,《宗得福致盛宣怀函》,光绪二十九年二月初九）。原来负责钢轨生产的工程师卜聂在多年来一直以含磷低的马丁炉钢拉成的“样轨”来对付各种检验,因此在近六年当中,让铁厂由贝塞麦炉生产的含磷相对高的钢轨得以顺利出售。

事实上,汉阳铁厂钢轨质量问题是诸多因素综合影响的结果:一是汉阳铁厂急于为卢汉铁路供轨;二是在管理和设施上无法为生产提供化验等技术上的保证;三是焦炭供应问题一直没有很好地解决。当然,最重要的原因是铁厂设备与矿石不匹配。

应该说,开始盛宣怀对汉阳铁厂所生产出来的钢轨质量不行的原因也是弄不清楚的。他弄不明白,为什么同样是煤和铁沙,同样是洋人的技术和进口设备,洋人生产出来的钢轨质量好得很,而我们生产出来的钢轨质量就不行。

这个问题实际上在张之洞当初购买冶炼设备时就已经酝酿了。张之洞在广东任职时,曾与驻德使臣电商购买冶炼设备,洪钧就提醒过他炼钢有两种不同的方法,即“贝塞麦”法和“托麦旅”法,它们分别适用于酸性和碱性的矿石。但是张之洞并没有予以足够的重视,而在汉阳铁厂上马时,他与驻英使臣薛福成商议购买设备时,更是忽略了这个问题,他只要求设备按时运到铁厂,认为中国“铁虽不精,断无各省之铁无一处可炼之理”,不必担心没有合适的煤铁与之相匹配。

盛宣怀尽管先前在湖北涉足煤铁的勘探与开采,但是他对钢铁的冶炼技术与设备等,也是门外汉。他听说钢材的质量和冶炼设备与矿石的匹配关系很大,于是 1899 年 1 月,当年春节之前,他又一次赴大冶铁矿山查勘铁矿,并向铁厂聘请的洋人技师请教,特别是了解铁矿石的成分与设备的关系问题,然而,这些技师也讲不出个所以然来。1903 年宗得福发现这些问题后,更加引起了盛宣怀的重视。

1903 年至 1904 年在卢汉铁路修筑即将完成之时,铁厂与日本签订了供应铁矿石的合同,盛宣怀筹集到了资金,于是他下决心扩建企业,趁此机会对企业进行技术改造,从而解决困扰多年的质量问题。

盛宣怀的指导思想非常明确,就是要在深入分析汉阳、大冶、萍乡三地的资源,尤其是铁矿石和焦炭配合性能以及在充分考察国外同等规模钢铁企业做法的基础上,找到汉阳铁厂的症结。为此,首先要找一位既通西文,又谙熟厂务的人携带铁厂的原料和产品出洋"求医问诊",寻求答案,他最终选择了李维格。

李维格早年游学英国,驻留驻英参赞李经方行邸,兼习法文,后随崔惠因使美,随李经方使日,因此谙熟英文和西方社会。1896 年 4 月任汉阳铁厂总翻译,1900 年掌管汉阳铁厂西人商务,之后一生未离开过汉冶萍公司。

早在 1902 年 9 月,李维格就致信盛宣怀,提出汉阳铁厂降低成本、广筹销路的六种办法,其中就有游历洋厂一项,并毛遂自荐出国考察,得到盛宣怀的支持。1902 年 10 月 24 日,李维格乘日本邮轮"博爱丸"前往日本, 10 月 28 日参观日本八幡制铁所,当他准备继续登邮轮前往美国时,却被盛宣怀以铁厂两炉齐开和筹划借款为由召回国。李维格为此有些失望,萌生退意。经盛宣怀挽留,李维格在上海负责筹借外资。

1904 年卢汉铁路建成,借款筹到,盛宣怀认为时机成熟,便再次指派李维格出国考察。与上回不同,此次盛宣怀为其详细拟定了考验矿质、考究厂务、访聘工师、购办机炉以及筹补用款等 5 大项 41 小项任务,其中考验矿质被列为头项任务,并分别就焦炭、铁矿、炉砖原材料及其与炼铁轧钢各方面的关系都作了细致的要求,可见盛宣怀深知只有掌握了汉阳铁厂炼铁原料的特性,才能对症下药，从而获得合理的技术改造方案，购置适合的设备。

李维格果真不负厚望，首先他为出国作了充分的准备，分别取大冶、萍乡的矿石焦炭样品以及铁厂的成品装箱随船携带，仅大冶矿石样品按照矿石不同的地点分装了8箱，每箱半吨。1904年4月8日启程，先后赴日本、美国、英国和德国考察，在美国匹兹堡对炼铁原料使用尤为注意，在英国寻访钢铁专家，化验矿石及成品样品，以征求最适合的炼制方法。历经近8个月，李维格于11月27日回到上海，他对于钢轨生产得知"炼钢有酸法碱法之别，酸法不能去铁中之磷，惟碱法能之""汉厂贝塞麦系酸法，而大冶矿石所炼之铁，含磷过多……而含炭少，磷多则脆，炭少则软。卜聂炼钢，减少含炭分数，使其柔软，以免断裂，然柔则不经摩擦，轻易走样……此汉厂贝轨所以不合用也……"（见《李维格呈出洋采办机器禀》，光绪三十年十二月十二，《汉冶萍公司档案史料选编（上）》）。经过出国实地考察，李维格找到了汉阳铁厂钢材质量问题的关键所在，即"矿石"含磷过高，导致钢轨易脆、易裂。他发现汉阳铁厂所采用的炼钢设备与炼钢方法，不适宜炼含磷过高的矿石。（见方一兵《汉冶萍公司与中国近代钢铁技术移植》）。

李维格回国之后，针对"矿石"含磷过高的原因，立即向盛宣怀建议购置新设备，改造旧式炼钢炉，放弃原用的贝塞麦转炉，改用马丁碱法炼钢炉，同时改进工艺，去除磷质。盛宣怀对这一建议颇为称许，并指示照办。这样，就使"十余年未解之难题，一朝涣然冰释"。李维格说："在洋考察，既有把握，于是绘图贴说，广招英、美、德专门名厂投标，并与同行之萍乡矿师赖伦，及新雇之工师等，一再讨论，剔破疑团，然后分别订定。归国后激励同人，勇往从事，胼手胝足，四年苦工，于去冬（1907年）十月告成出钢。"（见李维格《记汉冶萍》，光绪三十四年七月）。

从李维格回国，购置新设备，再到炼出第一炉真正合格的钢材，又花去了整整五年的时间。这为“西法炼铁，事非素习，无以得其窍要，计穷力竭，欲罢不能”（见李维格《记汉冶萍》，光绪三十四年七月）的盛宣怀，解决了又一个阻碍前进的拦路虎。

新炼出了合格的钢材，不几天，盛宣怀就赶赴湖北“来鄂验视新钢”，为“居然媲美欧洲”而自豪，为“东西人来阅者，皆称中国亦能做到如此”而高兴。

图 7–2 汉冶萍公司

7.4 由汉阳铁厂扩展为“汉冶萍”

汉阳铁厂在盛宣怀的主持下，找到了萍乡煤矿，解决了煤炭这个关键的原材料，接着，又由李维格领衔，闯过了钢材质量关。这时正“值各省兴筑铁路，经邮传部通行各省，一律购用”，汉阳铁厂的钢轨和其他有关部件，销路不成问题了。

此时，为了降低成本，增强竞争能力，盛宣怀又在考虑如何减少汉阳铁厂税收负担的问题。他在 1901 年铁厂续免税厘五年的情况下，于 1906 年请求政府再减免十年。这样，汉阳铁厂的免税特权就受到种种非议。对此，盛宣怀愤慨地予以驳斥，他在给商部的信中说汉厂“几经挫折，近甫转机，若自运中国口岸，先为税厘所困，出运他国口岸，又为彼国进口重税所困，势必各省尽销洋铁而后已，势必汉厂商力告竭即日倾覆而后已！如中国何？如大局何？”（见《盛宣怀档案》，盛宣怀《致商部税务大臣》，光绪三十二年八月初二）。经过盛宣怀的努力，续免税厘的请求亦获得批准。

所有有利因素的汇合，使得汉阳铁厂大有起色。盛宣怀认为，铁厂不仅站稳了脚跟，且有大发展的可能，具备了煤铁厂矿联合起来的条件，可以实现自己多年煤铁“合为一家“的宿愿了。

1907 年 7 月，盛宣怀禀庆邸：“现办铁厂兼煤铁矿，成效显著：一手经办之轮、电两局，历年收回利权甚巨。至今邮传部特开一部实赖此以存国体。”（见《盛宣怀档案》，盛宣怀《禀庆邸》，光绪三十三年六月）。他希望得到奕劻对自己的支持。10 月，盛宣怀函商张之洞：“拟将汉、冶、萍合成一大公司，以期保中国厂矿挽回中国权利。”10 月、11 月，近两个月间，盛宣怀遍历鄂、湘、赣勘阅厂矿，因疲劳和冬寒，旧疾复发。

1907 年，“汉冶萍煤铁厂矿公司”正式挂牌宣告成立，盛宣怀出任第一任总理，李维格出任协理。经过近一年的酝酿与准备，1908 年春，盛宣怀赴清政府农工商部注册，奏请朝廷批准，将汉阳铁厂（汉）、大冶铁矿（冶）、萍乡煤矿（萍）合并为一，成立“汉冶萍煤铁厂矿有限公司”。其中汉阳铁厂由张之洞始创于 1890 年，大冶铁矿不是一个独立的经济实体（1878 年 2 月，盛宣怀“以湖北开采煤铁总局名义买得大冶铁矿山”，张之洞筹建汉阳铁厂时，双方商议大冶铁矿归铁厂开采、管理），隶属于汉阳铁厂，在经营管理形式上，张之洞采用官办体制。1896 年，盛宣怀接办汉阳铁厂之后，改为官督商办体制，张之洞则成了铁厂合法的官方监督，并写进了铁厂官督商办章程中。萍乡煤矿采用近代化的大机器生产开发始于1898 年，由盛宣怀主持，并采用官督商办体制。在 1898 年至 1908 年 3 月间，汉阳铁厂和萍乡煤矿是两个独立的实体。至此，盛宣怀下决心要将它们合二为一了。

盛宣怀在奏折中说："臣去秋由汉而萍，验收汉阳新钢厂，履勘萍乡大煤槽，风声所播，商情踊跃，沪汉等处华商拟议加集巨股大举合办。先是臣已函商前督臣张之洞，力筹保守之策，拟将汉冶萍煤铁合成一大公司，新旧股份招足二千万元，一面拨还华洋债款，一面扩充炼铁……以商办已见实效，自应循照成案，以期保全中国厂矿挽回中国权利。"（见《盛宣怀档案》，盛宣怀《汉冶萍煤铁厂矿现筹合并扩充办法折》，光绪三十四年二月）。

盛宣怀之所以要将汉阳铁厂、大冶铁矿与萍乡煤矿合起来办，原因是多方面的。首先，是为扩充招股募集资本与还洋债。"因本厂所用商本已七百数十万两""尚需添本二百万两""而本厂实在商股只有一百万两，萍乡商股亦只有一百五十万两，其余皆属重息借贷之款，认利息不认盈亏，断非正办，尤非久计"（见《盛宣怀档案》，盛宣怀《汉冶萍煤铁厂矿现筹合并扩充办法折》，光绪三十四年二月）。盛宣怀认为只有通过合办，招集商股才能解决上述问题。1908 年 3 月，盛宣怀上奏："为商办汉、冶、萍煤铁厂矿渐著成效，亟宜扩充股本合并为一公司，以期推广，而垂久远。"二月二十一日奉谕："着责成盛宣怀加招华股，认真经理，以广成效。"（见夏东元《盛宣怀传》）。其次，此举是为抵制日本觊觎，挽回国家利权。盛宣怀认为"外势日重，觊觎日险，汉冶滨江，尤难保护，明示中外此厂矿为全国商力团结而成，自较官办为稳慎。侄势孤力弱，遍求不应，何敢再事游移，坐误大局?"（见《汉冶萍公司（二）》，《盛宣怀致吕海寰函》）。他在这里所指的，就是日本对大冶铁矿的野心。盛宣怀认为汉冶萍的合并商办，有利于抵制日本的野心，维护国家利权。再次，此举是从煤铁关系角度考虑的。盛宣怀说："若将铁厂、煤矿分招，则萍煤招足甚易，汉厂人皆震惊于旧亏太巨，成本过重，虽老股亦不肯加本，新股更裹足不前，是以十年之久，屡招屡辍，竟致无从提起。"他又说："现因铁厂、煤矿相依为命，若仍前分作两公司，难免畛域。"（见《盛宣怀致张之洞电》，《汉冶萍公司档案史料选编》上册）。盛宣怀是从招股及解决铁厂、萍矿内部的关系考虑的。最后，是从张之洞调离湖广总督后，对汉冶萍可能产生的影响而考虑的。当时，张之洞即将调离湖广总督，盛宣怀很担心如同轮船招商局、电报局当年被袁世凯抢夺那样，由于张之洞的离任，给汉冶萍带来某些不测，为了便于掌控，他需要尽早合并商办（见李玉勤《对盛宣怀合并商办汉冶萍公司决定性原因的考察》，《第一届汉冶萍国际学术研讨会论文集》）。

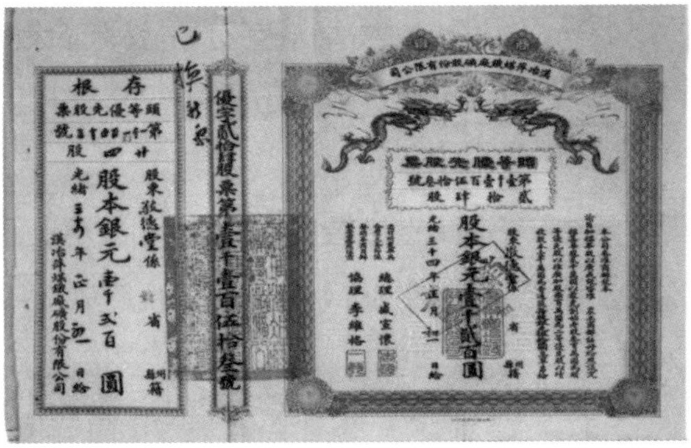

图 7–3　汉冶萍公司发行的股票

1908 年 11 月 7 日，清政府正式批准"汉冶萍煤铁厂矿有限公司"成立，确定公司设在上海，由盛宣怀总负责。"汉冶萍"堪称"中国钢铁工业的摇篮""中国的第一个钢铁托拉斯"，也是当时亚洲最大的钢铁联合企业。公司由官督商办转为完全商办。到辛亥革命前夕，公司员工 7 000 多人，年产钢近 7 万吨、铁矿 50 万吨、煤 60 万吨，占清政府全年钢产量的 90% 以上。

盛宣怀早在1875年,就奉李鸿章之命,在湖北找煤勘铁,筹备炼钢铁,几经努力,几次失败,内中的酸甜苦辣,一般人是难以理解的。1896年,他再次从张之洞手中接办汉阳铁厂,至1907年新炉出钢为止,又度过了十一年的光阴,可以说,超过了他人生五分之二的光阴,都与汉冶萍密切相连。这期间,他当然还创办了许多其他的实业、承担了许多其他的任务,但是不能不说,办钢铁花去了他一生太多的心血与精力。

盛宣怀对钢铁、对汉冶萍的情感,从1912年他写给即将赴英国留学的四子盛恩颐、长孙盛毓常的"游学箴言"中所说的话:"庙堂之上权在人不在我,为学以在我为先。我生平好为其难,钢铁是国粹,是祖业,能继式者即真豪杰即贤子孙。"(见《盛宣怀档案》,盛宣怀《送儿孙游学箴言》,1912年6月23日)。得以充分的表达。其意思是说:"官场上,权力掌握在别人手中而不在自己手中,但学习的知识却可以掌握在自己手中。我生平最喜欢迎难而上,钢铁是我国的支柱产业,也是我们家的祖业,能继承钢铁事业才是真正的豪杰,才是我们家的好子孙!"他对儿孙最大的勉励是:树立从事、发展钢铁事业的志向。

7.5 汉冶萍在技术引进、管理上的进步

汉冶萍公司在对西方钢铁技术引进上的进步,可以从设备层面、人员层面与制度层面三方面加以概括。

从设备层面来看,在张之洞主持时期,首先,技术引进是政府行为,引进的决策者是以张之洞为首的少数政府官员,并且是在没有本土技术基础情况下进行的;其次,从技术引进的方式看,技术传递只能单方面全方位地依赖技术输出方英国和比利时两国的技术人员;最后,这种技术引进直接跨越了两种不同的社会文化体系,技术的传递者是刚来中国不久的外国技术人

员，而中方职员是晚清政府官员、传统文人、地方乡绅，双方在价值取向、办事方式上存在很大的差异，极易产生矛盾。而技术引进带来的煤铁矿大规模开采，势必对当地传统生产、生活带来影响。

而在盛宣怀、李维格主持下的汉冶萍公司，技术引进主要是设备引进和改扩建，技术来自德国、英国和美国。首先，该阶段的铁厂已经为商办企业，且管理者已经有了一定的钢铁技术常识和经验，决策者是铁厂督办盛宣怀、总办李维格、萍乡煤矿总矿师赖伦等，他们十分重视对技术信息的调查，派遣在企业任职多年且通英文的李维格以及外籍工程师赖伦、彭脱等赴美国、欧洲进行调研，并携带了铁厂的矿石、生铁等产品去进行考验，对症下药，获得的技术信息准确，并且符合铁厂的实际情况。其次，在技术引进的决策方式上，采用的是招标方式，设备来自多家企业。而高炉的设计由在厂工作多年的吕柏负责，根据其设计再订购设备。可以说，这一阶段引进的设备是符合铁厂的矿石资源条件和生产目标的，是相对合理的。最后，从效果来看，由于所引进的设备与铁厂的资源相匹配，引进的技术比较合理，因此解决了铁厂的产品质量问题，当然，不能不看到，产品的生产成本还比较高，一定程度上影响了技术引进的效果。但是，应该肯定这是在本土技术能力欠缺的情况下，一次相对合理和成功的技术引进。

从人员层面来看，技术引进表现为三个方面。

（1）技术工人方面，企业获得技术工人的途径：一是雇用发达地区，如广州、香港、上海等地的技术工人；二是出资向国外送培工匠，但人数相对有限；三是“干中学”模式，这是主要的途径。

（2）工程师方面。一是早期聘请外籍工程师；二是出资送培，公司送培的留学生逐步代替了外籍工程师；三是聘用回国的留学生与国内院校的毕业生。

(3)从技术能力看,技术人员在高炉等设备的建造和投产等方面基本能胜任,但是在高炉等设备的设计方面,依旧需要聘请外国公司来完成。

从制度层面来看,企业制度层面的技术能力,如企业为实现技术的持续发展建立了一系列组织、规范和制度保障等,其突出表现为汉冶萍公司制定和实施了我国第一部钢轨制造和验收的标准(见方一兵《汉冶萍公司与中国近代钢铁技术移植》)。

1911 年 7 月,汉冶萍公司在总办李维格的主持下,以英国通行章程为蓝本,拟定了《奏定八十五磅钢轨及附属品制造验收通行章程》。该标准以英式 85 磅轨为标准,详细规定了 85 磅钢轨及附属品的样板、制造法、化验、剪裁、整齐、长度、钻孔、标志、试验法、试验器具、出钢号数及日期登记、试验费、剔退钢轨记号等规范,并附有样板图纸和计算方法(见方一兵《汉冶萍公司与中国近代钢铁技术移植》)。7 月 13 日,李维格与湘鄂段总工程师格林森商议后正式确定该章程。李维格在给盛宣怀的信中说:“验收钢轨等件规则已与格林森议定,兹特具禀呈部,务乞即日具奏颁行,愈速愈好,此事与厂甚有关系也。”(见《盛宣怀档案》,《李维格致盛宣怀函》,宣统三年六月十八)。并通过盛宣怀以邮传部名义上奏清政府。1911 年 8 月,清政府准奏,由邮传部颁布该标准。我国第一部钢轨制造技术标准由此产生,它统一了中国干线铁路钢轨样式规格以及制造、验收标准。

由于辛亥革命爆发,该标准还未来得及实施,就随着清政府的覆灭而失效了。辛亥革命之后,由于标准失去了官方地位,铁路工程的修建仍然未能统一,汉冶萍公司只能依靠自己的力量与客户再三磋商,将钢轨纳入标准之内。

1913 年李维格在《时报》上发表文章《中国钢铁实业之将来》，总结中国钢铁业不能发达的两个原因一是无国家保护，二是无统一标准，呼吁政府加以重视。

同时汉冶萍公司致函交通部，希望借助交通部的力量推行这一标准，并恳请早日颁布轨制标准，但是，新建立的民国政府无暇顾及于此。

1914 年，新成立的中华工程师会在第四期会报上全文登载了《规定八十五磅钢轨及附属品制造验收通行章程》，只是将原先标题中的“奏定”二字，改成了“规定”二字。《工程师会会报》将此标准刊出，表示此标准已得到铁路工程师团体以及业内的认可，由于汉冶萍公司是国内当时唯一的钢轨制造商，该标准实际上起到了临时统一中国钢轨标准的作用，得以在国内实施。

第一部钢轨制造标准的制定与实施，标志着汉冶萍公司在技术、管理上的进步。

7.6 汉冶萍培养了一批出色的技术人才

由于煤铁的勘探、钢铁的冶炼与生产，在晚清时期的中国是一项全新的事业，从事钢铁生产与管理的应该是专业的技术人才以及具备专业知识、训练有素的技术工人。因此，从张之洞创办汉阳铁厂之初，到盛宣怀接办铁厂，之后又发展为汉冶萍公司，管理者都十分重视人才及人才的培养。可惜，在科举制度下，国内没有可供任用的技术人才，更谈不上技术工人，最初只能聘用外籍技术人员，雇用从事过相关产业的工匠。

从 1890 年筹建汉阳铁厂到 1912 年首个中国人担任总工程师为止的 22 年中，先后聘请了 5 名外籍技术人员担任总工程师，他们是贺伯生（英国，1890—1892 年）、白乃富（比利时，1892—1896 年）、德培（德国，1896—1897

年）、堪纳第（美国，1897—1905 年）、吕柏（卢森堡，1905—1912 年）。

盛宣怀接办汉阳铁厂时，铁厂原先聘用了 36 名外籍高级技术人员，他提出采用以岗选人的办法，经过考核甄别，留用了 14 名人员。为了勘探和开办萍乡煤矿，铁厂向德国礼和洋行借款，由此萍乡煤矿的勘探、设计、设备采办和修建工程均由德国工程师负责，于是聘用了德国矿师赖伦（1896—1923 年）、马科斯及施密特、李治、马克等人，其中以赖伦最为重要。

当时聘用外籍工程师主要有以下问题。第一，反映了各国在中国政治经济利益的争夺，西方国家企图通过他们的工程技术人员控制正在成长中的中国工业，铁厂从外交上考虑，频繁更换工程师，先是英国人手中，再是比利时人、德国人、美国人，最后又是比利时人。第二，在公司运作中经常发生华洋不合的问题，尤其是 1905 年之前，外籍工程师和中方管理者之间经常出现信任危机。导致危机的原因是多方面的，有外籍人员不称职的，有双方沟通不够的，更有因文化背景差异造成的。第三，外籍工程师在进行勘探和建设工程中，常常遇到当地百姓的敌视和抵制，尤其在萍乡这样相对内陆的地区，因此也造成不断变更对外籍工程师的聘用的情况。

汉冶萍公司为了改变主要技术岗位过分依赖外籍技术人员的状况，一直努力寻觅和任用国内掌握勘矿、冶炼等方面科技知识的技术人员。这些人大多是早期的出国留学人员，在张之洞时期主要是福州船政局的留学生和早期留美幼童等。盛宣怀接办公司后，主要是聘用归国留学生，如帮助盛宣怀解决钢材质量问题、后来任汉冶萍公司经理的李维格，留美幼童、湘矿矿师邝荣光，留学生、炼钢厂分董徐庆沅，留日学生、化铁股股长严恩棫等。

1901 年，盛宣怀开始资送学生出洋游历，他认为“躬验目治，专门肄习，乃能窥西学之精，用其所长，补我之短”。当年，他通过南洋公学资送北洋大学堂第一批 8 名毕业生赴美留学，他们是陈锦涛、王宠惠、张又巡、王宠佑、严

一、胡栋朝、陆耀廷、吴桂龄。他们在美分别取得了硕士或博士学位。从1902年至1918年,汉阳铁厂及汉冶萍公司先后送培的学生有吴健(英国谢菲尔德大学钢铁冶金专业,硕士)、卢成章(英国谢菲尔德大学钢铁冶金专业)、郭承恩(英国谢菲尔德大学机械专业,学士)、黄锡赓(美国里海大学采矿专业)、杨卓(美国里海大学矿冶专业,硕士)、陈宏经(美国)、金岳祐(德国,矿学专业)、朱福仪(美国威斯康星大学)、程文熙(比利时)、赵昌迭(美国里海大学冶金专业)等10名。

特别要提到的是,由盛宣怀亲自从南洋公学挑选、由汉阳铁厂送到英国谢菲尔德大学委托培养的留学生吴健,他是该校首批获得冶金专业学士学位和硕士学位的学生之一。1908年底,吴健从英国回来,就回到汉阳铁厂,成为汉阳铁厂的第一位中国工程师,正是这一年,汉阳铁厂与大冶铁矿、萍乡煤矿合并成立汉冶萍公司。吴健挑起了汉冶萍的重任,1912年2月他被委任为总工程师,并先后任汉阳铁厂与大冶铁厂的厂长。此外,1914年北洋大学堂毕业生、留美学生王宠佑被委任为大冶铁矿矿长,留美学生黄锡赓被委任为萍乡煤矿总矿师,一批归国留学生担任了汉冶萍的要职,逐步替代了外籍技术人员。

汉冶萍还十分重视技术工人的培养,盛宣怀接办铁厂后,在铁厂设立专门学堂。1897年,李维格曾拟了一份《汉阳钢铁厂学堂章程》,规划设立化学、炼铁、炼钢、机器四所学堂。但由于当时经费困难,正规学堂没有办成。然而,汉冶萍通过化验室和各车间招收学徒的方式,培养了一批技术工人、化验员和绘图员。

如化验室在主任骆丙生的带领下,开展各项化验工作。骆丙生还兼任化学教习,培养技术工人,尤其是1907年阿亨博士的加入,使化验室有了很大的改善,培养了一批合格的化验人员。1904年大冶铁矿添设化验所,由铁厂派出一名自己的学生承担此项工作,“博矿师意,矿山须添化学堂一所,以资化验,商诸汉厂,拨派一化学生随带化铁药料器具,就矿山公事房内匀出房间安置炉座,求省费而事举。现化学生已抵矿山,月薪二十四元,并由汉厂定。”(见《盛宣怀档案》,《宗得福致盛宣怀函》,光绪三十年十一月二十三)。

不仅是化验室,绘图房及各车间都招收了大量学徒从事绘图、机器装备、火车驾驶、修理等具有技术含量的工作,在实践中培养了众多技术工人,解决了企业缺乏技术工人的困难。外籍技术人员对汉冶萍自己培养的这一批技术工人,几乎一致地给予好评。

1909 年,《东方时报》转载了美国一钢铁公司经理马而根的一篇文章,文中讲述了铁厂的外籍机械工程师杜耳君对华匠和学生的钦佩,“杜耳君,颇赞许华人机械之技能。所用之辘轴,俱华人所自造,唯聘欧洲人一,为之布置而已……杜君将一亲历之事告余,以证华人之灵敏。前汉厂由美国购到火车头一部,到厂后尚须一小分装配,以成一体。然当时细图尚未到华,某华匠目不知,杜君也未提及,乃不久车头已装成,而在厂中之铁道上行驶。系该匠目之功。杜君甚为诧异。余问杜君云,此非奇能乎。杜君云,若细图未到,余亦不能装配。杜君又述及华人做事之准确详细,只观绘图房学习绘图之少年,当模仿图样时,见原稿上有偶然之墨迹污点,即仿抄之。”

7.7 维护国家矿权,防止列强掠夺

《马关条约》签订后,外国列强加紧了对中国矿权的掠夺。盛宣怀抓住铁厂、铁路、银行不放,同时他仍然十分关注维护国家的矿权。

盛宣怀认为,“中国财产莫大于矿”,外国列强虎视眈眈想要侵占的首先是中国的矿藏,而中国要想增强工业、军事的实力,也离不开矿藏,因而他将办矿看作“转贫弱为富强实有关系”的关键一着(见《盛宣怀档案》,盛宣怀

《寄总署总局》，光绪二十四年二月十三）。

盛宣怀对矿的概念是全面的，不局限于煤铁，他认为金属矿中的金、银、铜、铅等矿，都是工业中极有用的原材料，都要注意勘查、保护，从地域上讲，全国各地的矿藏，都应列入勘查、保护的范围。

盛宣怀对外国入侵者侵占我国矿业的举动十分警惕。1895 年，沙俄急于侵占我国东北的金矿，他提醒刚担任直隶总督的王文韶，说（黑龙江省）观音山的金“矿苗胜于漠河……家有窖藏，强邻觊觎，宜速抢挖。”（见《盛宣怀档案》，盛宣怀《寄直督王夔帅》，光绪二十一年十一月十二）。后来，针对黑龙江漠河的金矿，他又提醒王文韶，说：“此矿久必归俄！自以速办为是。”（见《盛宣怀档案》，盛宣怀《津督王夔帅》，光绪二十四年三月五）。1901 年 9 月 7 日《辛丑条约》签订后，盛宣怀担心沙俄抢占漠河，建议力争漠河、观音山和三姓等金矿“仍归华商自办”（见《盛宣怀档案》，盛宣怀《寄京王中堂》，光绪二十八年二月二十）。

1898 年，盛宣怀得知英国福公司在山西几乎侵占了整个省的开采权，而且还想在山西境内筑路便于矿石运输，甚至还想就近建炼铁厂，将铁矿石炼成铁。他发觉福公司的胃口真大，不仅要在中国掠夺原材料，还要将它们变成“制成品”，再运回国去。盛宣怀在发至总署总局的信中指出：“若照山西、四川一纸合同，即以全省六十年无限地利悉归外人，名曰华股，实皆洋股，且恐藉开矿而渐及派兵保护，占利竟致占地，恐贻后悔。”（见《盛宣怀档案》，盛宣怀《寄总署总局》，光绪二十四年二月十三）。针对英国福公司的做法，盛宣怀提出：“一是只能给予某一矿，‘就矿言矿’，绝不能给予全省矿权；二是矿与路不能兼营；三是不准把原材料制成成品。”（见夏东元《盛宣怀传》），针锋相对地与英国福公司对抗。

1896 年，盛宣怀接任铁路总公司督办后，看到帝国主义列强瓜分中国的局面时,即提出大规模引进机器设备和使用洋股以开采矿藏的建议。当他得知“北方直、晋、豫全矿皆与俄、意、英定约,余利归外人七十五分,限期六十年”的消息后,愤慨而担忧地说:“北方无尽利权均属人。”由此他判断“湘矿不久必属英、法”了。为此,他提议将湘矿“归并(铁路)总公司”,借美款开采,以抵制外国势力的进犯(见夏东元《盛宣怀传》)。

面对列强瓜分中国的态势,1896 年郑观应向盛宣怀提议:“今我国势将瓜裂,恐难挽回。拟设立一公司附于商局,急遣矿师四出将各处好矿凡属官山及廉价之民产尽行购定,并禀请地方官批示存案,免为外人所夺。”郑观应又说在各省“凡铁路经过百里之内有矿产者,应归铁路公司招股开采”。他敦促盛宣怀抓紧购买,“迟恐好省分又为捷足者为先登,大权落于人手,铁路无以生色”(见《盛宣怀档案》,《郑观应致盛宣怀函》,光绪二十二年四月二十)。

1899 年 11 月 22 日,盛宣怀给总署文:“中国矿产至富,大利未收,烟煤焦炭用途最广,而东南各省多待济于日本,致使汉阳铁厂、轮船、纺织各厂局,成本加重。各国讲求商务,总以出口之货抵入口之货为第一义。故宜大力自办煤矿,用先进技术开采。”(见夏东元《盛宣怀传》)。

当年,盛宣怀正式上奏清廷,说:“仿照通商银行速立矿务总公司,选举商董招集商股附搭官本,延聘著名地学化学之矿师二人,选派专员分赴三江两湖以及各省,凡未为洋人所得者,周历查勘,将各种矿地逐一勘明绘图贴说,分别等差,先行买归总公司执业。酌定地租数目,造册呈送,统辖总局存案。”(见《谨拟商务事宜详细开具清单》,《愚斋存稿》卷三,光绪二十五年)。面对西方列强的侵犯,盛宣怀提出了针锋相对的对策,并积极采取行动。

7.8 与列强争利的中国勘矿总公司

1901 年 9 月 7 日《辛丑条约》签订后,西方列强侵占我国矿产的形势更加严峻，面对这一状况，1902 年 10 月，盛宣怀向清政府奏请在上海设立勘矿总公司。他在《请设勘矿总公司折》中说："中国所有者，产矿之基地也；外国所有者，开矿之资本也。我能守我之地，不为他人所夺，将来以我矿地，或作资本，或采租息，皆当权自我操。总之，矿商之利，外人不妨共之；而地主之权，中国当自守之。亡羊补牢，尚未为晚；曲突徙新，岂容再误！"针对列强群起抢占我国矿利，而国家的财力和矿业人才缺乏，不允许大规模办厂开矿，盛宣怀在奏折中又说："欲思一补救之法，断非空言大言所能济事，而必先量我权力财力所能办到，惟有将民间产矿之地，由公中筹款自购，力争先着而已经。"

为此，他提议在国内筹集百万两资本，在上海设立勘矿总公司，派矿师勘查全国各类矿产资源，以便购买。此外，他还建议各省也"筹款分延矿师勘觅，以免外人再占"（见《盛宣怀档案》，盛宣怀《上振贝子书》，光绪二十九年闰五月二十九）。

1903 年，中国勘矿总公司在上海设立。盛宣怀聘请英国布鲁特为矿师、李御为副矿师，迅速派人在全国各地勘查、争购矿产，先后购得江苏利国铁矿、唐山至林西沿途煤矿、山西平定州煤矿等矿权。他对自己的行为向山西巡抚张曾敭解释，说："一则留为自办，彼不能夺；一则合办，可作股本，庶不致空言无补。"他还提醒张曾敭，在山西迅速筹划华商"自开各矿"（见《盛宣怀档案》，盛宣怀《寄张帆中函》，光绪三十一年五月初一）。

针对英国福公司在山西既计划筑路，又计划炼铁的情况，1903 年 10 月 22 日，盛宣怀致电外务部，说："查福公司造路，从前只言运矿，现闻意在设厂炼铁，于中国铁政影响甚大，必须设法补救，否则中国认钜款代造运矿之路，转使其腾出路款速成煤铁矿，以夺我铁厂权利……"三天之后，他又致电外务部及商部，说："窃思晋、豫合同，平空给以无数矿利，已大失算。兹因其求我国家出予泽道铁路借票……索我借票，俾腾出福公司资本全力开矿，是中国国家任代造运矿路之钜款，英国公司独受开矿无穷之大利。彼既欲因矿而及路，我即欲因路而及矿。一曰此路运矿车价须比他项客货酌加两倍，以备修养及票债本利。一曰国家应得红股若干，分沾矿利。一曰只准开矿不准制铁，以符条约始终未准洋商在内地设厂之义。”（见《盛宣怀档案》，盛宣怀《寄外务部、商部》，光绪二十九年九月初六），针锋相对地提出了限制福公司的措施。之后，他又给外务部去函，提出了抵制英国福公司的意见。

盛宣怀抵制英国福公司的意见，未得到清政府的完全支持，这时，他又致函山西巡抚张曾敭，请张限制福公司在山西的矿权。张曾敭经过密查后告知盛宣怀，福公司未将山西铁矿全部购去。1904 年 3 月，盛宣怀在致电外务部的函中说：“……晋省铁山并未买动。现拟派雇矿师先收产铁矿山，虽不能如大冶尽数收买，或不致悉为彼得，则仍可自炼自铁，而福公司铁砂不过带炼。倘能办到如此，铁利尚可挽回。”（见《盛宣怀档案》，盛宣怀《寄外务部》，光绪三十年二月十六）。

中国勘矿总公司成立三年之后，盛宣怀向清廷奏请将公司撤销。

盛宣怀在奏折中说：“伏查勘矿之举，原议重在收买矿地，免为外人占夺，实赖各省地方官联络一气，方能办理。臣奉准设立勘矿总公司后，即撤销商务大臣差使，势难以上海一隅之局，参与各省之事。况近年风气大开，各省多已次第设局开办，自应将总公司即行裁撤，所延矿师布鲁特以及副矿师李御三年合同期满，已撤回国。”（见《盛宣怀档案》，盛宣怀《密陈裁撤勘矿公司拨款专办晋矿折》，光绪三十二年三月）。

经过清政府批准后，中国勘矿总公司正式撤销。

7.9 通过举债，推进汉冶萍的发展

盛宣怀接办汉阳铁厂，继而发展为汉冶萍公司，他对钢铁产业需要投入巨额资金的认识，随着生产规模的扩大，认识越来越深刻。最初为了筹集资金，他先后于 1896 年、1899 年发行过两次股票，尽管当时外部环境不好，民间资本不看好铁厂，但是因为他掌控着轮、电二局，可以方便地调用它们的资金，或以它们作担保，借到资金。

1903 年袁世凯从他手中夺走轮、电二局时，袁世凯就规定以后铁厂借款，不得以轮、电二局财产作保，轮、电二局对铁厂的挹注断绝。为了改造铁厂的机器设备，将铁厂办下去，盛宣怀不得已只能以铁厂本身的财产作保，开始频频向外国举债。

1903 年 4 月 3 日，盛宣怀说："铁厂接济已断。事关国计，若一摆脱，难保不为开平之续(即主权贱卖给了英国，笔者注)。只得坚忍支持，再费数十年心血，俟有成效，其利益必在轮、电两公司之上。后之来者，亦不难坐享其成也。"(见《盛宣怀档案》，盛宣怀《致张大冢宰》，光绪二十九年三月初六)。为了摆脱资金的困难，盛宣怀绞尽了脑汁。盛宣怀把自己拥有的轮、电二局的巨额股票，卖得只剩下九百股，而将所卖得的资金，全部买下了汉冶萍的股票，以扩充汉冶萍的资金。

为了修建萍醴铁路运煤，他甚至将卢汉铁路官款九百万两用于萍醴铁路，又将中国通商银行的股本用于扩充铁厂。

此外，他不得不频频向外国财团借款。这时，日本的势力正在向中国渗透，与西方国家比较，当时，向日本相对容易借到款项。

从 1903 年 12 月 14 日至 1907 年 12 月 14 日，汉冶萍公司先后向日本大仓组、小田切万寿之助、三井洋行、正金银行等，共分五次借款，约近七百万

元。有了这些资金,铁厂才使得李维格出国考察回来后的建议,得到完全的落实,才真正闯过了钢材的质量关,才使得"汉冶萍煤铁厂矿有限公司"可以正式运转。

然而,盛宣怀的上述举措,受到了社会、官场,甚至清廷的严厉谴责。最使盛宣怀为人诟病的是,为了维持公司的正常发展,在招商集资无着、经费难以解决的情况下,他多次向日本举债,使日本的势力逐渐渗透进入汉冶萍,使汉冶萍在一定程度上受到日本势力的左右(见易惠莉《中国第一代实业家盛宣怀》)。

盛宣怀之所以向日本大量举债,一是他轻信了日本,妄想中日合作,可以共同抵御欧美势力的侵入。1908 年 9 月,盛宣怀在赴日就医期间,曾去日本制铁所考察,当时他与制铁所所长中村雄次郎交谈时说:"东亚惟汉厂与制铁所并峙,近来名誉远播,欧美至为震惧,煤铁报章至论之为黄祸西渐,极力筹抵御之策,美、德各厂已经联合,而国家又任保护。"(见《盛宣怀档案》,盛宣怀《东游日记》)。二是盛宣怀有自己个人的考虑。正如与盛宣怀有多年交往的日本驻沪领事小田切万寿之助所说,盛宣怀希望通过用举债的办法,从公司收回自己的资金。小田说:"盛宣怀因已将其全部私产投入汉冶萍公司,当然会感到极大痛苦。所以,他很想由哪里举一笔债收回其资金,以预防在万一时发生汉冶萍公司与自己资产之间的纠纷……因此,他才按预定计划以萍乡煤矿作担保……此种场合,对我国来说正是可乘之机。"(见夏东元《盛宣怀传》)。在清末摇摇欲坠的政局下,盛宣怀对自己督办汉冶萍的地位,始终感到如履薄冰,他感觉不知什么时候汉冶萍就有可能像轮、电二局那样,被清廷接管。因此,他不放心自己的资产,投入汉冶萍中去了后,又千方百计地要从中取出。

盛宣怀、李维格等从维持公司运转、扩大生产规模以图他日获利的立场出发,认为只要注意借款策略,举借外债是公司经营的"激进之策"。李维格

1905年就说过“官款难筹，商本难集，舍此实无他策”。盛宣怀也认为尽管借债“固犯清议之忌，然试问中华今日上下财力，舍此恐必束手，吾不敢谓借款为上策，但胜于无策，但看如何借法。”在资本严重匮乏以至于生产无以为继而国内官款商本都无从筹集的背景下，在公司要么停产倒闭、前期投入和努力全部付诸东流，要么举借外债或有振兴之可能的现实情形中，企业管理者的这种认识是有理由的。如果能真正做到“权由我操”，举借外债也是可以避免利权丧失的。不可否认，汉冶萍公司发展中所需的资金大多来自附有苛刻条件的日本借款，但在当时的中国，一方面政治动荡，政府财政极为困窘，无力支持汉冶萍公司，另一方面工商业和金融信用业极为薄弱，汉冶萍公司是一家规模庞大、耗资甚巨的钢铁煤铁联合企业，不得不通过借款于外国争取发展机会。早在1913年就有人撰写了一篇《汉冶萍公司历史平论》，评价过盛宣怀借债发展公司的业绩：“就借债论：萍乡先借礼和马克，后还礼和，续借大仓一款，非此不能成萍乡；大冶先预支矿石价，非此不能成汉厂。嗣后九江矿借正金一款，又预支正金生铁价一款，非此不能续成汉、萍两处之扩张。”从大冶新厂的建设来看，当时的汉冶萍公司仍希望能够走上独立自强的钢铁工业之路，而不是单纯寄希望于出售矿石。

从汉冶萍公司各个时期企业的投资和经营权来看，汉冶萍公司是我国近代民族工业发展的先驱和代表。以张之洞、盛宣怀为代表的爱国民族实业家们发展中国重工业的努力体现了中国早期现代工业化道路的艰难尝试，其发展对于中国模式的工业化道路具有深远影响和启示（见雷儒金、尚平《浅谈汉冶萍公司的民族性及其成败的现代启示》，《第二届汉冶萍国际学术研讨会论文集》）。

8

建成中国第一条主干线

——卢汉铁路

8.1 张之洞奏请盛宣怀督办卢汉铁路

鸦片战争失败后，西方列强一直把在中国修筑铁路视为打开中国市场、瓜分中国的重要手段。为了抵御西方列强的侵占，清政府内部关于是否要修筑铁路、如何修筑、如何筹集资金等，一直有着争议。

1889 年，在中国铁路建设的第二次大争议中，两广总督张之洞提出了与众不同的见解，他认为首先应把握全局观念，中国应该优先修筑的是腹省干路，即卢汉铁路。张之洞在向朝廷上奏的奏折中建议修筑从卢沟桥经由河南至汉口的铁路。他设计的卢汉铁路的具体线路是：从保定、正定、磁州南下，经"彰（今安阳）、卫（今新乡）、怀（今焦作）等府"，在荥泽口以上，"择黄河上游滩窄岸坚经流不改之处，作桥以渡河"。过黄河后，则"由郑（今郑州）、许（今许昌）、信阳驿路以抵汉口"。

同年 12 月，张之洞由两广总督的任上，移任湖广总督，他一上任，就奏准将其在原任上向英、德等国订购的炼铁厂机器设备移至湖北，以便"造轨制械，次第展开"，一面制造钢轨，一面修筑铁路。当时国库空虚，为了修筑卢汉铁路，张之洞向朝廷提出每年拨款 200 万两白银备修路之用，得到了允诺。但是，仅仅一年，清政府就停止了拨款。

正当张之洞筹办铁厂，作造轨准备之际，东北局势紧张，沙俄在我国东北边境修筑西伯利亚铁路，图谋不轨。边事紧急，李鸿章奏请暂停卢汉铁路，移款就急，先修关东铁路以备战，卢汉铁路不得不停止启动。1894 年 6 月 28 日，张之洞克服种种困难，汉阳铁厂正式投产，但是，事隔一周，即爆发了中日甲午战争，中国战败，背负日方巨额赔款，卢汉铁路的修筑变得十分渺茫。

1895 年的中日甲午战争结束后，同年 7 月 19 日，即《马关条约》签订后的第 94 天，光绪皇帝发出一道谕旨，宣称"当此创巨痛深之日，正我群臣卧薪尝胆之时”，并提出救亡图存的六项“力行实政”，修铁路被列为首项。

1895年冬，廷旨以卢汉铁路工程亟当举办，命直、鄂二督王文韶、张之洞会筹，二人商议后认为盛宣怀堪胜此任。

1896年9月2日，张之洞向清廷推荐，说由盛宣怀督办铁路最为适当，因盛兼商业、官法、洋务三者之长。

9月，奉上谕：“王文韶、张之洞会奏请设铁路总公司，并保盛宣怀督办一折，直隶津海关道盛宣怀著即饬令来京，以备咨询。”盛宣怀随即遵旨入都。

10月19日，皇上召见盛宣怀，奏对关于南北铁路事一时许。盛敷陈大指，皇上深维至计（光绪帝召见盛宣怀，谈修筑铁路、练兵、理财、育才等事。光绪帝倾听动容，说诸臣皆不知之，患在因循耳）。

10月20日，盛宣怀奉命：直隶津海关道开缺，以四品京堂候补督办铁路总公司事务，并被授予专折奏事特权。

11月16日，盛宣怀驰抵天津，与直督王文韶议设立铁路总公司于上海，在天津、汉口设分局。

1897年1月6日，正式启用“铁路总公司关防”。

1月，铁路总公司于上海成立。盛宣怀奏明先造卢汉干路，其余苏沪、粤汉次第展造，不再另设立公司。时各国商人先谋入股，继谋借款包揽路工。而京外绅商亦竞请分办他路，实则影射洋股与借名撞骗者各居其半。盛宣怀通电枢、译、直、鄂，一律驳置不理，坚持先尽官款开办，然后择借洋债，再集华股，坚决反对招洋股。

8.2 先造卢汉，次第苏沪、粤汉

张之洞针对李鸿章要求先修津通铁路的主张，提出应先在中部地区筑路。中部是国家的腹地，可进可退，一旦南北向的铁路建成，与东西向的长江成十字交叉，中国的交通脉络，就发生质的变化了。张之洞认为“宜先择四达之衢，首建干路以为经营全局之计，以立循序渐进之基”，应先修自卢沟桥经河南达湖北汉口的卢汉铁路。张之洞说这条路是“铁路之枢纽，干路之始基，而中国大利之所萃也”（见张之洞《请缓造津通铁路改建腹省干路折》，光绪二十五年三月初三）。

张之洞修建卢汉铁路的观点很明确：第一，“无引敌之虑”，不会因为修筑这条路，引起外国势力的各种猜忌和顾虑，而增加阻力；第二，中国的内陆地域宽广，利于选择合适的地段筑路铺轨；第三，这条路一旦建好，沿途设置很多车站，“……民受其益，人习其事，商睹其利”，对商、民是极有利的；第四，建好了这条路，“将来集资推广续造，不至为难”；第五，卢汉铁路的修筑，有利于内地在物资、兵力等方面对京城的支援；第六，中国内陆各省蕴藏着丰富的矿产，卢汉铁路的修筑有利于矿产的开发；第七，铁路修筑在内陆，一旦发生海战，不致涉及铁路运输，海战利于得到保障。

张之洞提出的“缓造津通铁路”的意见，不见得完全正确，但是，他将修筑卢汉铁路提高到各条路的“纲领”的地位，是十分有远见的。他在给朝廷的奏折中说：“中国应开铁路之利甚多，当以卢汉一路为先务，此路南北东西皆处适中，便于通行分布，实为诸路纲领。”（见张之洞《吁请修备储才折》，光绪二十一年闰五月二十七）。他在致电总理衙门时又说：“此路四通八达，必宜先办，其余支路由此而推，如此方有纲领有次第。”（见《香帅致总署电》，光绪二十一年六月初十）。卢汉铁路的修筑，可为其他路段或其支路的修筑打下基础。

张之洞的见解，实际上也是盛宣怀的观点。盛宣怀多年在湖北、天津任职，他一再强调要抓紧“中权干路”，渐及其他支路，清晰地表明了他以修筑卢汉路为起点，逐渐扩大到全国各路的想法。盛宣怀认为“中国幅员广袤，边疆辽远，必有纵横四境诸大干路，方足以利行政而握中枢”。关于是修津通铁路，还是修卢汉铁路的争议，实际上就是1889年那一次争议的继续，1895年年底，清政府决议要兴建卢汉铁路了。

盛宣怀在筹建中国铁路总公司时，所作的规划是“先造卢汉”，然后“次第议请展造”苏沪、粤汉等铁路。他认为“卢汉一路，乃中国全路之大纲，将来南抵粤海，北接吉林，中权扼要在此，生发根基亦在此。气势畅通，全局自振”（见《盛宣怀档案》，盛宣怀《复陈借款保息并无流弊电奏》，光绪二十三年四月）。他对以卢汉铁路为核心的铁路建设计划，竭尽全力使之施行。因为他清楚地认识到卢汉铁路这条贯通南北交通大动脉的战略意义：不但可以将南北数省联系起来，而且便于向四周扩展，是中国铁路干线的核心。所以一切有碍于卢汉发挥核心作用的铁路建设计划，他都竭力反对，一方面他要阻止来自国内的干扰；另一方面他又要反对西方列强的争夺、破坏。

盛宣怀对于铁路建设的基本方针是，干路借款自造，支路尽可能华商接造，或虽为外人所造，也作为中国的支路。他在致外务部电中说：“查各国铁路皆由自主，中国穷于财力借助外人，自应先定干路若干条，由国家借款兴造，其余支路，仿照日本成法，准华商筹款接造，由短而长，由近及远，庶可有益无损。”（见《盛宣怀档案》，盛宣怀《寄外务部》，光绪二十八年九月二十）。

8.3 卢汉铁路向“小国”比利时借款

修筑卢汉铁路的大局已定，清政府原打算由各省富商集股修建铁路，但因政府信誉扫地，无人问津，不得已只好举借外债。消息一经传出，美、英、法、比等国的公司派代表蜂拥而至。

盛宣怀坚持卢汉铁路只借洋债，不招洋股。筹措经费的原则是："先尽官款开办，然后择借洋债，再集华股"，并且"无论议借何国路债，必须先用华款，后用洋债"（见中国史学会《洋务运动》第八册）。

1897 年 2 月，"比商至鄂，议铁路借款。就商于张之洞，佥以比为小邦，重工业，但斤斤于购料攒工，无他觊觎。即阴附他国商股，我于条款内坚明约束，只认比公司不认他人，可无流弊。其息率视他国所索为轻，且允既以铁路作保，无须再用国家名义。"（见夏东元《盛宣怀传》）。

1897 年 3 月 17 日，比利时驻汉口领事法兰吉见张之洞面商筑造卢汉铁路事宜。张之洞、盛宣怀认为其他国家胃口太大，而比利时是个小国，钢铁资源丰富，铁路技术成熟，最主要是"于中国无大志"。经过反复磋商，1897 年 10 月，盛宣怀代表清政府与比利时公司签订了卢汉铁路借款合同草约，该合同规定，筑路工程由比利时公司派人监造；所需材料除汉阳铁厂可以供应外，都归比利时公司承办，并享受免税待遇。在借款期限 30 年间，一切行车管理权均归比利时公司掌握。这是不得已而为之的较好的办法。其中有"比公司举荐总工程师监修路工"这一款，以卢汉铁路借款合同为蓝本，以后各路借款合同中均确定由债权方举荐工程师监修铁路。

1898 年 2 月，因胶州之疫情势变迁，比欲翻议；借口东线将筑津镇路，延不交款，多方要挟。盛宣怀乃以卢汉、粤汉两路均将改用美国贷款，对比利时公司予以威慑之，几经磋磨，续议条件，并允适当加息，才使比未予悔议。6 月 23 日卢汉铁路比国借款合同在上海画押，向比利时公司借款 450 万英镑（年息 5 厘，期限 30 年）。8 月 11 日，借款合同奉光绪皇帝朱批"依议"，《卢汉铁路比国借款续订详细合同》和《卢汉铁路行车合同》正式生效。

卢汉铁路的卢沟桥至保定段，清政府按合同规定，于 1897 年 10 月统交比利时公司接办。比利时公司接办后，南端起点改为汉口玉带门，北端起点改为经北京西便门至正阳门（前门）西车站。

修建卢汉铁路的最大困难，是通过黄河天堑。卢汉铁路郑州黄河大桥工程，理所当然地由作为债权方的比利时公司包揽和承建，这也是中国第一座横跨黄河南北的钢体结构铁路大桥。开始规划时，铁路面临的最大问题便是从哪里过黄河。比利时工程师沙多历经四年才结束桥址勘察工作。经张之洞、盛宣怀拍板，大桥选址定在郑州北邙山脉尽头，就是郑州人常说的“邙山头”附近，距黄河河槽约三公里，此处最大的特点就是“滩窄岸坚”。

1906 年，大桥正式建成通车，它是中国第一座横跨黄河南北的钢结构铁路大桥，也称卢汉黄河铁路大桥。从此，郑州与铁路绑在了一起，并因铁路而兴。目前，郑州黄河风景名胜区有一段长约 160 米的铁路桥遗址，就是这座大桥的见证（见图 8-1）。

图 8-1 黄河铁路大桥遗址

1898 年底，该铁路从南北两端同时开工。比利时公司为了加速工程进度，节省费用，偷工减料，结果使修建的铁质量极低。像黄河大桥这样的重要工程，总长 3 010.2 米，共 102 孔，是卢汉线上最长的桥梁，但比利时公司为了减轻投资负担，加快施工进度，基桩深度做得不够，施工期间就有 8 个桥墩被洪水冲毁。桥建成后，保固期只有 15 年，行车时速仅为 10—15 公里，在历年洪水期内均需要抛掷大量蛮石。全线通车时，全部工程投资 4 349.878 7 万两白银，平均每公里造价为 3 5813 两白银。该线路上包括漯河（郾城）在内共建有长度 20 米以上大中桥 127 座（包括黄河特大桥）。钢轨大多是汉阳铁厂制造的。桥梁大都是钢结构，但类型复杂，载重等级不一致。卢汉铁路包括漯河（郾城）初设车站 70 个，后陆续增加至 125 个。

1906 年 4 月 1 日，连接北京与汉口的全长 1 214.49 公里的铁路干线卢汉铁路全线通车。因力主修建这条铁路才被派任湖广总督的张之洞与直隶总督袁世凯一道验收工程后，改卢汉铁路为京汉铁路。

汴洛铁路也由法国和比利时公司中标修建，以郑县车站为中心，东至开封，西到洛阳。1905 年 6 月，汴洛铁路在开封破土动工，两年后建成。

8.4 盛宣怀督办卢汉铁路修筑的经过

盛宣怀受命督办中国第一条主干铁路——卢汉铁路的修建工程后，他马不停蹄地奔波着，除了勘路购地，领官缗，贷外债等外，还要应付各种节外生枝的事情。

1896 年 11 月 13 日，他出都，赴天津与直督王文韶商议铁路总公司的设立等事宜，顺道勘卢沟桥工，认为卢汉铁路路线直径取道信阳，不绕襄樊，以免迂折。

铁路总公司设立后，最棘手的是《卢汉铁路比国借款续订详细合同》和《卢汉铁路行车合同》的磋商与签订。

1897 年 11 月 5 日，汉孝路轨开工，盛宣怀由沪驰赴鄂，料理开工。盛宣怀主持开工仪式，并部署孝段工程后，因劳累过度，旧病复发，不得不回沪卧床休息。正在此时，北京有人密电禀告在病床上休息的盛宣怀，说："容闳由天津经清江至镇江修筑一条干线即津镇路的请求，清政府已批准，津镇路名义是集华股而实质是洋股。"针对此节外生枝一事，11 月 23 日，盛宣怀函告王文韶："反对容闳办津镇路，说若清江别开一路，则东南客货均为所夺，卢汉将来断不能集华股还洋债，卢汉一路必致停废无成。"

铁路总公司成立两年，盛宣怀"勘路购地，领官缗，贷外债，事事重要，在在棘手"（见《盛宣怀档案》，盛宣怀《寄外务部》，光绪二十八年九月二十）。加上汉阳铁厂、中国通商银行等各种事项，盛宣怀的处境可想而知。

卢汉铁路工程进展缓慢，对盛宣怀不满者乘机攻击，因此，1898 年 6 月，上谕："前因卢汉开办铁路，设立招商公司，特派盛宣怀督办，计值将近两年，所有勘路购地各事宜，应已办有端绪。此项铁路紧要，岂容观望迁延。现在业已筹有的款，著盛宣怀尅日兴工赶办，并将办理情形先行具奏。倘再延不开办，玩误要工，责有攸关，盛宣怀岂能当此重咎耶！此外粤汉、宁沪各路，并著承办各员一体迅速开办，毋得任意迟缓。"为开办卢汉等路，盛宣怀费尽心机，东奔西走，却还是受到了上谕的严厉责备。7 月，盛宣怀向皇上奏上《筹办南北铁路办理情形折》，说明南北铁路办理的"委屈艰难"。

1898 年 7 月 28 日，盛宣怀奉上谕，从上海赶赴天津，督催卢汉北路工程。8 月 11 日，卢汉铁路与比国的借款合同正式生效后，此前断断续续修筑的 100 多公里的卢汉线，开始可以大举兴建了。11 月，盛宣怀又赴湖北，督催滠口至信阳路工程。1898 年底，该铁路从南北两端同时开工。

1899年9月14日，盛宣怀“患痢疾，扶病北行，验收卢保路工。由上海附乘轮船，十五日到天津”。9月29日，“驰至卢沟桥顺轨西行以达保定”。10月4日，乘车进京。11月，奏请“卢汉铁路北端接轨至马家铺”。本日奉朱批：“著照所请该衙门知道。”

1900年义和团兴起，盛宣怀发起“东南互保”，八国联军攻陷北京，《辛丑条约》签订，使得卢汉铁路工程进展放慢。

1902年形势有所缓和，10月21日，盛宣怀电外务部请统一规划铁路：“各国铁路皆由自主，中国穷于财力借助外人，应先定干路若干条，由国家借款兴造。其余支路应准华商筹款接造。今若各国择地请造，仍要中国还款方能收回路权，恐全球无此办法，中国独吃此亏。即互有利益，亦不能有碍干路权利。”

1903年6月6日，盛宣怀扶病出京，到上海后即延医诊治，行动即喘，医云须调治月余，方能出门治事。

1905年5月中，盛宣怀又北上勘黄河桥工、正太路工。5月22日，被召见。面奉皇上垂询卢汉铁路工程及黄河桥工情形。5月，朝廷召见三次，盛宣怀以京汉全路完工，引疾求退。慈禧太后谕：“国家正值多事，汝系旧臣，不应出此。”6月，盛宣怀密陈整顿卢汉铁路办法三端，其中着重谈了收赎问题。说借款还清，合同即废，行车进款可无外散。其中尤要者，有事之秋他人不能干预。11月，盛宣怀遵旨自沪赴荥泽会同唐绍仪验收黄河桥工，并举行全路落成典礼，后咯血病发，未及复命即回沪。

12月5日，盛宣怀电奏：上海铁路总公司请即裁撤，并归铁路总局唐绍仪督办，以一事权。

1906年3月，报交卸铁路差使裁撤上海总公司。盛宣怀督办铁路总公司事至此结束。

1906 年 4 月 1 日，卢汉铁路全线通车，全长 1 214.49 公里。

8.5 盛宣怀争得粤汉铁路督办权

在盛宣怀被任命为卢汉铁路督办的三天后，郑观应敦促盛宣怀要取得粤汉铁路的督办权。郑说“南路之利，胜于北路”，务必揽办，“毋致别人承揽”，以致“我得其瘠，彼得其肥”（见《郑观应致盛宣怀函》，光绪二十二年九月十一、十七）。

随着卢汉铁路修建的启动，西方列强在中国抢占路权之风盛行，盛宣怀描绘这种情景时说：“吉黑北路已经许俄代造，滇桂南路，法亦来争代造。”卢汉、粤汉等干路，“英、德眈眈虎视，几若不得此不甘心者”（见盛宣怀《筹办卢汉铁路情形并呈比国借款草合同折》，光绪二十三年四月）。面对这种形势，盛宣怀针锋相对地与西方列强展开了争夺路权的斗争。

自从德国占据胶州湾后，俄国占领旅顺，法国窥视琼州，日本图谋福建，英国则有图扼长江之谋，国家被瓜分的危机日益严重。1998 年 2 月，盛宣怀在向清廷上奏、陈述此种危急形势之后，争取粤汉路一定要中国人自办，他说：“是各要害口岸，几尽为外国所占。仅有内地，犹可南北自由往来，若粤汉一线再假乎英人，将来俄路南引，英轨北趋，祇卢汉一线局踏其中，何能展布？惟有赶将粤汉占定自办，尚堪稍资补救。故此路借款，断以美国为宜，若无意外枝节，竭六七年之心力，当可使南北相接。”（见夏东元《盛宣怀传》）。

在盛宣怀的一再努力下，1898 年 1 月 26 日（光绪二十四年正月初五），清廷终于批准了盛宣怀粤汉路由湘、鄂、粤“三省绅商自办”的请求，仍由盛宣怀督办。“盛宣怀奉谕妥速筹办粤汉、卢汉等”，达到了督办粤汉铁路的目的。

当时占夺粤汉铁路的劲敌是英国，在盛宣怀已经取得督办粤汉铁路之权后，英国仍喋喋不休地向总署索要该路的承筑权。盛宣怀则采取由“总公司综其纲领”的湘、鄂、粤“三省绅商自行承办”的办法，坚决将英国拒之门外。盛宣怀上奏清廷说：“现在沿海沿边，无以自保，要在保我腹心，徐图补救。若使英人占造粤汉轨道，既扼我沿海咽喉，复贯我内地腹心，以后虽有智勇，无所复施。中国不能自立矣！事机万分危迫，用敢先行据实电陈。”（见盛宣怀《湘粤鄂三省绅商请承办粤汉干路电奏》，光绪二十三年十二月二十二）。盛宣怀要确保粤汉路不被侵占。

1898 年 4 月 10 日，盛宣怀委托驻美公使伍廷芳在华盛顿与美国合兴公司签订粤汉铁路借款合同。

1899 年 7 月，盛宣怀感到美合兴之约颇为狡狠，恐他时驾驭更难于比（比利时），思辞去他路，专心卢汉，以轻肩责。商之张之洞，张复电谓：“美约不成，必为法占。若南北两干均归一国，如大局何！”不同意盛宣怀辞去粤汉路之责。

1900 年 7 月 13 日，盛宣怀委托驻美公使伍廷芳与美国合兴公司订《粤汉铁路借款续约》。

1902 年 3 月 1 日，英国福公司拟造铁路夺卢汉之利。盛认为，如有必要，亦须俟卢汉完工之后，察看情形方可。翌日，盛电张之洞：福公司所商路事，敝处坚持未允。7 月 8 日，盛又电外务部：葡萄牙索造铁路，意在推展澳界，图占香山，如不允所请，只能由葡借款筑造作为中国支路，并须订立合同以清界限，而保主权。

1902 年 10 月 24 日，盛宣怀的父亲盛康去世。他即电请开去各差缺，俾安心守制。旋奉谕旨："卢汉、粤汉铁路总公司及淞沪铁路筹款、购地、买料、修工事宜，仍着盛宣怀一手经理。"张之洞复力陈铁路不可易人。盛宣怀三辞不获。事实上其他一些差缺并未开去，改为署任。

1904 年 5 月，收回粤汉铁路权的呼声甚高，盛宣怀赴江宁就张之洞、魏光焘商议美国合兴公司废约事。7 月 2 日，盛电告外务部：各国公司每于合同夹缝中力争权利，稍一放松，则数十年吃亏无尽，必须警惕。

1905 年 9 月，奉谕旨：粤汉铁路废约事，责成张之洞、梁诚一手经办，盛宣怀不准干预。张之洞奉旨督办粤汉铁路。11 月，张在武昌召集三省绅商会议，决定采取粤、湘、鄂"各筹各款，各修各路"办法。但是随后张之洞因商股筹集不易为由，压制三省"商办"，并不顾各界的强烈反对，于 1909 年 5 月与德、英、法三国银行团签订《湖广铁路借款合同》，借款 550 万英镑，五厘起息。为应付舆论，张之洞称"由官借款""准商民买股"。此事激起更大规模的反抗浪潮。

1906 年 3 月，盛宣怀报交卸铁路差使裁撤上海总公司，他督办铁路总公司事至此结束。

8.6 1908 年沪宁铁路全线通车

1897 年 1 月，中国铁路总公司成立于上海。盛宣怀向清政府奏明，"先造卢汉干路，其余苏、沪、粤、汉次第展造，不再另设立公司"。随着卢汉干路建设的展开，修建东南沿海沪宁铁路的呼声越来越高，不断地被传到官府大臣的耳中。

1896 年 9 月 2 日，南洋大臣沈葆祯援北洋之例，奏请建吴淞至江宁的铁路;直隶总督王文韶、两江总督张之洞会奏:先筑淞沪,后筑沪宁,清廷批准。其实,早在1863年7月20日,上海的27家外国商行联合呈请江苏巡抚李鸿章,要求特许建上海至苏州的铁路,但是最终遭到了拒绝。之后清政府两次下令拆除英商未经许可在中国境内南北修筑的两段铁路,其中包括1876年7月由怡和洋行修筑并投入运营的长约15公里的吴淞铁路。那年10月上旬,盛宣怀从烟台赶到上海与英员梅辉立谈判关于淞沪铁路拆除的问题,定议于江宁,以28万两余金购回英商筑的由沪达宝山、江湾镇至吴淞的铁路。后来盛宣怀对于铁轨弃置锈蚀表示惋惜。

1897年,两江总督张之洞等又建议清政府修建吴淞至江宁的铁路,并从苏州接一条支路到杭州。1898年,英国政府以最惠国待遇为由,向清政府索办沪宁铁路,处于弱势的清政府只能同意商办。最终,铁路总公司督办盛宣怀与英商怡和洋行签订了《沪宁铁路借款草合同》,准许英商出资承办沪宁铁路。1903年又正式签订了借款合同,先后共借款290万英镑。

1905年4月25日,沪宁铁路分开成上海—苏州、苏州—常州、常州—镇江、镇江—南京四段同时开工建造。盛宣怀作为铁路总公司督办,亲自主持了沪宁铁路的开工典礼。

经过一年多的努力,沪宁铁路上海—苏州段建成,盛宣怀终于把从上海开出的火车,通到了他的第二故乡——苏州。苏州火车站是在沪宁铁路第二期工程(即南翔至无锡段铁路工程)中修建的,于1905年4月竣工。站屋系平房,长19.2米,阔10.67米,设售票窗口6处。两侧为辅助用房,月台两座,造价7.15余万银元;地道一条,费用为7 190银元。

苏州至无锡段的铁路是1906年完工的, 1906年7月16日同时举行苏州、无锡站建成通车典礼,两天后即开办营业。建站时,因车站设在苏州,故站名定为苏州站。

又经过不到两年的工程建设，沪宁铁路于 1908 年 4 月 1 日全线通车，线路全长 311 公里，由上海北站至南京下关站，沿途共设上海、苏州、无锡、常州、镇江、南京等 37 个车站。当时上海到南京的火车需要长达 10 个小时。

沪宁铁路通车，苏州“开设租界时原筑之马路，厥后系沿城而北，以阊门为终点。迨本年（指 1905 年）苏、沪行车后，复由阊门向北推广，刻已直达于铁路公司自筑之新桥（今钱万里桥），一俟该桥落成，即可与车站之马路互相衔接。”苏州火车站经阊门、胥门、盘门外修建环城大马路时，大马路南端接租界，北端通火车站，成为苏城陆路运输的大动脉。盛宣怀修筑了其中自阊门吊桥堍鲇鱼墩至姚家弄口大马路的石子马路，苏州“石路”由此得名。

沪宁铁路通车的同时也设立了“沪宁铁路管理局”，即今上海铁路局的前身，该局名义上派有华人主持局务，但管理实权仍在英国人手中。沪宁铁路的经营管理权直到 1929 年后才由民国政府铁道部逐步收回。

沪宁铁路的通车为中国长三角的发展奠定了基础。今天中国的现代化高铁已经驰骋于祖国的大江南北，从上海至南京坐高铁，只要一个多小时就可以到达。但是我们不得不承认沪宁铁路段，仍然是中国最繁忙的铁路段，足见这段铁路在中国铁路网中的地位。

同样，我们不能不想到当年最初修建这段铁路时所承受的艰辛。历史给了这样的安排，使沪宁铁路与盛宣怀的名字连在了一起。沪宁铁路遗址见图 8-2、图 8-3。

图 8-2　沪宁铁路

图 8-3　淞沪铁路天通庵站遗址

8.7　由卢汉铁路向南北东西伸展的铁路大格局

盛宣怀担任中国铁路公司督办，首先是从修筑卢汉铁路开始的，在他正式行动之初，他即有南占粤汉的想法。

当正式接办汉阳铁厂、督办卢汉铁路之后，盛宣怀首先与争夺粤汉铁路路权的劲敌英国展开了激烈的斗争。在他已经取得督办粤汉铁路之权后，英国仍不甘心，还在向总署索要该路的承筑权。盛宣怀则采取由“总公司综其纲领”的湘、鄂、粤“三省绅商自行承办”的办法，坚决将英国拒之门外。

在其他铁路的路权上，盛宣怀也同样采取了与洋人争权的态度。1897 年 4 月 13 日，盛宣怀得知沙俄代造东北铁路至大连湾的谣传，他即致电王文韶说：“如钧意亦以北路为重，届时即可相机续借，同时并举，庶不负归并榆路之深心。边势甚亟，若待卢汉五年工竣再议，恐亦晚矣。”他主张卢汉、津榆同时并举。英国提出与中国政府签订《展拓香港界址专条》，盛宣怀立即提出建造广州至九龙的铁路，与粤汉铁路相接，他说：“九龙铁路，我若不造，英必自造，以达省垣，其患不徒在失利。”1897 年，德国借口传教士被杀，出兵占领胶州湾，俄国乘机占领旅顺和大连……盛宣怀感到危机迫在眉睫，他分析说：“时局日亟，刻不及待，群雄环伺，辄以交涉细故，兵轮互相驰骋海洋，通塞靡有定时，今海军无力能兴，设有外交，隔若异域，必内地造有铁路，方可联络贯通。广东财赋之区，南戒山河，岂可遐弃。”从维护国家主权考虑，把原拟由武汉经江西到广东的铁路，改道湖南入广东，这样避免迂回利于速成，并且主张粤汉铁路南北同时并举，一气呵成。

盛宣怀对于铁路建设的基本方针是，干路借款自造，支路尽可能由华商接造，或虽为外人所造，也作为中国的支路。他在致外务部电中说：“查各国铁路皆由自主，中国穷于财力借助外人，自应先定干路若干条，由国家借款兴造，其余支路，仿照日本成法，准华商筹款接造，由短而长，由近及远。庶可有益无损。”（见《盛宣怀档案》，盛宣怀《寄外务部》，光绪二十八年九月二十）。

以卢汉铁路为核心，向南、北、东、西四面延伸，这是盛宣怀在建设卢汉铁路过程中对全国铁路建设的一个大致规划。随着铁路建设的展开，这个规划逐渐有了具体的内容。他在会同张之洞、王文韶《请饬各直省将军督抚通行地方帮同招集商股片》中再次强调了卢汉铁路的重要性，并且以卢汉为核心，对全国铁路作了一个初步的勾勒，“粤汉以通两广，由苏宁以通上海，此两道为关系商务东南、西南两大干路，固宜展造；其自山海关外以达吉林，自黄河南岸以达关中，此两道为关系边防东北、西北两大路，亦难从缓。但必照原议，先卢汉筹定的款，布置就绪，立定根基，逐段推广，并俟前项各干路应用之款，陆续筹定，再听各省商民自行分造支路。”

盛宣怀所设计的四条最急于修筑的铁路干线，无论在当时，还是从今天来看，都是中国最重要的铁路干线，以卢汉为核心，东面沪宁通上海，西面汴达关中，北面京津通吉林，南面粤汉达两广，这是清末铁路的大致分布，也是中国百年来铁路网的根基（见邱永文《盛宣怀与中国近代铁路事业的发展》，《第二届汉冶萍国际学术研讨会论文集》）

应该庆幸的是，汉阳铁厂以及之后的汉冶萍公司为卢汉铁路及其向东南西北的伸展提供了合格的钢轨。粤汉铁路（广州至汉口）全长 1 096 公里，其中的 670 公里使用“汉轨”；正太铁路（石家庄至太原，为卢汉支线）全长 123 公里，1907 年 10 月通车，全部使用“汉轨”；津浦铁路（天津至浦口）全长 1 009.5 公里，1911 年完工，其中北段中 290 公里使用“汉轨”；广九铁路（广州大沙头至九龙）全长 179 公里，分华英两段，其中华段由大沙头至深圳长 143 公里，全部使用“汉轨”；吉长铁路（吉林至长春）全长 127 公里，1912 年通车，全部使用“汉轨”。此外，“沪杭甬”使用“汉轨”185 公里，“株萍”使用 90 公里，“陇海”使用 456 公里，“四洮”使用 88 公里，“南浔”使用 78 公里（见顾必阶《中国铁路建设与汉冶萍》，《第二届汉冶萍国际学术研讨会论文集》）。这为盛宣怀依托卢汉铁路这个核心，使铁路网较快地向东南西北伸展，创造了条件。

盛宣怀尽管遇到各种困难与委屈，他的“中权干路”向南北东西伸展的布局，他的“干路借款自造，支路华商承造”的主张，为中国铁路网的建设与发展奠定了基础，是值得后人庆幸的。

8.8 卢汉铁路带动了武汉、郑州的发展

盛宣怀在督办卢汉、粤汉铁路的同时，主持了沪宁、道清、正太、汴洛和萍株、广三等支路的建造。这些铁路的建成，使全国相当一部分省区的联系更加便捷，有利于这些地区的物资流通，促进了经济的发展。

卢汉铁路的全线贯通，打破了中国上千年仅依赖于水道与驿道的传统交通网络格局，铁路开始逐步成为中国交通的“主角”。中部是中华民族的腹地，可进可退，南北向的卢汉铁路建设，与东西向的长江成十字交叉，中国的交通脉络由此发生了质的变化。卢汉铁路把京师与海河、黄河、淮河、长江流

域联系起来，促进了冀、豫、鄂三省煤铁资源的开发和大量农产品的输出。正太铁路的建成，促进了晋、冀两省采煤业的发展，改变了山西闭塞、落后的状况，也促使正太、卢汉路的交会点石家庄发展成为华北重镇。汴洛铁路连接开封、洛阳，促进了郑州的发展，有利于河南经济的发展，汴洛路成为陇海铁路的始基。沪宁、道清等路段的建成，大大便利了商品的流通，促进了这些区域经济的发展。

卢汉铁路的建成，使武汉从此迈入了火车、轮船客运齐发，东可至上海，西可达重庆，北可进京城的水陆连运时期。武汉城区的闹市区，也不再局限于长江边的租界一隅，铁路沿线的迅速繁华汉口城区面貌的改观产生了很大的影响，就连“草庐茅店，三五零星”的桥口至谌家矶一带，也变得“三十里几比室直连矣”。武汉的铁路车站、轮船码头成为城市人口最拥挤的场所。当年的大智门车站，堪称是亚洲最豪华的火车站，即使在现在看来也仍是风度翩翩。火车站候车楼仍伫立在因其而得名的车站路尽头。这座法国人设计的二层老建筑并不高大，但在林立的高楼包围下显得格外抢眼，“京汉火车站”几个大字依然清晰可辨。建筑为西式新古典的风格，中部四角各筑有绿色圆尖顶的流线方锥形塔堡。墙面、窗、檐等部位以线条和几何图形雕塑装饰，两侧为二层楼房。

卢汉铁路的全线贯通，改变了武汉在近代中国经济格局中的地位，武汉不再仅充当长江流域中横向传导的角色，纵向的铁路线在缩短了通行时间的前提下，还有成百上千的运载力，这更加有力地推动了汉口商业贸易的发展。当时，一位到过汉口的英国人曾感叹，中国“内地商人很快地利用起这一改善了的交通条件”，通过汉口把湖南、湖北、河南等省的农产品迅速地散往全国各地。武汉在中国中部地区的中心地位基本确立。

卢汉、汴洛铁路的修筑，完全改变了郑州在中原的地位。卢汉铁路修筑时，需要穿越黄河，当时有郑州东边开封府所在地开封、郑州西边河南府所在地洛阳以及郑州三个城市可供选择，结果是当时的一个小小的郑县县城最后胜出，这一次的铁路改道，改变了两个城市的命运。

事实上，1889年，张之洞在修筑卢汉铁路的奏折中，设计的具体线路是：从保定、正定、磁州南下，经“彰（今安阳）、卫（今新乡）、怀（今焦作）等府”，在荥泽口以上，“择黄河上游滩窄岸坚经流不改之处，作桥以渡河”。过黄河后，则“由郑（今郑州）、许（今许昌）、信阳驿路以抵汉口”。

当时为了保证卢汉铁路顺利跨过黄河，盛宣怀根据比利时专家的建议，曾选择了开封、郑州、洛阳、孟津四个地点，因为铁路要尽量修成直的，走平原，少钻隧道，以降低成本。于是，洛阳和孟津便被排除了。而开封一带的黄河是著名的悬河，被称为黄河的“豆腐腰”，如果选择从开封建桥，不但投资大，建成后风险也大。

究竟从哪里过黄河？比利时人沙多历经4年才结束桥址的勘察工作。经张之洞、盛宣怀拍板，大桥选址定在郑州北邙山脉尽头，就是郑州人常说的“邙山头”附近，距黄河河槽约3公里，此处最大的特点就是“滩窄岸坚”。“相比之下，‘邙山头’附近荥泽口是当时著名的黄河渡口，符合岸坚经流不改的条件，就成了不二的选择”。

1904年春天，火车轮第一次亲吻郑县大地，响声震耳欲聋。郑县站台上，留着辫子的男人和裹着小脚的女人惊愕得张大了嘴巴，“争睹蒸汽之火车，皆惊叹，谓之庞然大物也”。

张之洞、盛宣怀的另一个设想——修筑经洛阳沟通陕西、甘肃的铁路，也得以初步实施，卢汉铁路全线通车，改为京汉铁路后，盛宣怀即奏请清政府修建作为该线支线的汴洛（开封府至河南府）铁路（陇海铁路的前身）。1908

年,汴洛线全线通车,以客运为主。两大铁路干线在郑州交会,郑州成为中国铁路的“心脏”,郑州由此勃兴。

这一次铁路改道,改变了开封与郑州两座城市的命运。《郑州市志》记载:“清朝末年,卢汉、汴洛两条铁路建成,郑州成为繁华商埠……”以车站为中心,郑县相继兴建了大同路、德化街、苑陵街等街道,火车站成了当时郑县最繁华的地方。由此,郑县初显近代城市雏形,“郑州是火车拉来的城市”之说也起源于此。

卢汉铁路通车以后,营业发达,余利很多,在义和团运动的影响和全国人民纷纷要求收回铁路主权的压力下,清政府几经周折,终于在 1909 年 1 月,拨官款 500 万两白银并借英国汇丰、法国汇理两银行款 5 万英镑,还清了京汉铁路借款,把铁路赎回,收回了京汉铁路的管理权。

卢汉铁路是在清政府处于国库空虚,政治、经济、外交上内外交困的时期修建的。盛宣怀挑起了这一重担。在修建过程中,他不断受到英、法、比、德、俄等帝国主义的要挟与挤压,国内官场与商界的一些不满者经常乘机攻击,普通百姓由于不了解真相也要咒骂他,他还要受清政府与皇上的责备,再加上他经常犯病,哮喘频频。这种痛苦,一般人是难以想象的。其实,盛宣怀对承担这一重任的艰难是有思想准备的,只因为他天生就是一个“创业者”,创业者的秉性就是迎难而上,我们从卢汉铁路的修建过程中再一次看到了一个创业者的胸怀和毅力。

8.9 因铁路而建功,因铁路而成罪

从卢汉铁路开始,中国进入了铁路建设的第一个高潮时期,但是铁路建设的巨额资金难以筹集。1895 年为解决卢汉铁路建设的资金问题,盛宣怀督办中国铁路总公司,采取官股、商股和外债并用的办法。但是由于官股与商

股难以筹集,至 1911 年之前,铁路修建的资金基本依赖举借外债而解决。

而铁路建设所需要的材料最大量的就是铁路钢轨,盛宣怀督办的汉冶萍公司作为中国最早的钢轨制造企业,先后承造了京汉、津浦、正太、陇海、沪杭甬、粤汉、株萍、南浔、广九等铁路的钢轨。据统计,截至 1922 年年底,中国已通车铁路约 19 961.56 公里,其中,采用汉冶萍公司生产的钢轨铺设的铁路里程约 6 695.9 公里。

1911 年春,清王朝成立“责任内阁”。5 月初,盛宣怀向清廷复陈铁路明定干路、支路办法,认为“其要尤在干路收归国有,迅速筹办支路,则仍可由商民量力办理,此为处理铁路之要领”。5 月 8 日,清内阁改制,“皇族内阁”成立。盛宣怀被留任简授为邮传大臣。所有内阁总协理大臣及各该大臣均为国务大臣。5 月 9 日,清廷宣布铁路干线“实行国有”的政策:“所有宣统三年以前各省分设公司办之干路延误已久,应即由国家收回赶紧兴筑,除支路仍准商民量力酌行外,从前批准干路各案一律取消。如何收回之详细办法,着度支部、邮传部凛遵此旨,悉心筹划。”并且委派端方为接收川汉、粤汉铁路的督办大臣。盛宣怀则主张“将先收归国有的川汉、粤汉铁路所招各股,改换官办股票,其有不愿换票者,有的给还股本;有的发还六成,其余四成发无息股票;川省路股实用之款,给国家保利股票,余款或附股或兴办实业,另行规定,不得由股东收回”。

5 月 20 日,盛宣怀遵旨接办粤汉、川汉铁路,接议英、德、法、美各银行六百万镑借款合同,5 月 22 日,由盛宣怀同英、美、德、法四国银行团,签订了六百万英镑的《湖北湖南两省境内粤汉铁路、湖北境内川汉铁路借款合同》,从而引起四川为首的保路风潮。

夏秋间,从四川开始的保路风潮兴起后,广东、两湖也随之继起,清王朝处于风雨飘摇之中,保清派人士群起攻击盛宣怀。盛乃成为众矢之的。

关于铁路干线“国有”与向四国银行团“借款”的关系，盛宣怀在一份文件中是这样说的：“查四国借款合同不能消灭，所以提议铁路国有。如铁路不为国有，则借款合同万不能签字，其原动力实在于借款之关系。”（见《邮传部修正川汉、粤汉借款合同暨干路国有办法理由》，1911 年 10 月）。也就是说，川汉、粤汉“收归国有”，实际上是为了借钱。

事情的源头，还要追溯到 1906 年。当时，清政府被迫准于粤汉铁路和川汉铁路集股商办，并各自成立了商办铁路公司。而后来这两条路又无钱继续修建下去，只能再去向外国借钱。为了借钱，又重新将它们收归国有，这自然要激起全国各阶层人民的反对，湖南、湖北、广东、四川四省大举展开了保路斗争。6 月 10 日，广东粤汉铁路股东召开万人大会，提出“万众一心，保持商办之局”，并致电湖南、湖北、四川各省，谓“铁路国有，失信天下。粤路于十日议决，一致反对”。从而掀起了保路风潮，导致辛亥革命的爆发，盛宣怀成了首当其冲的打击对象。

其实，盛宣怀一向是铁路商办的主张者，如 1898 年他在《上庆亲王》一书中说：“查铁路一事……盖一归商务，可由中国造路公司与外国借款公司订立合同，准驳之权仍归政府，可消除许多后患……中国欲保自主之权，惟有将各国请造铁路先发总公司核议，自可执各国路章与彼理论，其有益于中国权利者，不妨借款议造；若专为有益于彼国占地势力而转碍于中国权利者，即可由总公司合商民之力拒之。惟中国官商多有暗中结连彼族希图渔利，反使大局受无穷之害，此时事之尤为可虑也。”

盛宣怀又说：“中国幅员广袤，边疆辽远，必有纵横四境诸大干路，方足以利行政而握中枢。从前规划未善，致路政错乱分歧，不分支干，不量民力，一纸呈请，辄准商办。乃数载以来，粤则收股及半，造路无多；川则倒账甚巨，参追无着；湘、鄂则开局多年，徒供坐耗。循是不已，恐旷日弥久，民累愈深，上下交受其害。应请定干路均归国有，支路任民自为，应即由国家收回，亟图修筑，悉废以前批准之案，川、湘两省租股并停罢之。”

但是面对“钱”的问题，盛宣怀不得不提出粤汉铁路和川汉铁路收归国有的主意。当各地起来反对时，盛宣怀又与清政府商议“请收回粤、川、湘、鄂四省公司股票，由部特出国家铁路股票换给，粤路发六成，湘、鄂路照本发还，川路宜昌实用工料之款四百余万，给国家保利股票。其现存七百余万两，或仍入股，或兴实业，悉听其便。”（见《清史稿》）。

盛宣怀想借铁路国有，向外国借款，从而加快铁路建设的步伐，以达到改善国计民生的目的。但是，他错误地判断了当时国家的政治形势，高估了民众对政府的政策朝令夕改所能忍受的程度，他也过高地估计了自己的能力，最终，他只能自食其果。他在京汉线全线完工后，说过：“设当日不废美约，则粤汉、京汉早已一气衔接，南北贯通，按照原奏先拼力偿比款，继偿美，最后偿英，不逾三十年，京汉、粤汉、沪宁三路，皆徒手而归国有，然后以所赢展拓支路，便利矿运，讵不甚伟。”（见中国史学会《洋务运动》第八册）。

盛宣怀对清廷蛇鼠两端的铁路政策极其不满，他力图改变它，然而事情的发展并非如他的预计，最终清廷将他作为替罪羊予以革职，结束了他的政治生涯。

9

盛宣怀热衷于文化等各项事业

9.1 盛宣怀出巨资，编刻《常州先哲遗书》

盛宣怀年轻的时候虽然没有中举，且一生忙于发展中国的实业，但是他却十分勤奋好学，手不释卷，与图书有一种特殊的情缘。

早年，盛宣怀曾协助他父亲盛康编辑《皇朝经世文续编》一书。在急剧变化的时代里，盛康反对恪守教条、专注制艺，仿照著名思想家魏源编著的《皇朝经世文编》，也从吏政、户政、兵政、工政等八方面收录文选 120 卷，盛康在盛宣怀及孙子盛昌颐的协助下，编辑了《皇朝经世文续编》，盛康希望用经世致用的实学来治理国家和社会。

在参与编辑的过程中，盛宣怀发现家乡的藏书家有刊刻家乡先贤文献的传统。盛宣怀一路创办洋务事业，全身心投入实业发展中，但他仍不忘组织人员编刻《常州先哲遗书》。

《常州先哲遗书》是一部“地方性丛书”，由盛宣怀出资主编，刻书于 1895—1911 年，距今已有百多年。

盛宣怀秉承着“中学为体，西学为用”的思想，在大办实业的同时，为了薪火传承，保存地方文献，“萃前辈之精神，为后人之模范”，毅然决定要为“江山代有才人出”“江南无与常匹俦”的家乡常州编辑一部前无古人的《常州先哲遗书》，将曾经在历史上大放异彩的常州先哲大师们的著作汇集起来，让常州的子子孙孙传承先哲“究天人之际，通古今之变”的精神内涵。该书从校勘到钞校到刻字全由名家负责。该书刊刻极精雅，堪称近代郡邑丛书之冠。

盛宣怀爱好藏书、辑书、刻书，个人著书不多，但藏书颇丰。缪荃孙（1844 月 20 日—1919 年 12 月 22），字炎之，江苏江阴申港镇缪家村人，中国近代教育家、目录学家、史学家、方志学家、金石家，中国近代图书馆事业的奠基人，中国近代教育事业的先驱者。缪荃孙是《常州先哲遗书》的实际主编。

该丛书是把多种单独的著作汇集起来，并冠以一个总名称的一套书。《常州先哲遗书》分为前、后编共 77 种，745 卷，11 004 页，约 770.28 万字。（前编）第一集 46 种，除“附”为清人著作外，余多为宋明人作品，刊刻于光绪二十一年至二十三年（1895—1897 年）。后编则多为明清人著作，有光绪二十五年序，光绪三十四年至宣统三年（1908—1911 年）刻成。每书后皆有盛宣怀的跋文，仿四库体例，介绍作者、版本、内容等情况。全书版式整齐划一，出自湖北陶子龄之手，刊刻精良。

《常州先哲遗书》的面世在清末学术界、出版界，曾引起过很大的反响，被喻为出版界的“师资”。清末大儒叶德辉，在其被誉为中国版本目录学“里程碑式的作品”《书林清话》有关《刻乡先哲之书》中，批评了许多滥刻书籍后，盛赞“唯《常州先哲遗书》，出自缪艺风（缪荃荪）老人手定，抉择严谨，刻手亦工。后有作者，当取以为师资也。”

由于盛宣怀出巨资、缪荃孙花费很大精力编撰刻印《常州先哲遗书》，使很多常州地方的珍贵文献没有失传，流传至今，后人才得以一睹古人的风采，了解古人的思想、艺术和科技成果。

刻字的好坏关系到书的形式美，缪荃孙所刻书多出于湖北陶子麟和南京李义和之手。两人均是当时较有名气的刻字工人，其中陶子麟尤善仿宋体，最为古雅。缪荃孙刊刻的丛书文质并美，当时备受好评。

《常州先哲遗书》印出来后，好评如潮，在民间广为流传，文化人往往将这套丛书作为珍贵礼物赠送亲友。可以说在文献学上，《常州先哲遗书》刻本在一定程度上就是善本和精品的代名词，具有极高的艺术价值和审美价值。

2006 年，常州文化部门计划将盛宣怀出资主编的《常州先哲遗书》重新出版，列入常州文化十一五发展重点项目，至 2010 年 3 月全书正式出版。

9.2 设立“译书院”，提倡统一翻译的译名

盛宣怀在《奏为南洋公学推广翻辑政治法律诸书敬陈纲要》一文中，再三强调“变法之端在兴学，兴学之要在译书”。在《奏陈为南洋公学推广翻辑事宜一折》中，反复论述“近日东西人士观光中夏者，靡不以兴学为自强之急图，而译书尤为兴学之基础”，盛宣怀的这一思想，是南洋公学创办译书院的宗旨。在南洋公学成立三周年以后，作为南洋公学的附属机构“译书院”成立了。

南洋公学成立之初，以“学习中国传统的经史大义为基本、学习西方各国的科学技艺为指归”为教学方针。有关中国经史大义的书籍，随处可见；但是有关西方科学技艺的书籍却无处可觅，在当时特定的历史条件下，只能直接采用进口英文原版教科书精心教学。但这毕竟不是长久之计。盛宣怀及其助手何梅生、福开森等人在建校之初，已经注意到了这个问题。针对这一问题，《南洋公学章程》中提出“将图书院购藏东西各国新出之书课，令择要翻译，陆续刊行”，以解决教材缺乏的困难。

盛宣怀在办实业过程中迫切需要培养新型的人才，同时需要学习西方新的知识。要学习西方新知识，“顾非能读西国之籍，不能周知西国之为”。然而，“西国语言文字，殊非一蹴可及”（见《盛宣怀档案》，盛宣怀《南洋公学附设译书院片》，光绪二十四年四月）。要求大家都去读西方国家的原版书籍是不可能的，只能将那些有用的书翻译过来，供大家读。这也成了他创办“译书院”的动力。

1898年，盛宣怀在给朝廷的上奏中说：“中国三十年来如京都同文馆、上海制造局等处所译西书，不过千百中之十一，大抵算、化、工艺诸学居多，而政治之书最少。且西学以新理新法为贵，旧时译述半为陈编。将使成名成材者皆得究极知新之学，不数年而大收其用，非如日本之汲汲于译书，其道无由

矣!”(见《盛宣怀档案》,盛宣怀《南洋公学附设译书院片》,光绪二十四年四月)。盛宣怀办南洋公学,着重想培养外交、政法、理财方面的人才,所以公学附设的译书院,要改变以往主要翻译科学技术方面的西书,而要多翻译一些政治方面的书,即“新理新法”方面的书。盛宣怀的奏折上奏不到一个月,就得到清廷“着照所拟办理”的批示。

译书院成立后,盛宣怀经过多方活动,终于物色到了主持译书院工作的合适人才。在李鸿章的推荐下,聘请张元济(浙江海盐人,后任商务印书馆董事长)主持译书院的工作。

两位日本人细田谦藏和稻村新六是译书院的最早成员。之所以聘请日本人士,这和所译书籍多为日文书籍有关。当时包括盛宣怀在内的清朝大员们,希望借鉴日本明治维新以后迅速致富的经验,也为中国找到一条快捷富强之路。国内人士中的郑孝柽、李维格、伍光建、陈诸藻、黄国英等人,回国留学生中的雷奋、杨荫杭、杨廷栋等人,也都先后被聘为译书院的成员。

译书院的著译者队伍以南洋公学教师员工为主,但不局限于此。张元济主持译书院工作以后,利用他本人的名声及关系,向院外著名的通晓西学的翻译界人士约稿,如严复、吴文聪、王鸿章、日本人山根虎之助等。院外人士的著译稿件,不仅仅和教学有关,还和当时的社会思潮有紧密联系,使著译选本的题材得到了拓宽及挖掘,在一定程度上提高了译书院的著译水平。

据统计,至 1901 年 8 月,译书院所翻译的书,已出版的有 13 种(其中 12 种为兵事之书);已译好,尚未出版的有 15 种(其中兵政 8 种、理财 1 种、商务 2 种、学校 3 种、税法 1 种)。其中最多的是军事书,其次是政法、理财、商务、学校方面的书。另据统计,从译书院成立到停办,约四年时间,共翻译出版 13 种 40 余部书。仅《原富》一部书,就有 22 册。译书院所出版的书在当时风行一时,对社会的思想和舆论冲击不小,为中外文化与教育交流作出了贡献,对民主思想的传播也起到了积极的作用(见夏东元《盛宣怀传》)。

在译介国外的中小学教材时,译书院所选的版本十分严格,既要符合"文部所定教员所授之本",又要符合"经文证之正本"。南洋公学译书院的这些见解及措施,是对翻译实践的总结,也是对我国出版事业的贡献。即使以今天的观点来看,对我们也不无一定的启迪作用。

通过译书院的翻译实践,盛宣怀提出了翻译工作的四条纲要:一是"先章程后议论";二是"审流别而定宗旨";三是"正文字以一耳目";四是"选课本以便教育"。其中,特别针对第三点,盛宣怀说"译本要在同文",才便于读者,然而"近来私译名字纷拿,官译为其所淆"。译文不统一的危害是很大的。

为了统一翻译的译名,他在给皇上的奏折中说:"臣今所译科学书夥多,不敢不致慎于斯。除随文勘整外,其人、地、国名,品汇名物",统一规格,列表"附诸卷后"。他说这样做,"以期诸学浅深纲要,开卷了然。专门者借以溯洄,涉猎者亦可预知门径"(见《盛宣怀档案》,盛宣怀《南洋公学推广翻辑政书折》,光绪二十七年十二月)。统一翻译的译名,这就保证了译书的质量。于是,盛宣怀建议清政府颁布统一的译名。盛宣怀的这一建议得以实施,为中国自然科学与社会科学等各个领域、各个分支中的文字翻译工作的顺利展开,奠定了基础。

9.3 盛宣怀与世界博览会的特殊情结

中国是最早参加世界博览会的亚洲国家,比日本还早了16年。盛宣怀作为一位实业家,对世博会的性质与作用有着某种职业的敏感,对参加世博会有着浓厚的兴趣。

1878年,当他还在轮船招商局与湖北煤铁局普通道员的职位上时,就对参加世博会十分热心。也许是他听说 1876 年美国费城世博会上，中国送展的物品如丝绸、茶叶、瓷器、景泰蓝、雕花器等，很受参会国家商人的欢迎，特别是“其中瓷器被抢购一空”，于是当得知 1878 年的世博会在法国巴黎举办时，他认为这是一次机会，十分关注，并且跃跃欲试。

当时中国参加世博会的事宜由海关负责，为此还专门设立了大清特派办理法国竞赛公会事务司这样一个机构。盛宣怀通过友人结交了当时在海关税务司任职的一位名叫吉罗福的美国人，在吉罗福的介绍下，盛宣怀与大清特派办理法国竞赛公会事务司德璀琳取得了联系。德璀琳同意盛宣怀送展品参展。不过当时盛宣怀的事业刚刚起步，拿不出自己的产品参展，只能从市场上购买一些物品送到法国，主要目的还是尝试打开对外贸易的途径。在《盛宣怀档案》中，至今仍保存着一封朱砂色的信笺，这是当时吉罗福写给盛宣怀的介绍信。

盛宣怀参展的物品从上海起运，由巴黎世博会结束后大清特派办理法国竞赛公会事务司开具的一份清单看，盛宣怀送展的物品有瓷器、铜器和绸缎等物。但是应该说盛宣怀出师不利，除了绸缎外，其他货品多数被退了回来。《盛宣怀档案》中同样保留了一份当年世博会物品退回的清单，59 件瓷器和铜器几乎都完璧归赵，只售出了一件瓷器，还有两件瓷器遗失了，另有两件因破损而降价处理。

盛宣怀并未因为巴黎世博会出师不利而退缩，《盛宣怀档案》中盛宣怀多份与外国来往的信函表明，在他事业顶峰的时期，以各种方式参加了 1904 年的美国圣路易斯世博会（见图 9-1）和后面几届世博会。

1915 年巴拿马世博会是中国取得成绩最为辉煌的一届：共获 1 211 项大奖，在全部 31 个参展国中独占鳌头。

图 9-1　1904 年圣路易斯世博会中国馆盛况

值得一提的是，一些颇具现代工业特征的中国产品在世博会上露面：山东张裕酿酒公司生产的白兰地以西方产品的面貌获得金奖。盛宣怀是直接促成并极力支持张振勋创办张裕公司的功臣。实业家张振勋在 1890 年注册成立张裕葡萄酒公司，聘请美国、日本工程师参与兴建厂房，进行机械生产，经过十年的苦心经营，张裕葡萄酒成为西方世界中的名牌酒种，在巴拿马世博会上张振勋、盛宣怀为张裕葡萄酒获得殊荣而甚是欣慰。

在文艺馆中，从南洋公学译书院离任后的张元济所创办的商务印书馆最受与会者的欢迎，张元济每年出版各类图书 801 册，让商务印书馆一跃成为中国最大的出版印刷企业，商务印书馆在世博会上大出风头。

交通馆中，中国参赛品百余件，有铁路模型、招商局模型，最有特色的是黄河桥模型。采矿冶金馆中，陈列着中国的汉冶萍公司和制造钢铁的说明书。这些都与盛宣怀的实业息息相关。

1915 年 4 月 22 日，中国馆开馆。万人涌入馆内，争相目睹变革后的中国。据《巴拿马太平洋万国大赛会游记》记载，中国展品分布在美术、教育、文艺、工业、农业、食品、矿物、交通、园艺等 9 个展馆，盛况空前。

特别是在 1915 年的巴拿马世博会上，世博会还向盛宣怀颁发了奖牌和奖品，可惜，奖品送达的时候他已经离开了人世。

9.4 盛宣怀与园林、寺庙的不解之缘

随着清廷的摇摇欲坠、宦途的频频浮沉，加之老年丧子的隐隐作痛，使盛宣怀在治事余暇，多了一点休闲的心境。1913 年他从日本回国后在给友人的信中说："归国后故园独处，书画自娱，如梦初醒，不欲知秦汉以后事。"

留园西部的缘溪行一带的桃源意境，似乎是为盛宣怀"不欲知秦汉以后事"的心境而特意营构的。而盛宣怀这时也有了一点时间，他布置家中的园艺，悉心地伺候园中的花草，以致后山上的花草长得更加鲜艳、茂盛，颜色一度超过了二十多种。有的时候，他也会让家人带着小辈一起到苏州留园游玩。有一次，盛宣怀看着园中盛开的鲜花，突然很有兴致地根据他长子的四个女儿出生时盛开的鲜花或果树结果的时间，分别给她们取名为蓉宝、菊宝、茶宝与橙宝。

盛宣怀对"留园三峰"——冠云峰（图 9-2）、岫云峰、瑞云峰尤其喜爱，每次到留园来休闲，都会在冠云楼内品茶，并观赏"留园三峰"。

留园鸳鸯厅北的主景是冠云峰。冠云峰是留园的一宝。北宋末年宋徽宗为建造皇家园林，委任朱勔广搜江南奇花异草和湖石名峰。苏州太湖盛产名贵石峰，是朱勔必到之地。北宋灭亡，朱勔被杀，已搜集的一批湖石名峰未及北运，就留在了江南，冠云峰就是侥幸留存的一峰。其后几经周折，这一宝石终被盛宣怀的父亲盛康购得。盛康也可算作是一位"石痴"，为品赏此峰，

专门在冠云峰周围建造了一组楼、台、亭、榭，并以“冠云”命名。冠云峰高6.5米，是国内最高的湖石名峰，古人品赏石峰有四项审美标准，即瘦、透、漏、皱。冠云峰从哪个角度说，都堪称十分完美。冠云峰两侧还有两座较高的湖石峰，西边的为岫云，东边的为瑞云，三峰相伴，如同姐妹，合称“留园三峰”。冠云峰归留园曾轰动一时，大师俞樾为此特地撰写了《冠云峰赞有序》，被镌刻在屏门板上，装置在林泉耆硕之馆内。

图9-2 留园冠云峰

盛宣怀四子盛恩颐所生的三个女儿，就分别被盛宣怀取名为冠云、瑞云和岫云，传说那三峰，原是三个天上下凡的仙女呀！大女儿毓青，小名冠云，就是取意于苏州留园里那高耸的冠云峰。

多年以后，盛冠云曾对别人说：因公公（指盛宣怀）给我起的名字吉祥，我身体一直非常健康，所以我干脆用“冠云”作为我的大名了。盛毓珠，小名岫云，1949 年后去了台湾。还有一个妹妹叫瑞云，取名后不幸夭折。据说，这块瑞云峰其实已经折断过，其峰头是用黏胶连接的，所以小孙女才有此祸。盛宣怀得知此事后非常生气，按迷信的说法，把一块断头的峰石名称取作自己孙女的小名，是非常不吉利的征兆，于是，家人干脆命人将断过的峰头取下，撂在瑞云峰下，今天在瑞云峰脚下仍能看到当年取下的峰头。

盛宣怀对寺庙的兴建与修缮也十分热心。史书上记载，盛宣怀及其家族初建与兴建了上海的“玉佛寺”，并对多处名刹寺院，如常州天宁寺、上海静安寺、普陀山惠济寺、杭州灵隐寺、苏州西园寺、苏州报恩寺等的修缮予以捐助。

常州城里还传说，有一年天宁寺要翻建大殿，大兴土木，正要动工之际，遭地方乡绅反对，认为寺庙不能超过附近县学的高度，超过后常州就出不了状元了。双方争执，最后还是盛宣怀出了面，在朝廷面前说了话，为天宁寺争理，才使得天宁寺胜诉，使天宁寺的大殿得以重建。

盛氏世祖到了苏州后，除了捐款重修西园寺之外，民国 13 年（1924 年）盛宣怀的庄夫人为重建苏州报恩寺（即北寺塔）的大雄宝殿，出资捐款，到民国 17 年（1928 年）又修复了报恩寺的楠木观音殿。

西园寺东近以古典园林闻名的留园，西邻幽寂的寒山古寺，北倚美丽的虎丘风景区，南临阊门运河，地理位置得天独厚，是巧妙融合佛教殿堂与苏州园林为一体的寺院。寺内古木幽深，梵宇重重，绿茵曲水，鸟语花香，经声梵乐中使人怡然步入一个清净庄严的伽蓝圣地。西园寺临闹市而无喧嚣，近尘寰而不污染。钟鱼梵呗，涤除烦恼之扰；绿荫亭阁，缓解人生辛劳；白云流水，怡然漫步，于身于心，都是一种美的享受。在这里，可以目睹五百罗汉的各异神态，又可领略曲径通幽的悠闲情趣。寺院的最外围照壁，黄墙黛瓦，顶上有双龙盘绕，可以说是寺院的屏障，正面写着“戒幢律寺”四个大字。照壁的两边就是福德桥和智慧桥，横跨于上塘河上，为西园寺接引信众、游人。走下福德桥、智慧桥，便是御赐牌楼，它建于清朝光绪年间，广慧老和尚五十岁时亲自到北京恭请《龙藏》（佛教《大藏经》的一种），光绪皇帝敕赐“紫衣沙门，震国戒幢”匾额。

山门前，广植古树名，木林场的南端，建有一座花岗岩的石牌坊，两侧镌刻着一副对联：“佛日增辉重开阛阓；宗风振律大启丛林”。横额，光绪年间盛宣怀题写了“敕赐西园戒幢律寺”八个大字。“敕赐”，即这一石牌坊是奉皇帝之命所建也。当时盛宣怀，任清廷工部左侍郎、邮传部尚书，他经手创办了多个大型官办、商办企业，已是时代的风云人物。由此可见，西园戒幢律寺在十方丛林中的地位。

9.5 “愚斋”图书馆与苏州藏书

盛宣怀年轻时在苏州与顾文彬父子合开典当的时候，就闻知顾氏居住的铁瓶巷内有一座“过云楼”，藏有大量的古代书法名画、善本古籍等。顾氏家族示有家训：过云楼藏画可任人评阅，而家藏善本古籍不可轻易示人。故此过云楼藏书终年置于密室，秘而不宣，亦不许人登楼一观。这反而引起不少人的关注，自然也引起青年盛宣怀的兴趣，当然，他始终没有登上过云楼去翻阅过顾家的藏书。

在清代，苏州的藏书在全国是首屈一指的。清乾隆三十七年开“四库馆”，搜罗全国遗书。由两江总督、江苏巡抚、两淮盐院呈进的有 4 666 种，占第一位，而苏州地区又在其中占了很大的比例。

苏州藏书家对所藏的图书，大多经过整饬、修补和装潢，以至分类、编目和标签，有一定保管利用规则。他们大多精于校雠，所以往往皆有善本。许多藏书家还对藏书进行了批阅、提要、校勘和考证。盛宣怀对苏州的藏书家十分尊重与钦佩，对苏州的藏书楼也十分关注，并且很注意收购苏州藏书家的藏书。

1904 年以后，盛宣怀由于宦途浮沉，加上丧子之痛，在治事之余，颇寄情于图书金石书画，亟以此道遣怀。他托人四处打听、收购图书，数年中大有收获，包含苏州江标灵鹣阁的不少旧藏以及常熟赵氏旧山楼等的藏书。

江标，亦被称为灵鹣阁江氏，字建霞，元和（今苏州）人，生于 1859 年，死于 1899 年，年仅四十岁，1889 年考中进士，被任命为翰林院编修，做过湖南学政，是戊戌维新变法运动的重要人物。江标是版本目录学家，著有《宋元行格表》《黄荛圃年谱》《沅湘通艺录》等。清光绪年间江标汇辑经说、书画、目录、地志、传记、笔记等著作，以金石书为最多。此外，还有八种介绍西洋的政治、学术、风俗的书籍，被藏书界称为“新旧兼收”的丛书。江家的藏书十分丰富，江标死后唯留藏书十橱，后为盛宣怀所得。

赵宗建，清末藏书家，字次侯，一字次公，一作次山，号非昔居士，常熟人。他文采斐然，然而他与盛宣怀一样，数次考试均未中，以太常博士就试于京兆，独居野寺，不与人来往。他居于北山之麓，造园林，建藏书楼名“旧山楼”。赵宗建广购博收，他的藏书日益繁富。其藏书大多为抄校稿本、仿宋刊本、明刊本、汲古阁本殿本及清代精刻本，文献价值极高，有大量稀有版本，如司马光写《资治通鉴》草稿、朱子写《大学章句》草稿、徐霞客的手书游记底稿、钱曾手写的藏书目录、钱谦益日记、信稿、红豆山庄杂记、手笔以及大量的宋元珍籍、名人日记、信札等。赵宗建去世后，藏书多被盛宣怀等人购得。

盛宣怀收集藏书有三个鲜明的特点：一是主张藏书要古今兼收，中外并蓄；二是主张藏书要注重实用；三是主张藏书要向社会开放。这些于今仍有借鉴意义。他从办实业、办教育的实践过程中体会到，自己不必像苏州藏书家那样去建一座藏书楼，而应该去建一座图书馆，让图书馆真正成为广大图书爱好者之家。

1906 年,盛宣怀考虑到上海作为当时全国第一大城市,没有一所公共图书馆,与上海大都市的地位不相符。于是与时任两江总督的端方相约在上海合建“淞滨金石图书院”,将各自所藏的图书公布天下。为此盛宣怀特刻就一方“贻之子孙不如公诸同好”的印章。后因端方对盛宣怀的几度催促践约都没有下文,盛只好自行其志,继续他的步伐。

1908 年,盛宣怀东渡日本就医,他将考察日本图书馆作为重要目标,先后参观了帝国图书馆和日本私立大桥图书馆。他在《东游日记》中写道:“帝国图书馆,大楼二层,规模很大。藏书楼共八层,每层高仅七尺,书架称是便于取携,每日看书者约七八百人。据接待员云:‘所藏宋板及钞本不少,惟不付阅。’其阅览室分特别、寻常、妇女三处,入阅须先购券,特别券纳资五十钱,寻常三十,卷轴浩繁不可细观。购取其书目一部,并留题游日以志鸿雪。”

1910 年,盛宣怀在上海住所的东面拨出六亩五分地建造中国首家私人公共图书馆——“愚斋”图书馆(图 9-3),亲自规划布置场馆的建筑与庭园,工程由通和洋行承办。有意思的是,为了建造图书馆竟专门聘请了苏州同里风水先生叶嘉棣为建造图书馆诹吉。仅用了半年的时间,图书馆就落成了。

图书馆分普通看书处、特别看书处、女客看书处、售票处、办事处。阅览区域为二层楼,藏书区域为四层楼。另筑图书马路,与住所隔开。工程验收后仍由通和照看,以应付各处洋人前来参观。清朝末代皇帝溥仪赏赐“惠周多士”的匾额。

将收购的数十万卷古旧图书有序编目不是一件轻易的事,此项“工程”由首任上海图书馆总纂罗椝主持。罗去世后,盛宣怀延请名家缪荃孙继任总纂。缪编的《愚斋图书馆藏书目录》有两种:一是《愚斋藏书目录》31 册,一是

《盛氏图书馆善本书目》1 册。

图 9–3 “愚斋”图书馆之怀远堂

盛宣怀将藏书迁入新建成的馆址后，于 1913 年着手筹备图书馆对外开放，这成了盛宣怀在文化事业中最后的活动了。尽管由于后来的波折，图书馆没有向市民开放，但他的这种文化意识，对文化公益事业尽力之精神，是永远值得后人称道的。

9.6 盛宣怀被任命为第一任红十字会会长

盛康在购得留园后，于光绪十八年（1892 年）建立义庄，命名为“龙溪盛氏义庄”，祠堂为义庄的一个重要组成部分，坐落在留园大门西侧。祠堂共分四进，前二进为平房，后二进为楼，楼两侧建有烽火墙，楼下大厅是接待族人或聚会的场所。

留园义庄当时的赡养范围限于盛氏家族直系子孙，“不论贫富皆与焉”。当然，就其主流而言，义庄更为注重保障族中贫困、老残人员的生活，并立有“赈贫”“优老”“恤茕”“助婚”“劝学”等。它的一个突出特点是，在宗族提供物质生活保障的同时，非常注重道德教化，也就是把提供物质生活保障与要求遵守传统伦理道德紧密结合起来。这种注重道德教化的倾向，实际上与古代“范氏义庄”的引领作用是分不开的，即对被救助的族人有道德要求。

盛康在留园旁边还设置了“家善堂”，救济苏州遭受苦难的贫苦民众（非针对族人的）。“家善堂章程”共有十条，内容包括“拯难、救急、解衣、推食、恤嫠、悯孤、施医、送药、惜字、放生”，长期在苏州从事救济活动。

盛康去世之后，盛宣怀完善了义庄的规条，1908 年 5 月，留园义庄成立。经苏抚陈启泰入告，朝廷奉赏“承先收族”匾额（见夏东元《盛宣怀传》）。

中国传统的儒家思想经常教育人们要行善积福，行义积德，为社会做点好事，给自己留点好名声。盛氏家族一向重视积善行义，《龙溪盛氏家谱》淳淳教育族人：“做好人，眼前觉得不便宜，总算来是大便宜；作不好人，眼前觉得便宜，总算来是大不便宜。”“积善之事无尽，随时随事随心而行之。”其实盛宣怀的祖父盛隆就十分重视慈善事业，他所编纂的《人范须知》卷五中有《施济》《救荒》两节，收录了大量前人的格言和事迹，既是教育子女，也是规劝世人。盛康从湖北回常州后，除了经营典当、钱庄，还遵循盛隆的心愿，设义庄、办义学，为乡里族中的穷苦民众做些救济工作。

盛宣怀受这种家教，也十分热心慈善事业。经过多次参与赈灾，盛宣怀向李鸿章提出，由非官方委派的民间士绅来主持各县的赈灾工作，除了官府拨款之外，由民间人士开展募捐活动，以补充“官赈”的不足，他把这种形式称为“义赈”。在以后的几十年中，盛宣怀主要是以“义赈”的形式组织和开展赈灾救荒工作的。

随着盛宣怀所从事的洋务事业越做越大，他在实业界的地位已逐步无人能及。因此，在他主持官赈和义赈的过程中，往往可以调动所辖大型企业的资金，常常采用先垫款散赈，再募捐归还的办法，所以能及时散放赈银、赈粮，效率比官赈高得多。又由于他在政界的影响和关系十分广，在劝募义捐、购运粮食、减免税金等方面都极有办法，因此能一呼百应，在赈灾中发挥了巨大的作用，成为“义赈”界的领袖人物。

盛宣怀由于长期主持全国各地的赈灾救荒工作，他的目光更远了，考虑的是如何有效地救济社会上在战争和灾荒中失去亲人、失去自救能力的灾民，他们自谋生存的能力很低，需要政府救助。于是他策划和筹建了一种慈善机构，取名为“广仁堂”。

广仁堂最早于光绪四年（1878 年）在天津设立，位于天津东门外南斜街，规模不大。开办之初，经费主要来自社会捐助。光绪四年至五年二月，共收到捐银 10 627 两，以后每月均有数百两至几千两不等的捐款，主要来自直隶、天津、上海的官员和士绅。由于需要救养的难民数量太多，广仁堂需要扩建，仅仅依靠社会捐助是不敷支用的。为了保证广仁堂的常年设置和正常运转，在盛宣怀的授意下，董事刘毓琳、盛钟歧起草了一份《拟筹广仁堂长年经费章程》，其中最主要的一条是：“筹洋药厘金项下每年额支缉私经费银四千两，拟请将该款禀明抚宪立案，即由堂董出具钤领，按季赴署请领。”就是要求按季度从进口弹药的税金中领取四千两经费。这一请求得到了李鸿章的支持，从光绪五年（1879 年）起，李鸿章管辖下的津海关、东海关、山海关三个海关按每箱（100 斤）加捐税金一两的办法，拨交广仁堂作为经费，成为广仁堂最可靠的经费来源。光绪八年（1882 年），李鸿章又上奏朝廷，筹到一定数量的经费后，盛宣怀选择在天津西门外太平庄建造起新堂，新建的广仁堂是一座占地五十多亩的建筑群，规模十分宏伟，共有房屋 269 间，可以一次收养难民 750 人。

广仁堂后来成了盛宣怀慈善事业的活动中心。他到山东做官时，又在烟台、济南等地设立了广仁堂。北京也有广仁堂的分号。光绪二十三年(1897年)以后,他的活动中心移到上海,广仁堂的活动重心也随之移到上海,在上海成都路斜桥盛宣怀寓所附近的派克路(今黄河路)设立了广仁堂办事处。广仁堂的运作是十分规范的,堂中有一个常设董事会,处理日常事务,不仅仅收养孤寡幼童,还在堂中设立戒烟所,帮助吸食鸦片的烟民戒烟;又在堂中设立义诊所,免费为穷人治病,上海当时著名的中医陈莲舫曾长期在上海广仁堂坐诊,后来还担任广仁堂的医务总裁。

在晚清,盛宣怀已是一个众望所归的慈善事业家,全国各地发生灾荒,都会有人写信或者游说要求盛宣怀出面主持赈灾工作,甚至在华的外国人士创办"华洋义赈会",也要邀请他出席,希望他担任董事。盛宣怀对"行善"有自己的追求和认识,晚年他有一个名号叫"止叟",他解释这个名号的由来,那是从《礼记·大学》中"止于至善"这句话引申来的,他说他把行善作为他的归宿,至死也要做善事,追求人生的完美。

1904年3月19日,盛宣怀在上海议成与中、英、法、德合办上海万国红十字会。

宣统二年(1910年)正月十八日,中国红十字会成立,清政府颁中国红十字会试办章程,1910年2月27日清政府颁布上谕"著派盛宣怀充红十字会会长",盛宣怀被任命为第一任红十字会会长,这是对他在中国近代慈善事业中作出贡献的肯定。

10

盛宣怀与近代大学的创建

盛宣怀一生成就显赫，在近代中国轮船、电报、铁路、钢铁、银行、纺织等众多实业领域开创了先河，同样，在教育上盛宣怀也出手不凡，他创办的北洋大学堂和南洋公学南北呼应，成为近代中国教育发展长河中耀眼的明珠。

10.1 变法图强，以培养人才为先

19 世纪上半叶，中国的封建社会已经老态龙钟、病入膏肓，面对西方列强发动的鸦片战争毫无还手之力。1842 年不平等的中英《南京条约》和 1844 年的《中法黄埔条约》的签订，为西学登陆中国敞开了国门。不过此时的西学，都是外国在中国办的学校，没有一所中国人自己办的西学。从第二次鸦片战争结束时起，西学进入了一个迅速发展的时期，中国人开始主动开办新式学堂，寻找自强求富之路。

甲午战败，《马关条约》以割地、赔款与日本议和。在痛定思痛之后，盛宣怀意识到中国必须通过变法图强。1895 年 5 月 5 日，盛宣怀禀李鸿章，说："和议已定，社稷乂安，浮议只可置之不问，中国必须乘时变法，发愤自强，除吏政、礼政、刑政暂不更动外，户政、兵政、工政必须变法。'其转移之柄在皇上，而开诚布公集思广益之论，微我中堂谁能发之'。"（见夏东元《盛宣怀传》）。

从 19 世纪 70 年代初到甲午战败，在将近 25 年创办实业的过程中，盛宣怀先后涉足了轮船、电报、矿务、纺织等关系到国民经济命脉的大型实业，他认为中国只有加快发展实业，才能使国力强盛。他走的是一条"实业强国"的路。甲午战败，使他开始意识到，中国社会的变革不能仅仅停留在经济领域，中国要走上自强之路，仅仅依靠实业的发展、科学技术的进步是不够的，还必须有政治上和法律上的进步。

当年，他读了郑观应所著的《盛世危言》，在思想上十分震动，4 月 8 日，

他致函郑观应，感谢郑所赠《盛世危言》四部，说："乞再寄赠二十部，拟分送都中大老以醒耳目。"以致该书也促动了光绪皇帝。6 月 7 日，盛宣怀又致书郑观应，告以"《盛世危言》一书蒙皇上饬总署刷印二千部，分送臣工阅看"（见夏东元《盛宣怀传》）。

当年 5 月 2 日，以康有为为首的应试举人上皇帝书，要求维新，是为"公车上书"。变法维新的思想进一步促动了盛宣怀。盛宣怀认为中国要变法维新，必须有一大批新型的人才。

他清醒地认识到，"自强首在储才，储才必先兴学"，中国必须抓紧人才培养，他在《请设学堂片》的奏折中说："日本维新以来，援照西法，广开学堂书院，不特陆军海军将弁皆取材于学堂；即今之外部出使诸员，亦皆取材于律例科矣；制造枪炮开矿造路诸工，亦皆取材于机器工程科地学化学科矣。仅十余年，灿然大备""中国智能之士，何地蔑有，但选将才于俦人广众之中，拔使才于诗文帖括之内。至于制造工艺皆取材于不通文理不解测算之匠徒，而欲与各国絜长较短，断乎不能。"（见《盛宣怀档案》，盛宣怀《请设学堂片》，光绪二十二年九月）。

盛宣怀客观地比较了中日之间的差距，深刻地认识到人才的重要性。他的见解，是他在 20 多年创办各项实业、经过不断失败与成功的过程中总结出来的，是他通过与洋人打交道、经过分析比较而得出的，也是他在官场上进行观察、与各方人士接触交流当中所悟出的。

为此，他提出的解决办法是"伏查自强之道，以作育人才为本；求才之道，尤宜以设立学堂为先"。

1895 年秋，盛宣怀通过直隶总督王文韶，禀奏清光绪皇帝设立新式学堂。他在奏折中说："请就光绪十一年所建博文书院原有房屋，设头等学堂，又另设二等学堂一所，使学生递相推升，与曾充教习之美国驻津副领事丁家立商订课程，以切近易成循序渐进为本旨，倡捐巨资，宽筹的费，禀请具奏立案，克期开办”。盛宣怀在上奏时，还将亲自草拟好的《创建北洋大学堂的章程》一起呈上。是即所称北洋大学堂，是为盛宣怀办理正规学堂之始（见夏东元《盛宣怀传》）。

1895年10月2日，光绪皇帝御笔钦准，成立天津北洋西学学堂，盛宣怀任首任督办，校址在天津北运河畔大营门博文书院旧址（图10-1）。该校延洋教习，分教学员天算、舆地、格致、制造机器、化矿诸学。它是中国第一所现代大学。

图10-1 北洋大学堂西沽校区教学楼

1896年北洋西学学堂正式更名为北洋大学堂（今天津大学），是中国第一所命名为“大学堂”的高等学校，也是由中国政府批准，并出资创建的我国第一所国立的现代大学。

创办北洋大学堂，成了盛宣怀在甲午战败后，所办的第一件大事。也是他在天津海关道任上，所办的在中国历史上影响最深远的一件大事。

10.2 中国近代第一所大学——北洋大学堂

盛宣怀在天津创办北洋西学学堂的思想来源于社会实践。他处于洋务北方中心的天津，在办理洋务事业中，特别是在和洋人交往中，深感因不谙文理而备尝艰辛。他体会到要使洋务事业不断发展和巩固，必须通晓外语、懂得技术。因此，他迫切要求在本国通晓西语、懂得技术的新式人才，把教育视为兴国之本。

盛宣怀为了筹措学堂的开办经费煞费苦心，想尽办法。北洋大学堂是清政府批准建立的一所国立新式大学，经费本应由国家直接拨款。但是从鸦片战争开始，清王朝国库极为拮据，学堂创建正值甲午战败后，国库空虚，学堂常年经费需银五万五千两，国家根本无力支付。盛宣怀凭借其职权及其办理洋务的条件，想尽办法，从各条渠道筹措办学经费。建设大学，校舍土木工程浩繁，而且不可能在短期内完成，为了能够在短期内将北洋大学开办起来，盛宣怀想尽了办法。天津海河西岸原有一座博文书院旧址，因经费紧张未能开办，致使将建成的校舍抵押给银行，盛宣怀集资从银行赎回校舍，利用博文书院原校舍开办北洋大学堂。由此可见，创建北洋大学堂之困难，不是盛宣怀这样有远见和实力的人物根本无法作为。

北洋大学堂是依照盛宣怀规划的章程建设的。盛宣怀规划的《拟设天津中西学堂章程禀》是我国高等教育的第一个章程、第一个规划性文件，为我国其后高等教育制度的建立提供了范本。盛宣怀提出北洋大学堂的办学结构分为头等学堂和二等学堂，“设立头等学堂二等学堂各一所以资造就人才。惟二等学堂功课，必须四年方能升入头等学堂。头等学堂功课，亦必须四年方能造入专门之学。”头等学堂是大学本科，二等学堂是大学预科，以解决头等学堂生源问题，这一办学结构对我国大学教育产生了深远影响。在课程设置上，头等学堂分为工程、矿冶、机械和法律四学科，开设的课程分为基础课和专门课。北洋大学堂在创办起，在功课设置、教学内容、教学用书、教学方法等方面均引进西方教育模式，以美国著名大学为蓝本，从而确保了学生的培养质量和美国著名大学处于同一水平。当时的北洋大学堂毕业生进入美国著名大学的研究院深造，全部免试。

盛宣怀在章程中还强调了办新式大学教师与生源的重要性，在所设学科中，除律例学有华人教习教授汉文，其余课程全部由洋教习任教。教师绝大部分是美国人，教材则是原版美国教科书，课堂上主课一律用英语授课，作业和考试亦复如此。学堂规定“汉文不做八股试帖，专做策论，以备考试实在学问经济”，一改封建教育八股取士传统，为“实在学问经济”的毕业论文。1903年，北洋大学堂重新厘定课程，“各学门的功课又分为主修功课、辅修功课和选修功课。主修与辅修为必修功课，选修功课为学生自由选学。毕业时，都要自著论文一篇和毕业设计”。当时的学生谈起感受：“课本是原文的，教授用英文，答卷用英文，到处是英文，我们吃完晚饭在北运河畔散步，连枝头的小鸟也都在讲英文！”北洋大学堂树立了全新的教育模式，高起点地培养高水平人才。

北洋大学堂同样严格挑选学生。在学校开办之初，1895 年香港招生报名应试者有千余人，但仅仅取十来名，可见录取之严格。辛亥革命后，虽然政权更迭，新学制建立，但是北洋大学宁缺毋滥的原则没变。1936 年 8 月至 10 月北洋大学招收新生，在天津、北京、上海、武昌四地招生，报考人数为 1 220 名，录取 123 名，录取人数占报考人数的 10.1%。宁缺毋滥还表现在学生培养的“淘汰制”上。据 1923 年毕业的学生回忆：“我们那一届班次，原本有四十五名新生，到毕业时只剩下土木十六人，矿冶十五人，一共三十一人，中途不是因病辍学，就是成绩不够标准而退学，几乎占了三分之一的人不能终学。”著名矿冶学家魏寿昆曾自豪地说：“北洋大学一向有俭朴苦读的作风，花花公子的少爷们不到北洋来读书，他们吃不了那样的苦。”

盛宣怀在《拟设天津中西学堂章程禀》中就明确将资送毕业生出国留学作为学校创办计划的重要组成部分。为了培养高级专门人才,在办学过程中不惜重金一批又一批学生出国留学深造,使他们更好地把先进的科学技术学到手。1901 年至 1907 年我国官费留美学生总计约有 100 余人,其中北洋大学堂就占有半数以上。这些学生回国后,大都有所作为。

盛宣怀在创办北洋大学堂的过程中,借鉴以往洋务教育的教训,制定了两条规则。一是大学堂的学员必须做到循序而进,“不容紊乱”,必须坚持完成学业,不许中途他骛。二是要学习专门的科学技术,语言文字不过是工具。当时有人提出将第一批 60 名学生分别改学法、德、日三国文字时,他断然拒绝,认为这种做法是“为小失大”,并指出大学堂各专门学科的人才“以后每年每类仅得数名,正恐不敷派用,时事需才如此之急,倨可一误再误”。实践证明盛宣怀的决定是正确的。在那时,只有像盛宣怀这样有丰富洋务经验的实践家,才能有了解西方的眼界和创办西式大学的魄力,也才能有对于新式教育如此高的认识水平。

10.3 创办南洋公学,与北洋大学堂互补

继 1895 年在天津创办北洋大学堂之后, 1896 年盛宣怀又在上海创办了南洋公学(今上海交通大学)。

盛宣怀创设南洋公学,其着眼点是为了培养新型的从政人才,懂法律、外交、政治和理财的人才,其目的是与北洋大学堂互补。北洋大学堂是为了培养以工科、法科为主的人才,而南洋公学则是培养以文、理科为主,兼及政法、理财方面的人才,两校优势互补。

盛宣怀在上奏清廷时说:“环球各国学校如林,大率形上形下道与艺兼。惟法兰西之国政学堂,专教出使、政治、理财、理藩四门。而四门之中皆可兼

学商务。经世大端，博通兼综。学堂系士绅所设，然外部为其教习，国家于是取才。臣今设立南洋公学，窃取国政之义，以行达成之实。于此次钦定专科，实居内政、外交、理财三事。”（见《盛宣怀档案》，盛宣怀《筹集商捐开办南洋公学折》，光绪二十四年四月）。盛宣怀又说：“商捐经费，学资不出于一方，士籍不拘于一省。……其学生卒业给凭，与国家大学堂学生身份无异。”（见《盛宣怀档案》，盛宣怀《南洋公学历年办理情形折》，光绪二十八年九月）。

1896 年 11 月初，盛宣怀受到皇上召见，他向皇上上奏了《请设学堂片》，提出“拟以上年津海关道任内所办北洋大学堂为楷模，在上海筹办南洋公学，‘如津学之制而损益之’进行筹办”。不过，在这份奏折中，他先要想设立的并不是南洋公学，而是达成馆。

达成馆，相当于干部学校。选拔“成材之士”在干部学校学习外语及关键的课程，毕业后再送到国外留学三年，回国之后，这些学生就成了总理衙门、通商口岸、驻外使馆官员的最佳人选。也就是要通过“速成”的办法，尽快为朝廷输送一批紧缺人才。

盛宣怀考虑到北洋大学堂和正拟创办的南洋公学，“综厥课程，收效皆在十年之后，且诸生选自童幼，未有一命之秩，既不能变更科举，即学业有成，亦难骤膺显擢，予以要任。相需方殷，缓不济急”。也就是说，大学堂与公学培养的学生，由于这些学生还都是少年，至少还要十年左右，才可能出来任职，而现在朝廷急需人才，远水解不了近渴。因此，他请求政府批准仿效日本的办法，在京师及上海两处各设一达成馆（见《愚稿》卷 1，光绪二十二年九月）。

盛宣怀本来建议在北京、上海设立两所达成馆，因为京师达成馆的设立遥遥无期，上海就先走一步，达成馆与公学“相辅而行”。但是，南洋公学没有按照原定的设想去办达成馆，而于 1897 年 3 月，“考选成材之士四十名，先设师范院”。这就是中国近代史上第一所正规的师范学校。后来南洋公学的教师绝大多数是从中培养出来的。

盛宣怀办南洋公学，他把师范和小学放在学堂的优先地位。他说“师范、小学，尤为学堂先务中之先务”。因此，1897年他在招收师范生的同时，“复仿日本师范学校有附属小学之法，别选年十岁内外至十七八岁止聪颖幼童一百二十名设一外院学堂。”外院学堂就是小学堂，由师范生分班教习。接着于1898年开办二等学堂(亦称中院，即中学)。待条件成熟再开设头等学堂(亦称“上院”，即“大学”)。盛宣怀说：“外院之幼童荐升于中、上两院，则入室升堂，途径愈形其直捷。”(见《盛宣怀档案》，盛宣怀《筹集商捐开办南洋公学折》，光绪二十四年四月)。这与他办北洋大学堂的“循序而进”和“不躐等”的思想是一致的(见夏东元《盛宣怀传》)。

盛宣怀的办学思想是很可取的。小学是学业基础的基础，师范班的学员是培养人才的人才，没有优良的小学基础和优秀的师资，学校是办不好的。

后来南洋公学的外院、中院和上院的教师，除一小部分外籍教习外，绝大部分是师范院毕业的学员，而南洋公学中院和上院的学生，大部分也是从外院逐步升上去的。

同办北洋大学堂一样，朝廷不可能拿出钱来办南洋公学。于是，盛宣怀决定徐家汇“学堂基地由臣捐购”(见《盛宣怀档案》，盛宣怀《筹集商捐开办南洋公学折》，光绪二十四年四月)。公学办学的常年经费由他所经营的轮、电二局岁捐十万两。其他关于学堂房舍、仪器、图书等设施，乃至派遣学员出国留学等经费，均一一筹措和储存，使公学得以顺利发展。

1899年，盛宣怀在南洋公学又办了一个“特班”，即“变通原奏速成之意，专教中西政治、文学、法律、道德诸学，以储经济特科人才之用”(见《盛宣怀档案》，盛宣怀《南洋公学历年办理情形折》，光绪二十八年九月)。这实际就是盛宣怀原来设计的达成馆的办学模式。

盛宣怀创办的南洋公学（图 10–2），陆续设立了师范院、外院（附属小学）、中院（中学）、上院（大学）和特班。它是我国最早兼有师范、小学、中学、大学的较为完整教育体制的学校，它为中国近代基础教育、高等教育奠定了基础。郑观应赞誉说："此乃东半球未有之事，其非常不朽之功业也。"

甲午战败后，盛宣怀想到的是，中国要强大，首先必须培养出一大批优秀的人才，北洋、南洋两所大学堂，成了他在天津海关道任上，最亮丽的两张名片。中国近代教育史上，盛宣怀占有了一个席位。

图 10–2　南洋公学校门

当时的盛宣怀既要引进西学，要学生掌握近代科学知识，又摆脱不了封建专制的桎梏，这是他在办学思想上和办学实践中无法克服的矛盾。即使如此，北洋大学堂，是中国首先按照西方办学形式建立起来的近代新式大学，它的创办对孔孟儒学长期独占的封建教育体系打开了一个缺口，为中国探索西方的科学文化打开了通道，成为早期培养近代高级科技文化人才的发轫地，导致了资产阶级民主思想的传播，推动了社会进步。盛宣怀对于中国高等教育中的中国大学精神的确立、现代教育思想的形成、现代大学章程的制定做出了重要贡献。盛宣怀提出了“自强之道，以作育人才为本。求才之道，以设立学堂为先”“兴学强国”，表达了中华民族奋发图强的内在精神。盛宣怀在洋务实践中形成了丰富的现代教育思想，为我国高等教育做出了“规式”，为我国高等教育树立了样本。盛宣怀创办北洋大学堂培养以工、法为主的人才，而建立南洋公学则是培养以政法、外交和理财方面的人才。一北一南两所高校，形成了我国高等教育工、理、文、法、财、管相结合的学科结构。

盛宣怀的教育思想与创建大学的实践，对于中国社会的发展起到了积极的进步作用，值得我们深深铭记。

附录1　盛宣怀办实业所拟主要的奏折、章程、合同、条约

1872年4月，在天津，盛奉李鸿章面谕，拟上轮船章程主张办轮运以挽回航利，是为轮船招商局第一个章程。

1873年6月，丁寿昌致书盛宣怀说："尊函并条款三章，均呈中堂阅过。"

1875年10月下旬至11月初，在天津拟定官督商办性质的《湖北煤厂试办章程八条》：一、地势宜审也；二、利权宜共也；三、用人宜专也；四、资本宜充也；五、税则宜定也；六、贩运宜速也；七、界址宜定也；八、销售宜广也。送呈李鸿章。

1875年11月中旬，拟《湖北煤厂改归官办议》一文呈李鸿章，请照磁州原议，改归官办，以抵制有人企图将鄂矿并归招商局。

1876年1月13日，与李明墀通详李鸿章等，阳城本系官山煤厂应由官筹本开采，并呈《湖北开采煤铁总局试办开采章程六条》：一、地势宜择要审定与；二、开采宜逐渐扩充也；三、用人宜各专责也；四、官本宜核支用也；五、售款宜缴还资本也；六、官煤宜广开销路也。

1876年2月19日，与英矿师马立师订立雇用合同。该合同体现了自主权。

1876年9月上旬，应李鸿章函召由沪到烟台。参与同英使威妥玛议结“滇案”的谈判，签订《中英烟台条约》。

1876年9月上旬，著《论矿事书》，主张：一、自己培养认矿人才，一面选聪颖子弟随洋人看矿学习，一面选派人才出洋专学开矿本领；二、至于民情，似可无虑，第所虑者不在民情而在官绅，不患事后之滋事，而患事前之阻挠，提议事前做好工作；三、简放矿政大臣，统一领导，遍勘各省矿产，俱归督办。

1877年1月16日，议定开矿司事，垅(石龙)头、人夫章程计十五条。

1878年1月，拟整顿轮船招商局八条：一、官本应分别定息也；二、轮船应自行保险也；三、船旧应将保险利息摊折也；四、商股应推广招徕也；五、息项应尽数均摊也；六、员董应轮流驻局经理也；七、员董应酌量提给薪水也；八、总账应由驻局各员综核盖戳也。

1879年6月上中旬，四月初十日接李鸿章批复后与李金镛共同拟《湖北荆门矿务招股简明章程》十六条。议定招集商股十万两。

1880年，详定《开办自津至沪设立陆路电线大略章程二十条》。

1881年6月，丹麦电报公司提出《商议彼此电报交涉事宜》六条，取得海线上岸权。盛后来尽力收回此权。

1881年，下半年总结办矿经验有七条：一、首勘矿苗；二、次辨矿质；三、次查运道；四、次计人工；五、次募炉头；六、次集资本；七、次议税厘。

1881年冬，津沪陆线工竣，请改为官督商办，拟《电报局招商章程》。说中国兴造电线旨在:固以传递军报为第一要务,而其本则尤在厚利商民,力图久计。李鸿章奏派盛为督办。逾年商股大集,分期缴还官本,遂与轮船招商局同为官督商办之两大局。

1882年8、9月,率池贞铨、委员冯庆镛勘得登州府属之宁海州棲霞县、招远县俱产铅矿。随即将宁海矿石送天津制造局化验。招远矿石送外洋化验。盛拟有《试办山东滨海各铅矿章程》十条。对用人才招商股等均有明确规定。李鸿章给予“亦尚周妥”的批示。

1883年3月31日,中国电报总局与英大东公司议定《上海香港电报章程十六条》:一、大东遵照同治九年原议,安设港沪海线,线端不得上岸,只能设于泵船上;二、线端做到大戢山岛对面之羊子角。但随后大东公司即翻议。

1883年5月7日,中国电报局、英国大东公司会议订立福州电线合同章程九条。

1883年5月19日,中国电报局与大北公司签订淞沪旱线合同。中国缴银三千两,大北公司将淞沪线交中国。

1883年11月19日,与大东公司续订福州电线合同。准大东公司将海线引至川石山海岸,准租小屋一所以安线头,但不得在岸上立电杆。至此,被大北公司、大东公司侵夺的电线权利收回。

1883年11月,轮船招商局受世界经济危机影响,徐润、张鸿禄等亏欠额巨。盛遵李鸿章之命筹议整顿招商局大略章程。

1884年6月,闽粤陆线竣工,沪港可直通电报。丹公使谓碍彼利权,盛折以中英两公司有约在先,港地与丹无涉;又讽大东行主勿为丹人所愚,致爽前约。驻津英领事翻译详询章程,盛又以“电线由中国自主,英商只须查照合同办事,不应过问详章”答之。

1884 年 11 月 12 日,电报局与大北电报公司为由琼州至雷州安设海线订立合同。

1885 年 6 月 9 日,中法《越南条款》签订。

1885 年,拟招商局《用人章程十条大旨》。

1885 年,拟《招商局理财十条》。

1886 年 1 月,招商局同文书局订立抵押合同。徐润开设的同文书局房地产业机器石版药水,原存图书集成两部,各项殿版书籍,所买许道台书画及印就各书,并徐雨记原抵商局基地契据,全数抵押招商局规银十万两。

1886 年 3 月,招商局、怡和、太古三公司订齐价合同。1883 年 3 月三公司订的为期六年的齐价合同因中法战争中断执行,这次是恢复重订。

1886 年 4 月,拟《内地设轮船公司议》,说:近年来外国富强,无不从通商始,口岸通商,人与我共之,内地通商,我自主之。故欲求中国富强,莫如一变而至火轮,设一内地快船公司,与招商局相为表里。

1887 年 7 月初,荣城县海岸有“保大”轮船失事,村民乘危捞抢。该处境内海线广袤,岛礁林立,航行偶一失事,居民肆掠,相习成风。因具禀抚院暨北洋大臣,请重申总理衙门奏定保护中外船只遭风遇险章程,并酌议新章六条。并设拯济局。

1887 年 7 月 7 日,电报局与丹麦大北、英国大东三公司会订电报齐价合同九款。

1887 年 7 月 16 日,中国电报公司督办盛、美国传声公司米建威签订设立电话合同四款。规定不得传字致碍中国电报权利，至于电话线路、地点等均以维护主权为原则。盛识破美商“初欲造德律风以夺我电报之利，继欲改设中美银行仍愿以出售德律风股票余利分别报效贴补”，以达渔利目的。美商未能如愿，中止。

1887 年 10 月，拟招商局粤省设《内地江海民轮船局章程》（八条）。

1888 年 5 月 31 日，签订购买日本商人田代助作电碗等器材合同。

1888 年 8 月 18 日，与世昌洋行订立购线等合同。

1888 年 8 月，驻津法领事林椿，奉其政府命至烟，会同盛商订滇粤边界与越南北圻接线事宜。

1888 年 11 月，订立《滇粤边界与越南北圻接线》条约，经李鸿章奏准。

1889 年 3 月 23 日，代表电局与洋匠葛雷生订立雇用合同。

1889 年 6 月 6 日，台湾抚院咨北洋大臣：台湾商务局前经招集股银三十三万两，台林绅认招三分之一，招商局盛认招三分之二。购“斯美”“驾时”快轮两号。台船与招商局“外合内分”。按外合内分原则拟定《台船大略章程》十条。

1889 年 7 月 29 日，与日本田代签订购买日本电碗五万个、铁钩五万副、橡皮圈五万副等器材合同。

1889 年 8 月 5 日，与德商泰来洋行签订购买七号旱电线四百吨合同。同日，向德商泰来洋行订立购买小块硬白铁一千担合同。

1889 年 8 月 7 日，与上海信义洋行德商李德签订购买住友牌铜板三千担合同。

1889 年 8 月 12 日，与天津瑞生洋行签订买电线等合同。

1889 年 12 月，上李鸿章禀帖：招商局费用之最巨者，莫如用洋人与洋煤两宗。“窃思借助于彼族，不如求材于内地。”主张自办轮船学堂，自己广开煤矿，以节糜费。

1891 年 11 月 8 日，致陈辉庭函，为与怡和“齐价合同”事，提出二策：一，长江准其不减，天津亦不加；二，天津加二分，长江现减二分，候其添一大船即加还他二十七分。盛说本局局面虽不在乎二三万，而面子不能不顾。

1892 年 3 月 26 日，与上海信义洋行订立购买电线等合同。

1892 年 9 月 27 日，与天津瑞生洋行订购十二吨六重三心水电线合同。

1893 年 1 月 15 日，郑观应拟整顿招商局十条，主要内容是开源节流，盛逐条加批语，多数同意郑的意见。

1893 年 4 月，招商、怡和、太古三公司重订齐价合同。

1893 年 4 月，与天津瑞生洋行订立购买电线器材合同。

1893 年，委天津信义行满德在英国劳得等厂购办纺细纱机一百十座，计四万零四十锭子，一切零件等运到上海码头交货。共计五万一千二百七十镑十六先令。

1894 年 5 月 1 日，华盛总厂盛与美国人哈顿订立雇用合同。同日，华盛总厂盛与美国人威林顿订立雇用合同。

1894 年 8 月 25 日，与天津瑞生洋行签订买电线等器材合同。

1894 年 10 月 13 日，致沈能虎、郑观应函，与英商元丰顺洋行斯毕士议售

“求清”轮船一艘，拟定规银四万两，请郑观应、陈猷与斯毕士同赴奥国总领事署内签押过户，收银换旗。

1894 年 10 月 23 日，致沈能虎、郑观应函：与信义洋行李德议售“海琛”轮船一艘，拟定规银六万两。请郑观应、陈猷即与李德同赴德领事署内签押过户，收银换旗。

1894 年 11 月 3 日，郑观应第四十八号信说：礼和洋行四船（新裕、海定、丰顺、美富）业已交易换旗。

1895 年 5 月 1 日，与美国人哈顿、威林顿续订雇用合同。

1896 年 8 月，写《铸银币意见》，认为：铸一两重的银元可以“徐禁他国银币不准通用，实系塞漏卮之一端。”

1896 年 11 月 1 日，上《条陈自强大计折》，陈练兵、理财、育才三大政，及开银行、设达成馆诸端。

1896 年 11 月初，上奏《请设银行片》，说银行流通一国之货财，以应上下之求给，比之票号、钱庄要好。英、法、德、俄、日本之银行推行来华，“攘我大利”，近年中外士大夫亦多建开设银行之议。现又举办铁路，造端宏大，中国非急设银行，“无以通华商之气脉，杜洋商之挟持”。

1896 年 11 月初，上奏《请设学堂片》，拟以上年津海关道任内所办北洋大学堂为楷模，在上海筹办南洋公学，“如津学之制而损益之”进行筹备。

1896 年 11 月 3 日，陛辞。奉谕：《条陈自强大计折》“已交议”。

1896 年 11 月 12 日，电告王文韶、张之洞：今因铁厂不能不办铁路，又因铁路不能不办银行。这就要铁厂、铁路、银行三者一手抓。

1896 年 12 月 17 日，与日本商人永原壮二郎订立购买电碗等电线器材合同。

1897 年 1 月 29 日，与日本商人平林专一订立购买电碗等电线器材合同。

1897 年 2 月，比商至鄂，议铁路借款。就商于张之洞，佥以比为小邦，重工业，但斤斤于购料麕工，无他觊觎。即阴附他国商股，我于条款内坚明约束，只认比公司不认他人，可无流弊。其息率视他国所索为轻，且允既以铁路作保，无须再用国家名义，磋议至四月初六日，始订草约。

1898 年 2 月， 1897 年 10 月与比签订的卢汉铁路借款草约，因胶州之疫情势变迁，比欲翻议；借口东线将筑津镇路，延不交款，多方要挟。盛乃以卢汉、粤汉均将改用美款以慑之，几经磋磨，续议条件，并允加息，始未悔议。

1898 年 4 月 10 日，托驻美公使伍廷芳在华盛顿与美国合兴公司签订粤汉铁路借款合同。

1898 年 5 月，上奏：南洋公学办附设译书院。五月十九日奉朱批“著照所拟办理”。随即成立了译书院，翻译出版多种关于西方军事、政治、法律等的书籍，对西方民主和理财、商务等思想的传播起了较大作用。

同月，上奏清廷：新设各学堂学生，请免岁科两试。五月十九日奉朱批：“著照所请礼部知道”。

同月，奏陈筹办中国通商银行次第开设情形，请饬下户部通行各省关，嗣后凡存解款，但系设有该银行之处，务须统交该行收存汇解，以符事体，而树风声。五月二十日奉朱批：“户部速议，具奏。”旋经分别议准。

1898 年 8 月 11 日，卢汉铁路比国借款合同，于五月初八日在上海画押。本日奉朱批：“依议”。

1898 年 12 月 7 日，与日本订立购淡水海线合同，议定英洋十万元。

1899 年 4 月 7 日，与日本制铁所长官和田签订煤铁互售合同。向日本买煤每年三四万吨，供应日本每年五万吨铁矿。以十五年为期。张之洞提出异议。

1899 年 10 月，奏递练兵、筹饷、商务三十条。军机大臣面奉谕旨："各口关税，如照现在时价核估，所增税项，实为筹款大宗。著盛宣怀、聂缉椝会同赫德查照条约，迅速筹办。"乃倡"税厘并征"废除厘金之议。这能做到华洋货平等对待，增财政收入除中饱。并于是年首先与英国代表谈判此事，但未能成功。

1899 年 11 月 22 日，给总署文：中国矿产至富，大利未收，烟煤焦炭用途最广，而东南各省多待济于日本，致使汉阳铁厂、轮船、纺织各厂局，成本加重。各国讲求商务，总以出口之货抵入口之货为第一义。故宜大力自办煤矿，用先进技术开采。

1899 年 11 月，奏请卢汉铁路北端接轨至马家铺。本日奉朱批："著照所请该衙门知道。"

1899 年 11 月，奏请招商试办德律风。奉旨"依议"。

1899 年，向德国礼和洋行借四百万马克，以加速萍乡煤矿的开采建设，用招商局财产作押。

1900 年 6 月 21 日，与日本签订煤铁互售合同第一次续订条款。

1900 年 7 月 13 日，委托驻美公使伍廷芳与美国合兴公司订《粤汉铁路借款续约》。

1900年8月29日,与日本签订煤铁互售合同第二次续订条款。

1900年10月26日,中国电报局、大东北电线公司订沽津北京陆线暂时办法合同。

1901年5月,奏请筹款展造潼关至河南直隶电线,以备跸路传递要报。五月初五日奉朱批:“着照所请”。

1902年1月,为南洋公学推广翻译政治、法律诸书,向清廷敬陈纲要大端。

1902年9月5日,吕海寰和盛宣怀在上海与英国签订《续议通商行船条约》。该约在内河航行权上损失尤大。

1902年10月18日,奏陈南洋公学历年办理情形:自光绪二十二年十二月十二奏请由轮、电两局集捐筹办南洋公学以来,二十三年开设师范班;二十四年开设中院;二十五年开设蒙学堂,并成立译书院;二十七年开设东文班,二十八年请定为高等学堂。实际上到1905年才正式办成大学堂。

1902年10月21日,电外务部请统一规划铁路:各国铁路皆由自主,中国穷于财力借助外人,应先定干路若干条,由国家借款兴造。其余支路应准华商筹款接造。今若各国择地请造,仍要中国还款方能收回路权,恐全球无此办法,中国独吃此亏。即互有利益,亦不能有碍干路权利。

1902年10月23日,电奏:招集华商创设内河轮船招商局,先购浅水轮船五号,在江浙等处试办,派同知朱冯寿等总董。以期在所订“商约”损失的内河航行权上,用竞争的办法挽回一些权利。

1902年10月,奏请在上海设立勘矿总公司。

同月，奏为上海设立商业会议公所，遴派总董，联络商情，调和于商与商、官与商之间，以便统一对外。

1903 年 9 月 26 日，奏请南洋公学开办高等商务学堂，以造人才而备实用。本月二十日奉朱批："管学大臣议奏"。

1903 年 9 月，向清廷陈明开办南洋公学，即以激发忠爱，开通智慧，振兴实业为主义，应毫不动摇办下去。

1904 年 1 月 15 日，与日本小田切万寿之助订大冶购运矿石预借三百万元矿价正合同，以冶矿等物产作押。

1904 年 3 月 19 日，在上海议成与中、英、法、德等国合办上海万国红十字会。

1904 年 11 月 11 日，与葡萄牙签订通商条约。

1905 年 6 月，密陈整顿卢汉铁路办法三端，其中着重谈了收赎问题。说借款还清，合同即废，行车进款可无外散。其中尤要者，有事之秋他人不能干预。

同月，上《东事阽危密陈部分折》提出，与其权利让一国独占，必致妨碍自主，不若利权让各国公共，可以永保自主。

1906 年 2 月 13 日，与日本三井洋行订一百万元借款合同，以汉阳铁厂物产作押。

1906 年，亲笔拟《轮船招商局节略》，回顾了自己经办三十年的成绩和功劳，揭露袁世凯接夺商局后经营腐败情形。

1907 年春，对赈务酌拟治标四策：一曰借给麦种，使补春耕；二曰多粜杂粮,以轻市价;三曰就近办工,俾壮丁得食;四曰设借钱局,以田作押,轻息宽期,俾可后赎。

1907年5月1日,与日本大仓组订借日金二百万元合同,以萍矿财产作押。

1907年12月14日,向汉口正金银行借款三十万日元。

1908年3月,上奏:为商办汉、冶、萍煤铁厂矿渐著成效,亟宜扩充股本合并为一公司,以期推广,而垂久远。二月二十一(阴历)奉谕:着责成盛宣怀加招华股,认真经理,以广成效。

1908年6月13日,向横滨正金银行借日金一百五十万元,以汉冶萍矿山等作押。

1908年11月14日,汉冶萍公司向横滨正金银行借日金五十万元,以汉冶萍矿山等作押。

1909年3月21日,汉冶萍公司向汉口正金银行借款五十万两,以汉冶萍公司汉口地产作押。

1909年4月初,上“推广中央银行先齐币制”一折,附陈各种办法成式,及画一币制统归银行主办等条议。

1910年4月,因江、鄂等地连岁偏灾,议赈议捐,靡所底止。盛疏请饬筹工抚、平粜、当田三事为治标之计。并陈荒政治本策,这就是以重农产、广种植、疏河道为要端。又推广昔人移粟移民之遗意,请饬东三省、直隶、山东各省熟筹交通垦牧,即于济荒之中寓实边之计。这些意见虽得到清廷嘉许,却难于付诸实践。

同月,为"熟筹交通垦牧"专门上了奏片:铁路交通关系荒政甚大,移民至锦爱铁路左右垦牧。说:今日移民以耕种,即为实边大计;将来移粟以济荒,尤为塞漏远谋。数年后锦爱路工告成,荒田亦皆为沃壤矣！一举两得,时不可失。

1910年9月10日,汉冶萍公司向正金银行借日金一百万元,以汉冶萍公司矿山等物产作押。

1910年11月17日,汉冶萍公司向横滨正金银行借日金六十一万余元,以汉冶萍公司等物产作押。

1911年3月31日,汉冶萍公司向横滨正金银行借日金六百万元。

从1908年春汉冶萍公司成立后至今三年间,向日本借款共约一千二百万元有余,均附苛刻条件。

1911年春夏间,与日本举行汉冶萍公司一千二百万元借款谈判,以便发展公司生产,并将自己在公司中的大量投资收回一些。为了避免日本提出过多的苛刻条件,盛作出同时向其他国家借款的姿态。但他估计这事公司董事会不能通过,且当时铁路干线国有引起了保路风潮等原因,借款谈判暂搁。

1912年1月26日,日本代表小田切说汉冶萍公司已无财产,不同意贷款,只能华洋合办。本日上海三井洋行与民国政府签中日合办汉冶萍公司草约(称"宁约")。

1912年1月29日,小田切在神户将中日合办汉冶萍公司合同,交盛宣怀草签(称"神户约")。

附录2　盛宣怀办实业,反对西方列强的立场

1882年冬,清政府正式将电报机构命名为“中国电报总局”,盛宣怀任督办,让他负起与外商交涉电线侵权的任务。盛禀李鸿章,反对英、法、德、美在上海设万国电报公司添设自港至沪海线,认为这“既与批准大北公司成案不符,亦与公法自主之权有碍。”

是年,盛等禀李鸿章,请设苏、浙、闽直达广东电线。说:凡欲保我全权,只争先人一着,是非中国先自设线,无以遏其机而杜其渐。自江苏、浙江、福建以达广东,与粤商现在所办省港早线相接。并奏明请旨饬下该四省地方官予以照料保护。谨拟章程十二条。

1883年3月31日,中国电报总局与英国大东公司议定《上海香港电报章程十六条》:一、大东遵照同治九年原议,安设港沪海线,线端不得上岸,只能设于泵船上;二、线端做到大戢山岛对面之羊子角。但随后大东公司即翻议。

1883年春,越南边防紧要朝命李鸿章驻沪,统筹全局,再定进止。盛参与机宜,靡间昕夕。

4月23日,禀闽浙总督何璟,建议拆除厦门丹线,以免英国借口,达到拒英线上岸的目的。

4 月中,大东公司翻议,要求改在吴淞接线,并要在汕头、福州上岸。盛宣怀与其上海代办滕恩谈判并驳回。

4 月 28 日,盛认为,大东公司之所以翻议,是因为大北公司有陆线由吴淞达沪和它在厦门有上岸之线。因此,他函禀闽浙总督何璟:现丹商所称厦门线端系由海滨岸边由地下水线直达屋内,虽与私立旱线有别,然已牵引上岸。如不理论,恐他日英商水线延及福州、汕头,亦必援照由地下引至洋房之内,届时难以拒绝。

11 月 19 日,与大东续订福州电线合同。准大东将海线引至川石山海岸,准租小屋一所以安线头,但不得在岸上立电杆。至此,将大北、大东侵夺的电线权利收回。

1884 年 6 月,闽粤陆线竣工,沪港可直通电报。丹公使谓碍彼利权,盛折以中英两公司有约在先,港地与丹无涉;又讽大东行主勿为丹人所愚,致爽前约。

驻津英领事翻译详询章程,盛又以“电线由中国自主,英商只须查照合同办事,不应过问详章”答之。

1886 年 4 月,拟《内地设轮船公司议》。说:近年来外国富强,无不从通商始,口岸通商,人与我共之,内地通商,我自主之。故欲求中国富强,莫如一变而至火轮,设一内地快船公司,与招商局相为表里。

1886 年 10 月 16 日,致李鸿章函:烟台缫丝局之设可以使东省野茧仿制洋丝,倍价销售。历年得出教训,洋人牟利如有把握,断不肯分让华人。“洋人会计精密,而自为谋则自利,为我谋利则我损,其始甘言饴我,其继狠心吞我,其终破面讹我。”

1887年7月16日,中国电报公司督办盛、美国传声公司米建威签订设立电话合同四款。规定不得传字致碍中国电报权利,至于电话线路、地点等均以维护主权为原则。盛识破美商“初欲造德律风以夺我电报之利,继欲改设中美银行仍愿以出售德律风股票余利分别报效贴补”,以达渔利目的。美商未能如愿,中止。

是年,禀李鸿章:不同意马建忠让美国设电话杆线的主张,认为与英、丹争之数年而始定者,复一旦失之于美,其贻害何止夺吾之利,将来必致归咎于创议之员。表明保护中国电线、电报权利是始终不渝的。

1889年,粤督张之洞不同意与法国接滇粤、越南边界电线,致函译署,谓此线益彼损我,实不可行。盛抗言中法接线原为借收通报利益,助滇粤官局养线之需,但能坚守约章,自属有利无害;设两国有事,法水线随地可通,无藉此线,可不必虑。今珲春、海兰泡欲接俄线,彼方刁难;现法接旱线,俄必较易就范,于电务大局有益。且英、丹、日皆与我接,何独拒俄?是约定后,果不逾年而中俄接线草约成。

1890年4月5日,致汉口招商分局施子卿函:对怡、太要有充分认识,说“既防太古明与倾轧,亦须防怡和暗中损我”。

1890年年初,招商局与怡和、太古齐价合同届满,二公司又开始削价争衡。

1891年3月8日,盛致函镇江招商分局总办姚岳望说:长江野鸡船日多,今年太古作梗,合同不定,开河以后势必互相跌斗。镇局亦须振作精神,与沪汉各局时相斟酌,以期竞争取胜。

1891年5月21日,陈猷来函:拟新成立粤港渡轮公司,以与怡、太争。盛意“恐与大局有碍”,陈乃嘱其兄霭亭停招渡轮公司股份。

1891年11月6日，致陈辉庭函，商议与怡和矛盾问题，认为分数彼要比去年冬议多三分，“弟断不能允，宁可亏本再斗，绝不能为大局失此体面”。

1891年11月8日，致陈辉庭函，为与怡和“齐价合同”事，提出二策：一、长江准其不减，天津亦不加；二、天津加二分，长江现减二分，候其添一大船即加还他二十七分；他说本局局面虽不在乎二三万，而面子不能不顾。

1891年11月21日，致陈辉庭函，请将我实在主意切实告知怡、太两家，如若它们不让步，我即赴津京请将漕米归本局包运，再请海军衙门将土药厘金酌提二十万两一年津贴商局，这样，“虽一百年亦不再议和矣”。

1892年4月29日，致招商局会办函：注意与太古通融，以便联合压制“野鸡船”。

1892年5月，致陈敬亭函，告以遇有“野鸡船”竞争，则联合三公司以斗之；遇有太古暗中损我，则尤当自己与客人暗中迁就。总不可比较怡、太分数太多，以长他人之气焰。

1892年夏，怡、太竞争愈烈，招商局股票跌至六十两。乃函请郑观应来烟台商谈三公司和局事，拟请郑重入商局以事整顿加强竞争能力。

1892年7月，致陈敬亭函：现在三公司毁议，应联络客商，以广招徕，摒弃太古。

1892年12月7日，致施子英函：生意之道，以要结客心为主，棉纱匹头归怡、太装载，而不议涨，药材伊不装者，独议涨价，名为抵“野鸡船”，实则使我受恶名，而彼得实惠，计甚狡毒，应与竞争。

是年，在格致书院学员王益三关于邮政问题的文章上眉批：中法之战，因中国未兴邮政，法船书信皆在洋馆递寄未能阻绝，若中国早兴邮政，收回各国书信馆,法人即无从寄信,军机迟速败胜所由,关系不小,不独自收自主权利而已。这表现了盛挽回邮政权利的迫切心情。

1893年6月5日,为太古违反齐价合同致函陈辉庭,要陈向太古严切诘问,何以又暗中跌价违碍定章?即催太古据实函复与之理论。

1893年9月9日,耶松洋行格勒士来函:愿揽购棉花机器。盛加以审查是否可靠再作决定,并不轻信洋人。

1894年6月,盛诇知日俄谋韩益急,伺隙即动,曾从容言于李鸿章,请仿欧西瑞士例,由数大国公司保护,勿贪藩属空文,而受唇齿实祸。未纳。

1894年7月25日,日本发动侵略朝鲜和中国的战争。

同日,致沈能虎、郑观应函:拟将津沪轮船六号明卖于怡和或汇丰,明立售约、欠银约各一张,暗立事竣还局密约一张,也即"明卖暗托"。

1894年8月7日,致郑观应函:局船除北洋不走外,长江照旧开行。同意将有些轮船归外商代理的意见。

1894年9月,平壤之役,五弟盛星怀在前敌阵亡。极悲痛。

是年,盛上书枢府译署,请募德弁,练新兵,购快艇,协助海军,当轴意少动。

1895年6—7月,将去年"明卖暗托"于德、英等国洋行企业的招商局二十艘轮船全部收回。

1895年8月17日,致郑观应函:自七月十三日起仍照局、怡、太三公司齐价合同办理,以免猜忌争衡。换旗讼师费每船应照章五十两。

1895 年 12 月 27 日，电告王文韶：观音山矿苗胜于漠河。如家有窖藏，强邻觊觎。建议宜速抢挖，归漠河矿厂并办。

1896 年 4 月 27 日向王文韶陈述办铁路的方针："权自我操，利不外溢，循序而进，克期成功。"

1896 年 8 月，写《铸银币意见》，认为：铸一两重的银元可以"徐禁他国银币不准通用，实系塞漏卮之一端"。

1896 年 11 月初，上奏《请设银行片》，说银行流通一国之货财，以应上下之求给，比之票号、钱庄要好。英、法、德、俄、日本之银行推行来华，"攘我大利"，近年中外士大夫亦多建开设银行之议。现又举办铁路，造端宏大，中国非急设银行，"无以通华商之气脉，杜洋商之挟持"。

1897 年 8 月 1 日，请直督王文韶将军粮应交商局轮装运，不得为洋船争揽，以保利权。

1897 年 11 月，德占胶州湾，盛电总署南北洋，请以德曾属意之金门岛与彼交易，将胶口开放为商埠，与各国共之，以杜后患。且谓以胶畀德，祸更烈于以台畀日，不数年俄、英、法将效尤踵起。请亟练兵。

1897 年 12 月 4 日，建议总署将胶州电局移平度，以便照常营业使用，免遭德霸占。

1898 年 2 月，自德占胶州湾后，俄占旅顺，法窥琼州，日图福建，英亦有图扼长江之谋，瓜分危机严重。盛上奏陈述危急形势之后，争粤汉路自办说：是各要害口岸，几尽为外国所占。仅有内地，犹可南北自由往来，若粤汉一线再假乎英人，将来俄路南引，英轨北趋，祗卢汉一线局蹐其中，何能展布？惟有赶将粤汉占定自办，尚堪稍资补救。故此路借款，断以美国为宜，若无意外枝节，竭六七年之心力，当可使南北相接。正月初五日清廷批准粤汉路自办。奉谕妥速筹办粤汉、卢汉等铁路，从而达到督办粤汉铁路的目的。

1898年2月，与比签订的卢汉铁路借款草约（1897年10月），因胶州之疫情势变迁，比欲翻议；借口东线将筑津镇路，延不交款，多方要挟。盛乃以卢汉、粤汉均将改用美款以慑之，几经磋磨，续议条件，并允加息，始未悔议。

1898年3月15日，反对帝国主义占路权和矿权，向政府陈说英国之于山西侵占全省矿权，“恐藉开矿而渐及派兵保护，占利竟致占地”。

1898年4月30日，张之洞来电，同意盛提出的使英办晋路开晋矿，可借分俄势的策略。

1901年2月26日，沙俄于1900年八国联军侵华期间，独自出兵中国东北，逼清政府在和约签订前与俄国签订索要多端超越和约利权的东三省专约，盛坚决反对，于今日电请荣禄“借各国之力牵制俄国”。

1901年3月23日，电李鸿章请坚拒俄约说：“万一画押后另有波折，师亦无以塞责。”

1902年3月1日，英国福公司拟造铁路夺卢汉之利。盛认为，如有必要，亦须俟卢汉完工之后，察看情形方可。翌日，电张之洞：福公司所商路事，敝处坚持未允。

1902年7月8日，电外务部：葡萄牙索造铁路，意在推展澳界，图占香山，如不允所请，只能由葡借款筑造作为中国支路，并须订立合同以清界限，而保主权。

1902年10月23日，电奏：招集华商创设内河轮船招商局，先购浅水轮船五号，在江浙等处试办，派同知朱冯寿等总董。以期在所订“商约”损失的内河航行权上，用竞争的办法挽回一些权利。

1903 年 6 月为争山西福公司路矿事，与彼代理人哲美森执议多次及与外务部、晋豫方面往返函电甚多。

1903 年 10 月 4 日，电外务部：反对奥、法吞并中国通商银行的企图。

1903 年 10 月 25 日，明确表示拒绝英国福公司“因矿而及路”的阴谋。

1904，日俄战争爆发。清政府守局外例宣布中立，划辽河以东为作战区。盛认为无论胜负属谁，于我皆不利，乃与有关总督密陈安危大计。

1904 年 1 月 28 日，向清政府表示：在日俄战争中，滇桂须防法，山东须防德，长江西藏须防英。亦勿任“土匪”稍有蠢动，各省切须保护洋人财产生命，万不可碍及教堂，致使他国借口，祸生不测。

1904 年 3 月 13 日，函告陆伯葵侍郎：鄙见在日俄战争中，中国以兵力不足，惟赖各国互相牵制，须于胜负未分之际，派重臣先从美国下手，再与各国协谋如何处置东三省。同时将“赖各国互相牵制”的意见，告关有他部院大臣。

1904 年 5 月 10 日，电外务部：币制必须自主，外人不得干预，以尊主权而免攘利。

1904 年 5 月，收回粤汉铁路权的呼声甚高，赴江宁就张之洞、魏光焘商议美国合兴公司废约事。

1904 年 7 月 2 日，电告外务部：各国公司每于合同夹缝中力争权利，稍一放松，则数十年吃亏无尽，必须警惕。

1905 年 6 月，上《东事阽危密陈部分折》提出，与其权利让一国独占，必致妨碍自主,不若利权让各国公共,可以永保自主。

1907 年 8 月 28 日,致外务部尚书吕海寰,“近来日本兵常赴大冶勘查铁矿,颇有觊觎之意”,欲事抵御,只有商力团结。故拟奏请将汉、冶、萍合并为一公司,以期增强力量,“永保权利”。

1910 年 11 月 1 日,电东三省总督锡良:警惕日本攘夺本溪铁矿。

1910 年 11 月 6 日,电鄂督瑞徵:兴国州银山锰矿很重要,近闻州人欲与锰矿局为难,务祈速饬劝业道严饬州牧晓谕解散,予以保护,勿使滋生事端。

1914 年 9 月 26 日,致外交总长孙宝琦函要他警惕日本侵略。第一次世界大战爆发,日本对德宣战,乘机向德国势力范围的山东进军。乃告孙云:“惟望欧战早停,中立不致败坏。近邻不怀好意,触之即动,似宜小心。”对于日本控制的汉冶萍公司,提出“以外债图扩充,以铁价还日款,以轨价充经费”的方针。

1915 年 3 月 28 日,复小田切:以股东们反对“中日合办”和“各国效尤”为理由,拒绝名为“中日合办”汉冶萍公司实为吞并的妄图。

1915 年春夏间,为了既不“中日合办”,又能把汉冶萍维持下来,允由梁士诒、孙多森所办“通惠实业公司”出面发行实业债票等办法,维持汉冶萍公司。

1915 年 11 月 24 日,正金银行上海分行经理儿玉来函:“日本绝不能承认贵公司与通惠公司结成关系”。

1915 年 12 月 12 日,致函孙宝琦:坚信借内债“只要所借者不是外人间接、息率轻,彼(指日本)断无阻挠之理。”盛宣怀斩钉截铁地答复儿玉说,通惠公司“果有此能力(筹款),则汉冶萍必当签字”,以借通惠公司之款。

附录3　盛宣怀办实业与赈灾

1871年夏秋间，直隶久雨不晴。永定河、海河、南北运河、草仓河及拒马河先后漫溢，畿辅东南几成泽国，造成数十年未有之水灾。

8月15日（六月二十九）上谕称：“（直隶总督）李鸿章奏……本年五六月间，天津雨水过多，致城东海河及南北运河，冲溢数口，滨海地面，田庐禾稼，多被淹没。小民荡析离居，殊堪悯恻。虽经该督等督同官绅等捐，酌拨银款，量为抚恤，惟天津、河间、顺天、保定各属地势低洼，滨河地方，被灾较广、亟应筹款接济”。

直隶总督李鸿章得知灾情后，派出官员前往灾区，并派盛宣怀一同参加赈灾，这是盛宣怀第一次参加赈灾活动。

畿辅大水，奉父命诣淮南北劝募，集资购粮，由沪赴津散发，是为办理赈务之始。

1874年是年，以直属水灾赈抚案叙劳，赏加布政使衔。

1875年12月，捐赈银两千两，清廷给予从一品覃恩封典。

1877年至1878年（光绪三年至四年），我国北方的山东、山西、河南、直隶、陕西等省发生了十分严重的旱灾，受灾人口接近2亿，死亡人数高达1 000多万，真正是“饿殍遍野”，触目惊心。史称“丁戊奇荒”，是中国近代的十大灾荒之一。

当时李鸿章任直隶总督，由于灾情严重，赈灾工作十分繁重，然而救济工作跟不上。此时，天津赈济灾民的粥厂接连失火，一家粥厂失火后，其收容的2 800名灾民死了2 287名，这使当时的清政府大大震怒。于是李鸿章专门成立直隶筹赈局，命人专职负责赈灾，其中就有被任命为筹赈灾局候补道的盛宣怀。

李鸿章将当时正在湖北主持煤铁勘矿开采的盛宣怀抽调到直隶，与吴大澂、李金镛（李秋亭）等一起主持河间府献县、景州地区的赈灾工作，这是盛宣怀第一次主持一个地区的赈灾工作。

1878年秋，盛宣怀奉命进入献县，下车所见饿殍载道，场景令他触目惊心，沿路看见灾民成群结队，扶老携幼，一路乞讨，个个骨瘦如柴，都是风吹就倒的悲惨景象。他在《义赈原起》中记录道：“河间大灾，赤地千里，天津遍设粥厂途为之塞，李督派余往视河间，先入献县境，即见饿民扶老携幼乞食于道，风吹即倒。”盛宣怀等“每躬自巡行村落，风日徒步，按户抽查，竟至露宿终夜。目击灾重款绌，捐资为倡”。

当时赈灾的主要形式是“官赈”，即由地方政府上报受灾情况和灾民数量，朝廷调拨救济款以及粮食、棉衣等实物，再由当地政府按户核查发放。盛宣怀到献县后，经过调查，发现“官赈”的弊病非常多，由于县衙门的官僚作风和村董保的办事拖拉，灾粮发放十分缓慢。他询问献县知县赈灾粮食的发放情况，知县回答说，奉上司之命，应该发放三千石粮食，上个月要各村董保查送户口册，到现在查了还不到一半。按照惯例，户口册还要由县里官员复查，才能按册散放粮食。赈灾粮食拨下来一个多月了，户口还没有查完，那粮食什么时候才能发放下去？救灾工作如此缓慢，等到粮食发下，恐怕灾民都要饿死一半了。此外，由于不管各户家境如何，损失怎样，每家每户都得分给救济粮，这样真正困难的灾民分不到多少救济粮，解决不了困难。

于是盛宣怀要求县里尽快把粮食分运到各村，又出面向典当和钱铺借了一万串现钱，印制了一些赈票，亲自带了熟悉当地情况的官员和乡绅下乡，走村串户，了解灾民的真实情况，根据每户灾民的实际困难，当场发放赈票，灾民第二天就可以凭赈票就地领取粮食或救济款。这样，赈济的速度大大加快了。

盛宣怀对赈济工作中一些官吏营私舞弊的作风大为不满。他在查到一家被董保列入的“极贫”户时，发现这户人家情况不算差，根本用不着救济，显然是董保的“关系户”，他大为愤怒，勒令那位谎报赈济户口的董保自己掏出钱来，“捐款”给真正的贫户，以示惩处。

盛宣怀经过挨户详查，给李鸿章写了两份报告，详细汇报了献县受灾后的情形。由于连年灾荒，当地农民除了土地之外已一无所有，久旱无雨，土地坚硬，种粮已被吃尽，农田大半荒芜，无人耕种，灾民或者流落外省，或者坐以待毙，形势非常严峻。盛宣怀告诉李鸿章：政府赈灾款只有区区六千串，以每户一千文散放，只能救济六千户。他请求借库平银一万两，以满足救济“极贫之户”之需。由于这是计划外的要款，可能拨不下来，盛宣怀提出：“此银如筹赈局无款核销，拟请代为转借，俟职道回南劝捐，如数归缴，绝不敢短少。”由于1871年河北水灾时，盛宣怀曾到江苏、上海一带募捐钱物，收效颇大，因此他才有把握向李鸿章要求增加一万两赈款，“回南劝捐，如数归缴”。

回到南方后，盛宣怀拿出积蓄带头捐赠，发动江苏、浙江、上海一带的亲友商绅捐粮捐钱，其夫人不忍见他为劝捐憔悴，也拿出了自己的首饰以补不足。劝捐主要依靠行业商会，其机构稳定，运转圆熟，平时从事施医、施药、施衣、施棺、恤嫠、保婴、惜字等社会救济工作，灾时就成为募捐义赈的组织机构。由于善堂、善会常常带有同业商会的背景，基于互助救济的理念，他们的募捐活动常常颇有效果，是民间赈灾救济活动的主要力量。

1879 年 3 月，李鸿章上奏对盛办直赈有功予以赞赏。

1879 年 11 月，奏署天津河间兵备道，值灾情方剧，受任伊始，首先综理赈务，集捐数十万，兼资工抚，救济甚众，并裁革天津县书差供应各项积弊，建广仁堂留养孤嫠，设戒烟局，民间戒除者万人。

1882 年 4 月 23 日，关于轮船招商局参案，李鸿章据郑玉轩、刘芝田、李兴锐查复无事，上《复查盛宣怀片》说：该道前派会办招商局，订明不经手银钱，不支领薪水……嗣以屡次代人受过，坚辞会办……臣叠经严加考察，该员勤明干练，讲求吏治，熟习洋情，在直有年，于赈务、河工诸要端，无不认真筹办，洵属有用之才，未敢稍涉回护。

1883 年 10 月，以山东利津等处水灾赈捐案，经东抚陈士杰奏请，传旨嘉奖。

1886 年是年，山东济阳、惠民等处黄水为灾，情形极苦，盛宣怀等就招商局与怡和、太古、麦边各洋行轮船公司议于搭客略增水脚，俾助赈款。

1887 年 7 月初，荣城县海岸有“保大”轮船失事，村民乘危捞抢。该处境内海线广袤，岛礁林立，航行偶一失事，居民肆掠，相习成风。因具禀抚院暨北洋大臣，请重申总理衙门奏定保护中外船只遭风遇险章程，并酌议新章六条。并设拯济局。

1889 年是年，开始用“以工代赈”之法，整治山东自历城至寿光县历年泛滥成灾之小清河。殚三年之力，疏濬河道四百余里。两岸农田受益甚大。

1890年春夏之交，东省黄河南北两岸及濒临运河被水各地，至三十七州县之多。司库支绌，截漕发仓，不敷赈需，张曜嘱盛宣怀与藩司福少农协同筹济，盛不遗余力。张曜来函表示感谢说：“万家生佛，所赖唯公”。

1891年6月，以倡捐劝赈，奉旨赏头品顶戴。

1893年12月，东抚上奏：小清河全功告成，推盛首功，传旨嘉奖。是河工程阅时三载，用镪七十余万。皆盛筹集。

1895年冬，值湘省长、衡、宝三郡大饥，湘抚陈宝箴驰电告急。盛捐资募款以拯之。

1899年1月，因上年选派熟悉放赈人员，赈济徐淮海水灾有功。奉上谕：“大理寺少卿盛宣怀筹办赈务委任得人，著传旨嘉奖。”是冬，待赈尤急，复筹垫巨金，散放冬赈。

1900年，陕西连岁欠收，又遭遇旱灾，遵旨筹办义赈。

1906年夏季，湖南衡阳等地和皖北均遭水灾，盛约吕海寰倡义赈。因此次灾情广巨，故义赈号召之广，遍及国内外。

1906年12月，江北灾情严重，盛垫募义赈百万之外，代筹官赈办法，以截漕为大宗。

同月，手订义赈办法十八条：官赈与义赈合办，惩弊端使灾民受实惠。

1907年春，对赈务酌拟治标四策：一曰借给麦种，使补春耕；二曰多粜杂粮，以轻市价；三曰就近办工，俾壮丁得食；四曰设借钱局，以田作押，轻息宽期，俾可后赎。

1907年11月25日，江南北赈务结束，奉赏“惠流桑梓”匾额。

1908 年 5 月，留园义庄成立。经苏抚陈启泰入告，奉赏“承先收族”匾额。

1910 年 4 月，因江、鄂等地连岁偏灾，议赈议捐，靡所底止。盛疏请饬筹工抚、平粜、当田三事为治标之计。并陈荒政治本策，这就是以重农产、广种植、疏河道为要端。又推广昔人移粟移民之遗意，请饬东三省、直隶、山东各省熟筹交通垦牧，即于济荒之中寓实边之计。这些意见虽得到清廷嘉许，却难于付诸实践。

同月，为“熟筹交通垦牧”专门上了奏片：铁路交通关系荒政甚大，移民至锦爱铁路左右垦牧。说：今日移民以耕种，即为实边大计；将来移粟以济荒，尤为塞漏远谋。数年后锦爱路工告成，荒田亦皆为沃壤矣！一举两得，时不可失。

1910 年 12 月 28 日，奉旨被任为徐属及皖南北筹赈大臣，并办豫赈，设立江皖赈公所，并开办华洋义赈会，集资办赈。

1911 年 4 月，因江北灾情与皖北相等，请援案缓征江北灾各州县本年上忙丁漕。

同月，因江、皖、豫三省灾赈粮缺乏，请所购运之高粱十万石免厘税。三月初八日奉旨“依议”。

附录4　盛宣怀《送儿孙游学箴言》

送儿孙游学箴言

余年七十且多病，遣四子恩颐、孙毓常赴英伦留学，岂得已哉。吾家
三代簪缨，至吾身而大发，皆祖功宗德所致。今而后人心随时局变迁，
断非安常处顺所能保我身家。环顾子孙，无一能自立者，余长子昌颐、次子和
颐能继父志而短命哉，同颐不肖，四子即恩颐，五子重颐，六子殇，七子升
颐，孙毓 毓邮皆幼，所望者恩儿、重儿、常孙皆已。重儿须留家侍奉，恩儿质
美，毓常孙资沉厚，皆可造才而志向未定，若使居家 学，恐心不专，虚抛岁
月，将来涉世兴家，非有西学不可，故不得毅然遣之。然学生寒暖易得进步，
素封轻弃半途。莫非不学不怕冗饿吃，一金足以筑终身。汝二人须体念老人
苦心，切勿畏难，生出些下流主意请 。欲为人上人，吃尽苦中苦；天生我
材，安可自弃，时不再来，安可自逸矣！今临别有数则告诫汝二人：一曰卫
生。西学最讲活动身体，养心尤为要紧。尼山论学，首称悦乐，中心怡然
则精神焕发。二曰勤学。教习所定课程，谅必循序渐进，切不可一
曝十寒，进锐退速。三曰尊师。教习训迪不可违拗，如做不到，亦须婉
商。四曰择交。益者三友，损者三友，无友不如己者，尤以勿学习气为最要。

涵通西学，仍不失儒者气度，必成大材。五曰立志。庙堂
之上权在人不在我，治学以在我为先。我生平好为其难 钢铁
是国粹，是祖业，能继武者即真豪杰，即贤子孙。六曰崇俭。
惟自奉俭约，方能常处于宽余之境，每见纡李瑞 ，必其
不能量入为出，若稍自奢侈必难拒人借贷。七曰常通
家信。每一个星期必须发一封，以慰亲心，且可观汝等
识见高下，文笔妍媸。总之，此行 关系汝二人一生事
业，、盛氏一代兴衰。此亲笔训示付与恩儿手执，并著恩儿舟中
照录一纸，付与常孙，每一星期展读一遍，幸毋忽诸。癸丑五月九日止叟手书

送儿孙游学箴言

（依据盛宣怀《送儿孙游学箴言》原文意译而成）

我已年至古稀，而且疾病缠身，遣送我的四儿恩颐、孙子毓常去英国留学，难道我舍得吗？不得已罢了！我们家三代为官，到我这一辈才居于高位，这都是祖宗的功德保佑啊！但是现在，时局动荡，人心不稳，并不是安常处顺，就能确保家道兴旺。看看我的子孙们，还没有一个能自立自强的。老大昌颐、老二和颐确实能够继承我的志向，可惜他们英年早逝了。老三同颐不成材，老四就是恩颐，老五是重颐，老六早早夭折，老七升颐、孙子毓宗和毓邮都还年幼。因此，我所能指望的就只有恩颐、重颐以及孙儿毓常了。重颐要留在家操持家务，侍奉长辈。恩颐天赋优异，毓常资质沉厚，你们两人都是可造之材，不过目前志向未定。如果让你们继续留在家里求学，恐怕你们难以专心，白白浪费时光。更何况将来接触社会或者兴旺家族，必须要学习西方的知识，所以我不得不毅然派遣你们留学英国。然而穷困窘迫的学生容易成才，富家子弟却往往半途而废。究其原因，都是因为富家子弟不学习也不怕没饭吃，有家族庇护就足够终生吃穿不愁了。你们二人要明白我的苦心，不要畏难怕苦，想出一些下流的主意敷衍了事。吃得苦中苦，方为人上人；天生我才，怎能自暴自弃？时光一去不返，怎能享乐安逸！今日离别，我要郑重告诫你们几句。

第一，强身健心。西方最讲究锻炼身体，心理健康最是要紧。孔子探讨学问时，最先说的就是身心愉悦。如果心中安逸恬然，那么就会精神焕发。

第二，精勤治学。老师教授的课程，一定要循序渐进，千万不能一曝十寒，学得快忘得快。

第三，尊重师长。不能违背老师的训诫和启迪，如果做不到，也要很委婉地和老师商榷。

第四，谨慎交友。孔子说益友有三种（正直的、诚信的、知识广博的），损友也有三种（谄媚逢迎的、背后诽谤的、花言巧语的），不要和自己志向不同的人做朋友，尤其是有不良习气的人。如果你精通西方学问，却不失中华儒者风范，必能成才！

第五，树立志向。官场上，权力掌握在别人手中，但学习的知识却可以掌握在自己手中，我生平就最喜欢迎难而上。钢铁是我国的支柱产业，也是我们家的祖业，能继承钢铁事业才是真正的豪杰，才是我们家的好子孙！

第六，崇尚简朴。只有自己力行简约，才能让自己手头宽裕。如果常常觉得自己囊中羞涩，一定是没有学会勤俭节约。如果生活奢侈的话，一定很难拒绝别人的借贷。

第七，常与家里通平安信。每个星期必须给家里写一封信，以免家人挂念。也可以看看你们见识是提高了还是降低了，文笔是进步了还是退步了。

总之，这一次留学不仅关系到你们两个一生的事业，也关系到盛家这一代的兴衰荣辱。这封亲笔信，我交到了恩颐手中，并且让恩颐在船上照抄一份交给长孙毓常，你们要每周都翻出来读一遍，千万不要忘记！

癸丑年五月初九

盛宣怀手笔

盛宣怀长房长孙盛毓常(作者盛承懋的父亲)在英国留学的照片

盛宣怀长房长曾孙盛承志朗读盛宣怀《送儿孙游学箴言》的视频可参考上海交大档案馆的题为《父亲节特辑 | 盛宣怀《送儿孙游学箴言》| 交大版【见字如面】》的微信文章,具体网址为: http://mp.weixin.qq.com/s/xZljii-6U5HoF1eB8isYxtg。朗读开头部分如下。

我叫盛承志,我的父亲就是盛毓常。小时候我们居住在上海,家里墙上挂有两个镜框,一张是盛康、盛宣怀、盛昌颐和盛毓常四世同堂的照片;另一张就是曾祖父盛宣怀用文言文写的《送儿孙游学箴言》的亲笔信。70 年后的今天,我重新朗读曾祖父对子子孙孙的箴言,如同自己聆听他的教诲,真是备感亲切!

参考文献

[1] 夏东元 . 盛宣怀传 [M]. 成都：四川人民出版社，1988 年 .

[2] 姜迎春，余鹏 . 李鸿章与近代早期湖北煤铁的开采 [C]// 湖北师范大学 . 第二届汉冶萍国际学术研讨会论文集 . 黄石：[出版者不详]，2016.

[3] 郑润培 . 汉阳铁厂的选址与经营 [C]// 湖北师范学院，政协黄石市委员会，湖北新冶钢有限公司，大冶铁矿 . 第一届汉冶萍国际学术研讨会论文集 . 黄石：[出版者不详]，2014.

[4] 薛毅 . 关于汉冶萍公司研究的若干问题 [C]// 湖北师范学院，政协黄石市委员会，湖北新冶钢有限公司，大冶铁矿 . 第一届汉冶萍国际学术研讨会论文集 . 黄石：[出版者不详]，2014.

[5] 郑润培，李航 . 郑观应与汉阳铁厂的营运 [C]// 湖北师范大学 . 第二届汉冶萍国际学术研讨会论文集 . 黄石：[出版者不详]，2016.

[6] 吴伦霓霞，王尔敏 . 盛宣怀实业函电稿 [M]. 香港：香港中文大学中国文化研究所，1993.

[7] 黄领 . 张赞宸开创萍乡煤矿的伟大实践及意义 [C]// 湖北师范大学 . 第二届汉冶萍国际学术研讨会论文集 . 黄石：[出版者不详]，2016.

[8] 左世元 . 汉冶萍公司铁厂厂址调整与大冶铁厂的建设 [C]// 湖北师范学院，政协黄石市委员会，湖北新冶钢有限公司，大冶铁矿 . 第一届汉冶

萍国际学术研讨会论文集 . 黄石:[出版者不详],2014.

[9] 朱荫贵 . 试论汉冶萍发展与近代中国资本市场 [C]// 湖北师范学院，政协黄石市委员会，湖北新冶钢有限公司，大冶铁矿 . 第一届汉冶萍国际学术研讨会论文集 . 黄石:[出版者不详],2014.

[10] 张泰山 . 原料与技术:清末汉阳铁厂废弃贝炉浅议 [C]// 湖北师范大学 . 第二届汉冶萍国际学术研讨会论文集 . 黄石:[出版者不详],2016.

[11] 李玉勤 . 对盛宣怀合并商办汉冶萍公司决定性原因的考察 [C]// 湖北师范学院，政协黄石市委员会，湖北新冶钢有限公司，大冶铁矿 . 第一届汉冶萍国际学术研讨会论文 . 黄石:[出版者不详],2014.

[12] 方一兵 . 汉冶萍公司与中国近代钢铁技术移植 [M]. 北京:科学出版社,2010.

[13] 袁为鹏 . 清末汉阳铁厂与武汉地区早期城市化 [C]// 湖北师范学院，政协黄石市委员会，湖北新冶钢有限公司，大冶铁矿 . 第一届汉冶萍国际学术研讨会论文集 . 黄石:[出版者不详],2014.

[14] 李江 . 汉冶萍公司股票研究 [C]// 湖北师范学院，政协黄石市委员会，湖北新冶钢有限公司，大冶铁矿 . 第一届汉冶萍国际学术研讨会论文集 . 黄石:[出版者不详],2014.

[15] 易惠莉 . 中国第一代实业家盛宣怀 [M]. 南京 :《江苏文史资料》编辑部 ,1994.

[16] 雷儒金，尚平 . 浅谈汉冶萍公司的民族性及其成败的现代启示 [C]// 湖北师范大学 . 第二届汉冶萍国际学术研讨会论文集 . 黄石: [出版者不详],2016.

[17] 顾必阶 . 中国铁路建设与汉冶萍 [C]// 湖北师范大学 . 第二届汉冶萍国际学术研讨会论文集 . 黄石:[出版者不详],2016.

[18] 邱永文 . 盛宣怀与中国近代铁路事业的发展 [C]// 湖北师范大学 . 第二届汉冶萍国际学术研讨会论文集 . 黄石:[出版者不详],2016.

[19] 盛承懋 . 盛氏家族·苏州·留园 [M]. 上海：文汇出版社，2016.

[20] 盛承懋 . 盛宣怀与"中国的十一个第一"[M]. 西安：西安交通大学出版社，2016.

[21] 盛承懋 . 盛宣怀与湖北 [M]. 武汉：武汉大学出版社，2017.

[22] 盛承懋 . 盛氏家族与汉冶萍 [C]// 湖北师范学院 , 政协黄石市委员会 , 湖北新冶钢有限公司 , 大冶铁矿 . 第一届汉冶萍国际学术研讨会论文集 . 黄石：[出版者不详]，2014.

[23] 盛承懋 . 从汉阳铁厂到汉冶萍 [C]// 湖北师范大学 . 第二届汉冶萍国际学术研讨会论文集 . 黄石：[出版者不详]，2016.

[24] 吴剑杰 . 张之洞年谱长编 [M]. 上海：上海交通大学出版社，2009.

[25] 汪衍振 . 大清皇商盛宣怀：一个超越胡雪岩的红顶商人 [M]. 武汉：华中科技大学出版社，2014.

[26] 寒波 . 盛宣怀 [M]. 上海：上海人民出版社，2004.

后记

2016年年底，我应邀赴盛宣怀的故乡常州参加校友活动，在活动中认识了张瑾女士。经她介绍，我与盛宣怀的长房曾孙盛承懋先生相识。承懋先生特别关注天津大学宣怀学院的建设与发展，对宣怀学院不断探索创新人才培养模式的各项举措非常认同，认为学院的发展路径和育人理念都颇有宣怀之风。

天津大学宣怀学院成立于2015年，是天津大学建校120周年之际，学校为开办创新创业教育而专门设立的学院。天津大学是中国近代第一所大学。以创校人兼首任掌校人盛宣怀来命名一所年轻的学院，足见全校上下对宣怀学院冀望之深、谋篇之远、所托之重。时任校长李家俊教授说，期待宣怀学院能够成为天津大学的“地标”。校长所谓的“地标”，当然非指教学楼宇之高大气派，而是希望这所学院成为中国大学创新创业教育的标杆和高地。宣怀学院成立以来，以“鼎新革故、践道化成”为办学使命，从管理体制、教学空间、培养模式、课程体系等方面大力创新，力求培养出能够通过技术创新和创业来推动社会的变革与进步的一代新人。作为宣怀学院的首任院长，从学院筹办之日伊始，我即时刻勉励自己和同人：身在于斯，要以盛宣怀开创实业之精神做开创性的工作，方能不负宣怀这个名字。

2017年盛承懋先生完成了这本书稿。本书以朴实无华的语言，展现了在那个积贫积弱的时代，宣怀先生以“敢为天下先”的勇气和坚韧不拔的意志，走遍了浙江、陕西、湖北、广东、黑龙江、台湾等20多个省份、200多个市县，探索适合当时中国国情的创业之路和崛起之路，开创实业，开办教育，开展公益，兴办船务、电报、铁路、矿业、银行、近代大学、红十字会等中国历史上“十一项第一”的不朽厥功。这本书既是对盛宣怀的纪念，更是对后世的激励。承懋先生联系到我，希望能够在盛宣怀一手创办的天津大学的出版社出版这本书。我向李家俊书记和雷鸣副书记汇报此事，均得到大力支持，家俊书记更为本书作了序。同时，我将此事与校友童元明先生提起，他当即表示愿意无偿资助本书出版，而后听闻此事的吴苏先生、张杨先生、施红梅女士、赵渝晖先生、赵鲁蓉女士等亦积极要求参与资助出版，是故本书由这几位校友一同资助出版。而盛承懋先生也表明要将本书稿酬全数捐于天津大学。学校领导、作者和校友们的举动令人钦佩。

盛宣怀离开我们已经一个多世纪了，但他的光辉思想依然照耀着我们，他的爱国情怀依然激励着我们，他的创新精神依然启迪着我们。一个时代有一个时代的主题，一代人有一代人的使命。如今，面对更加复杂、充满着不确定性的世界，我们每一个人都应该思考、探索，如何开创新的事业，如何推动社会的变革和进步，如何为人类的可持续发展谋福祉。望吾辈通过本书，能够领略真正的宣怀精神、宣怀智慧、宣怀气魄，并于人生道路之中付诸实践！

施亮星

2018年5月4日